WAGENBACHS TASCHENBÜCHEREI

LIBERTAS
MORO
ASSINATO
I CUORI
DE
ERTA
STIANA
ALDO MORO
E STATO ASSASSINATO
VIVE
NEI NOSTRI CUORI
LA SUA FEDE
NELLA LIBERTA
LA DEMOCRAZIA CRISTIANA

Werner Raith

In höherem Auftrag

Der kalkulierte Mord an Aldo Moro

Verlag Klaus Wagenbach Berlin

Jürgen Möbus (1936-1983) zum Gedenken

Seite 2 zeigt eine Demonstration, die nach dem Auffinden der Leiche Moros stattfand - die mitgeführten Transparente wurden bereits vier Wochen vor der Ermordung gedruckt. Seite 3: Brief Moros an Staatspräsident Leone.

Originalausgabe

Wagenbachs Taschenbücherei 111

Umschlaggestaltung: Rainer Groothuis
Fotos: Werner Raith; Ullstein Bilderdienst, Berlin (S. 65); Dufoto, Rom
Satz und Druck: Druckhaus Neue Presse Coburg
Gesetzt aus der Borgis Linotype Garamond Antiqua
Lithographien: Atelier Spönemann, Berlin
Bindung: Buchbinderei Hans Klotz, Augsburg

ISBN 3 8031 2111 6

Inhalt

Seite 6 und 7: Die Via Fani – wenige Minuten nach der Entführung Moros. Der DC-Präsident saß in dem dunklen Wagen.

Vorwort: Welche Wahrheit?

DER Fall Moro war Höhepunkt des terroristischen Angriffs auf die italienische Demokratie. Im Nachhinein war er auch die beste Antwort des Staates auf den Terrorismus.
Luciano Violante,
PCI-Abgeordneter, 1978 Richter in Turin

DER Fall Moro war Höhepunkt einer wachsenden gewaltsamen Aggression gegen die Symbole bürgerlicher Herrschaft.
Claudio Vitalone,
DC-Senator, 1978 Staatsanwalt in Rom

DIE DC-PCI-Mehrheit des Moro-Untersuchungsausschusses will fünf Jahre nach dem Mord wohl noch einmal den ›historischen Kompromiß‹ zelebrieren.
Luigi Covatta,
PSI-Senator, Minderheitsberichterstatter in der Moro-Kommission

ENTFÜHRUNG und Ermordung Aldo Moros spielten sich nicht auf handwerklichem, sondern höchstem industriellen Niveau ab. Mit Moro wurde die Schlüsselfigur umgebracht, die den Kommunisten die Regierungsbeteiligung verschaffen wollte.
Giuseppe D'Alema,
PCI, Minderheitsberichterstatter der Sindona-Kommission

ALDO Moro aus dem politischen Leben zu eliminieren hieß den wichtigsten Bezugspunkt dieser Zeit auszuschalten. Danach war nichts mehr wie vorher. - Im übrigen schwebt bis heute der Schatten der Loge P2 über dem Fall.
Tina Anselmi,
Präsidentin der P2-Kommission

ENTFÜHRUNG und Ermordung Moros waren nichts anderes als der Versuch der Roten Brigaden, sich gegen die ›Autonomia‹ an die Spitze der Bewegung zu setzen.
Antonio Negri,
Hauptangeklagter im Prozeß »7. April«, seit Juni 1983 Abgeordneter der Radikalen Partei

MORO wurde ausgewählt, weil er die ›nationale Solidarität‹ erfunden hat. Die wurde denn auch mit ihm begraben.
Prospero Gallinari,
Rote Brigaden, wegen des Mordes an Moro zu lebenslänglichem Zuchthaus verurteilt

DASS es gerade Moro war, kam überwiegend durch Zufall zustande.
Antonio Savasta,
Rote Brigaden, 16 Jahre Zuchthaus wegen Beteiligung an Aktionen der Roten Brigaden

DIE Briefe Moros? Sie meinen diese von ihm unterschriebenen Wische?
Giulio Andreotti,
DC, 1978 Regierungschef

DER Saaldiener, aufgeregt: ›Herr Ministerpräsident, Herr Ministerpräsident, soeben ist Aldo Moro entführt worden!‹ Andreotti: ›Wieso? Ist es schon 9 Uhr?‹
Nicht verstummenwollender italienischer Volkswitz

Daß die Aufarbeitung zeitgeschichtlicher Ereignisse kontroverse Interpretationen hervorbringt, ist nicht neu. Daß sich diese Vieldeutigkeit noch verstärkt in einem Fall, der nicht nur das Land selbst, sondern die gesamte westliche Welt (und Teile des sozialistischen Blocks) monatelang beschäftigt hat, wird auch nicht überraschen. Und daß die Entführung Aldo Moros mit ihrem dramatischen Ende die Phantasie besonders anstachelt, ist ebenfalls nicht schwer zu verstehen.

Dennoch: Als ich vor fünf Jahren mit den Recherchen dieses Falles - der damals gerade ein Jahr zurücklag - begann, hätte ich nicht im entferntesten daran gedacht, auf welch abenteuerlichen Wegen man sich hier der Wahrheit nähern muß. Viele hundert Interviews mit Beteiligten (Politikern, Staatsschützern, Juristen, Polizisten) und Beobachtern (Journalisten, Publizisten, Historikern) sowie mit den Mitgliedern diverser Untersuchungsausschüsse, mit Prozeßbeteiligten und, nicht zuletzt, mit Personen aus der Szene haben ein derart verwirrendes Bild ergeben, daß lange Zeit keine befriedigende Ordnung der Dinge möglich schien.

Erst im Laufe der Zeit wurde mir klar, daß es nicht nur der »Fall« selbst war, der diese Komplikationen brachte, sondern daß viele Probleme erst durch das entstanden, was *nach* dem Mord an Aldo Moro, mitunter erst sehr viel später, ans Licht kam - oft an ganz anderer Stelle und zuerst scheinbar ohne Zusammenhang mit der Entführung selber.

So wurde z. B. im Gefolge der Ermordung Moros der sogenannte »historische Kompromiß« begraben, die »Scheidung« von Christdemokraten und Kommunisten eingeleitet - was dann allmählich zu einer veränderten Interpretation des regierungsamtlichen Verhaltens während der Entführung führte und so manches, was mir 1978-80 von den meisten Gesprächspartnern noch als »einzig wahre Lösung« angeboten wurde, in Frage stellte.

Gleichzeitig kehrte Italien, schon halbwegs auf selbständigem Kurs innerhalb der Allianz, nach Moros Tod wieder ganz in die Arme der NATO zurück und zerstreute so jeden Verdacht, kommunistenfreundlich zu sein - die Sozialisten, einst Vorkämpfer für die Einbeziehung der Kommunistischen Partei (PCI) in die Regierung, gingen entschieden auf Gegenkurs. Gleichzeitig verschärften sich die innenpolitischen Spannungen, wurden zahlreiche Ausnahmegesetze erlassen - und auch angewandt -, setzte eine massive Intellektuellenhetze ein, stiegen Inflation und Arbeitslosigkeit. Hinzu kamen neue Skandale, die ebenfalls alle bisherigen Dimensionen zu sprengen begannen - vom Zusammenbruch honoriger Banken über den Kollaps ganzer Presseimperien bis zur Entdeckung krimineller Geheimlogen und riesiger Schmiergeldzahlungen an Politiker und Beamte.

Das alles verlangte fast täglich neue Interpretationen - manche Gesprächspartner tischten mir von einem Termin zum anderen völlig entgegengesetzte Deutungen jener 55 Tage auf, in deren Verlauf Aldo Moro entführt und schließlich ermordet worden war. Gar nicht selten merkte ich aber auch, daß ich - als Nichtitaliener und trotz vieler Aufenthalte natürlich ein Außenstehender - vor manchen Karren gespannt werden sollte: Noch immer eignet sich »Moro« zu finsteren politischen Polemiken, die man nicht ungern exportiert.

Manche der Interviewten nahmen es mit der Wahrheit nicht sonderlich genau. Da waren z. B. Christdemokraten (DC), die Aldo Moro heute heroisieren - und denen dennoch anzusehen ist, daß sie

1978 nichts mehr fürchteten als die Rückkehr ihres Präsidenten. Sie haben die Verantwortung heute vor allem auf den mittlerweile wieder oppositionellen PCI abgewälzt - sei es als dem Urheber des Terrorismus, sei es als dem Motor der »harten Linie«, der »fermezza«, die Verhandlungen und damit die Freilassung Moros verhinderte. Und da waren andererseits Kommunisten, die sich massiv gegen solche Unterstellungen wehren - und die dennoch beginnen, ihre damalige Stützung der »fermezza« zu überdenken und sich zu fragen, ob eine Rettung Moros - um jeden Preis - nicht besser gewesen wäre; tief steckt noch die Enttäuschung darüber in den Erklärungen, daß der PCI niemals für seine »staatstragende« Haltung belohnt wurde: wenige Monate später wurde die Partei von der faktischen Regierungsbeteiligung wieder ausgeschlossen. Da sind aber auch die Sozialisten, die damals Verhandlungen verlangten und sich dieser »Humanität« gerne rühmen - und die dennoch unendlich viele Reden darauf verwenden, das Wort »Verhandlungen« wieder vergessen zu machen, wird ihnen doch seitens des PCI und der DC vorgeworfen, sie hätten mit ihrem Angebot Gesetze und Verfassung verletzt.

Parteien, Juristen, Beamte, Brigadisten - sie alle hatten »ihre« Wahrheit.

Ich mußte es daher bald aufgeben, nach demjenigen zu suchen, der mir »die« Wahrheit sagen würde. Ich mußte, umgekehrt, Unwahres ausscheiden. Es entwickelte sich so in der zweiten Phase der Recherchen ein - übrigens von den meisten Partnern akzeptiertes - Hin und Her: mit der »Wahrheit« des einen konnte ich zum anderen gehen und mir erklären lassen, warum dies nicht die Wahrheit sei - und umgekehrt; und so fort.

So kam durch das Wegstutzen dessen, was sich als unwahr erweisen ließ, eine erste schlüssige Interpretation zustande; und von diesem Zeitpunkt an war es auch möglich, von manchen - keineswegs allen - Gesprächspartnern direkte Bestätigungen zu bekommen, Modifikationen anzubringen und am Ende das herauszufiltern, was im folgenden zu lesen ist: die Dokumentation einer langen Reihe einander überlagernder nationaler und internationaler Aktivitäten und Einmischungen, mit unterschiedlichen Zielen, aber einem einzigen konkreten Angriffspunkt: Aldo Moro.

Aus dem Fall Moro wurde so ein Angelpunkt nicht nur italienischer, sondern gesamteuropäischer Geschichte.

Einleitung: Die Moro-Entführung – ein europäischer Fall

Anfang März 1978 wurde in Frankreich ein neues Parlament gewählt. Die sozialistisch-kommunistische Volksfront kam nicht zum Zuge. Nachdem schon Portugal (1976) und Spanien (1977) bewiesen hatten, daß die nichtkommunistischen Parteien entweder stark genug waren, alleine zu regieren, oder lieber Minderheitsregierungen bildeten, als mit Kommunisten eine Koalition einzugehen, war die Frage des sogenannten »Eurokommunismus« vorerst erledigt - mit einer Ausnahme.

In Italien nämlich standen die Chancen für ein Bündnis zwischen »bürgerlichen« Parteien und der Kommunistischen Partei (PCI) nicht nur nicht schlecht - Anfang März 1978 wurde von der Mehrheitspartei Democrazia cristiana (DC) formell eine gemeinsame Grundlage zur Bildung einer »Regierung der nationalen Solidarität« unter Einbeziehung der Kommunisten erarbeitet. Darin waren zwar noch keine Ministerämter für PCI-Mitglieder vorgesehen, aber eine enge Absprache des Regierungsprogramms: alles in allem, so schien es, die Vorstufe für eine baldige Aufnahme auch von Kommunisten in die Regierung.

Für den 16. März war die Vertrauensabstimmung über das neue Bündnis vorgesehen. Ministerpräsident sollte Giulio Andreotti sein, damals ein Exponent der rechten Mitte und insofern geeignet, diesen Flügel in das Bündnis zu integrieren; die Linken in der DC waren ohnehin dafür. Außer der DC waren noch die Sozialistische Partei

(PSI), die Republikanische Partei (PRI) und die Sozialdemokratische Partei (PSDI) beteiligt. Die bis dahin mitregierende Liberale Partei (PLI) verweigerte sich der »neuen Mehrheit«; sie bildete mit der neofaschistischen Partei Movimento sociale (MSI), der Radikalen Partei (PR) und einigen Splittergruppen die verbliebene Opposition - zusammen kaum 15 Prozent der Sitze.

»Architekt« der neuen Mehrheit war Aldo Moro, 61 Jahre alt, aus dem apulischen Maglie bei Lecce stammend und eine nicht mehr wegzudenkende »Institution« der italienischen Politik. Neben mehreren Ministerämtern (darunter das Erziehungs-, das Justiz- und das Außenministerium) hatte er bereits fünfmal eine Regierung geleitet; derzeit, 1978, hatte er den Posten eines Präsidenten der christdemokratischen Partei inne.

Zwar war das Bündnis zwischen den Kommunisten und der christlichen Volkspartei DC keineswegs eine originäre Idee Moros: vielmehr hatte der PCI diese Konzeption entwickelt, als der Putsch in Chile 1973 gezeigt hatte, daß dünne Mehrheiten nicht zur Stabilisierung einer Demokratie ausreichten. Realisierbar konnte das Projekt aber erst dann sein, wenn wichtige Teile der DC dafür gewonnen würden - eben darauf arbeitete Moro hin. Es galt, den Industrie- und Arbeitgeberflügel davon zu überzeugen, daß diese Entscheidung nützlich sei.

Moro schien für diese Aufgabe ausersehen: in den frühen sechziger Jahren hatte vor allem er eine Öffnung seiner Partei zu den Sozialisten hin durchgesetzt (Mitte-Links-Regierung, »Centro-sinistra«), gegen massiven Widerstand aus den eigenen Reihen, der Kirche - und der Amerikaner. Damals allerdings waren die Probleme im Vergleich zu denen der siebziger Jahren noch bescheiden gewesen: im wesentlichen hatten sie darin bestanden, daß der DC immer einige Prozent zur absoluten Mehrheit fehlten und die anderen rechten Parteien zu klein waren, um diese fehlenden Prozente einzubringen - ständig drohte eine der drei oder vier an der Regierung beteiligten Parteien, das Bündnis aufzukündigen. Wirtschaftliche und soziale Schwierigkeiten gab es damals noch nicht in der Dimension, wie sie sich in den siebziger Jahren entwickelten.

Nun aber, spätestens seit Inflation und Arbeitslosigkeit 1972/73 spürbar zu steigen begannen, wurden die Auseinandersetzungen mit den Gewerkschaften härter, stiegen die sozialen Spannungen allgemein an. Die »neue Mehrheit«, auf die Moro seit Mitte des Jahrzehnts hinarbeitete, sollte, mittels des PCI, die Arbeiterorganisationen an den Staat binden, während gleichzeitig die DC versuchen sollte, die allzu profithungrigen Unternehmer zu mäßigen. Daraus

DC-Wegbereiter der »Öffnung nach links«:
Aldo Moro (links), Amintore Fanfani (Mitte) und Antonio Segri

sollte sich, so Moro, eine breite Basis für die »Regierbarkeit« des Landes ergeben.

Am 16. März 1978, kurz vor 9 Uhr früh, fuhr Moro mit seinem Chauffeur, seinem Leibwächter und eskortiert von einem zweiten Auto mit drei Polizisten von seiner Wohnung in der Via di forte trionfale Richtung Kirche Santa Chiara, die er fast täglich besuchte; danach wollte er ins Parlament zur Vertrauensabstimmung über die Regierung der »neuen Mehrheit«.

Auf halbem Weg, an der Kreuzung Via Fani und Via Stresa, stieß kurz vor der Ampel ein weißer FIAT 128 rückwärts in Richtung von Moros Wagen. Solche Manöver sind in Italien nicht sehr ungewöhnlich, aber der Fahrer von Moros FIAT 130 konnte nicht rechtzeitig bremsen und stieß von hinten leicht auf den FIAT 128; auch der nachfolgende Wagen der Eskorte fuhr auf Moros Wagen auf.

Aus dem weißen FIAT stiegen eine Frau und ein Mann und stellten sich plötzlich neben Moros Fahrzeug auf; gleichzeitig sprangen vom Vorplatz der nahegelegenen Bar »Olivetti« vier Männer mit uniformähnlichen Anzügen und Mützen auf das Begleitfahrzeug zu: es begann eine wilde Schießerei, so überraschend, daß keiner der Begleiter Moros reagieren konnte; der einzige, der noch ins Pistolenhalfter griff, wurde tödlich getroffen, ehe er ziehen konnte.

Alle fünf Beschützer Moros starben, nur der DC-Präsident blieb unverletzt: die Schützen hatten sich so postiert, daß nur sein Fahrer und sein persönlicher Wächter getroffen wurden. Moro wurde aus dem Auto gerissen und in einen bereitstehenden FIAT geschleppt, der sofort davonfuhr.

Es begannen die berühmten »55 Tage«, in denen Aldo Moro nicht nur seine Familie und sein Land, sondern einen großen Teil der Welt in Atem hielt. Zwei Tage nach dem Hinterhalt, am 18. März, erschien das »comunicato n.1« der »Brigate rosse« (BR), zusammen mit einem Foto Moros, und beseitigte jeden Zweifel an der Authentizität der Anrufe, die schon eine knappe Stunde nach dem Überfall bei verschiedenen Presseorganen die Aktion für die BR reklamiert hatten. Es begann ein Pokerspiel ohnegleichen: zahlreiche Comuniqués der BR, Briefe Moros an seine Familie, an Politiker, an den Papst; die UNO schaltete sich ebenso ein wie amnesty international und die Caritas, US-Präsident Carter ebenso wie Jugoslawiens Staatspräsident Tito.

Schon bald war klar: Die »neue Mehrheit« aus DC und PCI weigerte sich kategorisch, zu verhandeln, und auch die PSI kam erst spät zu einer abweichenden Haltung; selbst schlichte und keineswegs gesetzeswidrige humanitäre Gesten (wie Hafterleichterungen in den Sicherheitstrakten und ein Gnadenakt für einen todkranken Häftling) wurden abgelehnt. Die von Moro gestiftete »neue Allianz« bestand ihre erste Belastungsprobe - gegen Moro.

Am 9. Mai erreichte den mit Moro befreundeten Professor Tritto ein Anruf, wonach man in der Via Caetani nach einem roten Renault R 4 sehen solle. Darin lag Aldo Moro, wenige Stunden zuvor erschossen. Die Parkstelle des R 4 lag ziemlich genau in gleicher Entfernung von der Parteizentrale des PCI und derjenigen der DC.

Am Tag der Entführung Moros stimmte das Parlament, nur um wenige Stunden verzögert, über die neue Regierung ab - sie erhielt mit fast 91 Prozent die höchste jemals in Italien erreichte Bestätigung.

Der »Historische Kompromiß« schien also perfekt - so glaubten jedenfalls die Kommunisten. Und als sie dann die bittere Solidarität mit der DC bis zum bösen Ende - der Ermordung Moros - durchgestanden hatten, dachten sie an die Weiterentwicklung: nun wollten sie auch in Regierungsämter.

Aber die gnadenvolle Aufnahme in den »palazzo« ließ auf sich warten; und Ende 1978 keimte bei den Kommunisten der Verdacht, man wolle sie gar nicht in Regierungsämtern haben. Eine diskrete und spätere mehrere offene Anfragen bei Ministerpräsident Andreotti bestätigten den Verdacht; mit süffisantem Lächeln verwies der DC-Mann darauf, daß inzwischen einige Regionalwahlen stattgefunden und die Kommunisten kräftige Einbußen erlitten hatten -

also kein Grund mehr, den PCI an die Schalthebel der Macht heranzulassen. Den Kommunisten blieb nun nichts anderes übrig, als schnellstens selber den einseitigen Kompromiß aufzukündigen: im Januar wurde Andreotti gestürzt, im Juni gewählt - der PCI verlor nun auch landesweit vier Prozent.

Der »Historische Kompromiß« war, so er überhaupt je ernsthaft geplant war, nun am Ende. Der PCI fing wieder von vorne an. Die Kommunistische Partei der Jahre 1978 bis 1982 war politisch entmachtet. Trotz ihrer noch immer 30 Prozent Wählerstimmen spielte sie faktisch keine Rolle mehr bei den politischen Entscheidungen. Die Aufmerksamkeit konzentrierte sich stattdessen immer mehr auf die Frage, wieweit die nun auf Anti-PCI-Kurs gegangenen Sozialisten den Kommunisten Wähler abnehmen könnten.

Einigkeit zwischen DC und PCI kam immer dann wieder auf, wenn es um die Nachwehen des Falles Moro ging. Etwa als man seit Ende 1978 immer mehr Unwahrheiten eingestehen mußte, die man der Öffentlichkeit vorgesetzt hatte; oder als geständige Terroristen plötzlich Verbindungen des »palazzo« zum Untergrund offenbarten; oder als 1979 eine gewaltige Kampagne gegen linke Intellektuelle (als angebliche Drahtzieher des Terrorismus) von den eigenen Kompromittierungen ablenken sollte; oder als eine ganze Reihe angeblicher »Pannen« bei den Fahndungen während der Entführung plötzlich in ganz anderem Licht erschienen.

Vielleicht wäre der »Fall Moro« nur als eine Episode in die italienische Geschichte eingegangen, wenn in den folgenden Jahren nicht an ganz unterschiedlichen Stellen Zusammenhänge sichtbar geworden wären, die nicht nur die »reine« Urheberschaft der Roten Brigaden bei dieser Aktion in Frage stellten, sondern darüber hinaus eine ganze Reihe »okkulter« Mächte in den Fall verwickelten - von Infiltranten in den eigenen Sicherheitsorganen bis zu ausländischen Geheimdiensten. Nach und nach wurde der »Fall Moro« zum Skandal internationaler Größenordnung, zu einem Schlüsselfall, dessen Bedeutung gar nicht überschätzt werden kann: die - abgesprochene oder zufällige - Kollaboration von »demokratischen« Machtträgern und illegalen oder kriminellen Gruppen zur Beeinflussung eines immerhin souveränen Staates - mit den Mitteln des Terrors.

Um in der folgenden Darstellung nicht ständig aufs Neue die zeitlichen Zusammenhänge wiederholen zu müssen, schien es sinnvoll, an den Anfang eine ausführliche Chronologie der Hauptdaten und -vorfälle aus der Zeit unmittelbar vor der Entführung bis zum »Abschluß« des Falles durch das Gerichtsurteil bzw. die Berichte der Parlamentskommission zu stellen.

Chronologie einer Hinrichtung

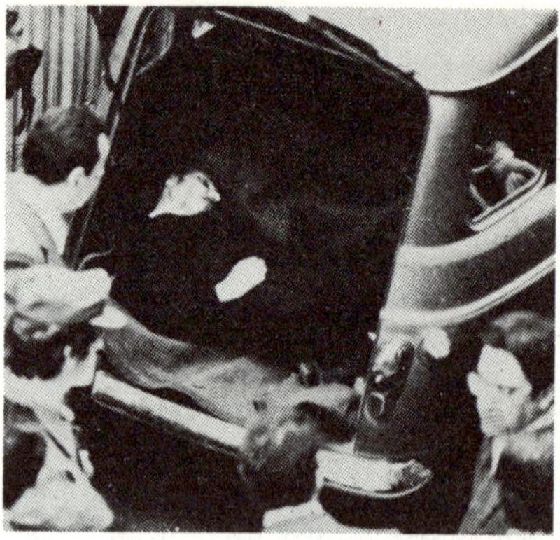

Die Leiche Moros in der Via Gaetani

18. Nov. 1977 Aldo Moro sucht nach einer Anfrage des (PCI-geneigten) Republikaners Ugo La Malfa letztmals öffentlich den Eindruck zu erwecken, in der Frage der Allianz mit dem PCI sei noch alles offen.

1. Dez. 1977 PCI-Chef Berlinguer unterzeichnet gemeinsam mit den anderen »konstitutionellen« Parteien - Christdemokraten (DC), Sozialisten (PSI), Sozialdemokraten (PSDI), Republikaner (PRI), Liberale (PLI) - als letzten Beweis der »Regierungsfähigkeit« des PCI eine Erklärung, wonach NATO und EG stets »tragende Pfeiler« italienischer Politik bleiben sollen.

12. Jan. 1978 Der Staatssicherheitsdienst SDS wird von einem Tag zum anderen aufgelöst, der zweite Geheimdienst SID zum Monatsende; stattdessen sollen ein ziviler und ein militärischer Geheimdienst (SISDE und SISMI) sowie ein Koordinierungsbüro (CESIS) eingerichtet werden.

16. Jan. 1978 Die Regierung Andreotti tritt zurück.

28. Feb. 1978 Nach 44 Tagen zäher Verhandlungen hält Moro vor der DC-Fraktion eine Grundsatzrede, wonach der PCI nun in eine »neue Mehrheit der nationalen Solidarität« einbezogen werden soll. Giulio Andreotti soll diese Regierung führen. Der PLI scheidet aus der Regierung aus.

9. März 1978 Staatspräsident Leone bietet Moro wegen der Lockheed-Affäre seinen Rücktritt an - sofern Moro bereit ist, die Nachfolge anzutreten. Moro überredet Leone zum Verbleib im Amt.

12. März 1978 Für die PCI-Zeitung »L'Unità« wird ein Leitartikel gesetzt, der die Auswechslung fast aller bisherigen Regierungsmitglieder zugunsten unbelasteter »Technokraten« ankündigt.

13. März 1978 Andreottis Ministerliste wird bekannt: es sind die alten Namen. Der »L'Unità«-Artikel erscheint nicht.

15. März 1978 Moro läßt den PCI wissen, daß sich die Zusammenarbeit nur durchsetzen läßt, wenn »bekannte Männer« die Kontinuität gewährleisten. Der PCI gibt nach.

16. März 1978 Gegen 9 Uhr wird der Wagen Moros auf der Fahrt zur Kirche gestoppt; Chauffeur, Leibwächter und die Eskorte werden erschossen, Moro wird entführt.

Anonyme Anrufe in verschiedenen Städten Italiens reklamieren den Überfall für die ›Roten Brigaden‹.

In der - lediglich um Stunden verschobenen - Vertrauensabstimmung erhält Andreotti 569 von 630 Stimmen.

17. März 1978 Der PCI fordert die Einhaltung einer harten Linie (»fermezza«) ohne jegliche Verhandlungen.

Andreotti versammelt die Parteisekretäre der »neuen Mehrheit«, die die harte Linie bestätigen. Massive Maßnahmen gegen den Terrorismus werden beschlossen.

18. März 1978 Es erscheint das »comunicato n.1« der Roten Brigaden mit einem Foto Moros: dem DC-Präsidenten werde in einem »Volksgefängnis« der Prozeß gemacht.

20. März 1978 Nach - und trotz - einer Reihe von Attentaten gegen Prozeßbeteiligte wird in Turin das Verfahren gegen die »erste Generation« der Roten Brigaden um Renato Curcio wieder aufgenommen.

21. März 1978 Renato Curcio erklärt im Prozeß, daß die Roten Brigaden Moro in ihren Händen haben.

Die Regierung verabschiedet die von den Partei-

sekretären vereinbarten Sondergesetze: Polizeiverhöre ohne Anwälte, langes Festhalten ohne Haftprüfungstermine, Telefonüberwachung ohne richterliche Genehmigung etc.
Die italienische Presse diskutiert über Selbstzensur, um die Verlautbarungen der Roten Brigaden nicht bekannt werden zu lassen. Diese »Selbstbeschränkung« funktioniert jedoch nicht.
Das amerikanische Repräsentantenhaus spricht sich einstimmig für die »rückhaltlose Unterstützung« Andreottis aus.

22. März 1978 Im Turiner Prozeß verhindert das Gericht die Verlesung einer »Selbstverteidigung«, die das Verhältnis der ersten Terroristengeneration zu den derzeitigen Akteuren erklären soll und worin die Moro-Entführung als »Akt der Einigung« gedeutet wird.

24. März 1978 Durch Schüsse in die Beine wird der ehemalige Bürgermeister Turins, Giovanni Pico, verletzt. Die Roten Brigaden bekennen sich zu der Tat.

25. März 1978 In Rom, Turin und Genua wird das »comunicato n.2« aufgefunden, worin die Anschuldigungen gegen Moro aufgeführt werden.

29. März 1978 Moros Frau Eleonora, sein Sekretär Nicola Rana und Innenminister Francesco Cossiga erhalten Briefe von Moro; der Brief an Cossiga wird auch dem »comunicato n.3« beigegeben, da die Roten Brigaden geheime Botschaften wie geheime Verhandlungen ausdrücklich ausschließen.
Der Direktor der Tageszeitung »La Stampa«, Arrigo Levi, schlägt vor, daß Staatspräsident Leone zurücktritt und Moro an seiner Stelle gewählt wird.

30. März 1978 Der PCI drängt Andreotti zum öffentlichen Bekenntnis der harten Linie. Andreotti gibt die Devise aus, alle - derzeitigen wie künftigen - Briefe Moros seien erpreßt. Die gesamte Presse veröffentlicht Untersuchungen darüber, auf welche Weise Moro »manipuliert« worden sein könne.

31. März 1978 Der Heilige Stuhl erklärt sich zur Vermittlung bereit, zieht diese Zusage aber, als die Regierung interveniert, wenig später zurück.

2. April 1978 Papst Paul VI. lanciert in einer Ansprache einen Appell an die »Männer der Roten Brigaden«.

3. April 1978 Bei Straßenkontrollen und Hausdurchsuchungen werden 233 Personen inhaftiert, 129 davon ohne Verteidiger verhört. 46 bleiben wegen Verdachts einer Beteiligung an kriminellen Vereinigungen in Haft.

4. April 1978 In Mailand wird das »comunicato n.4« zusammen mit einem Brief Moros an den DC-Parteisekretär Zaccagnini und einer »Entschließung der strategischen Leitung der BR« gefunden. Moro besteht unter Hinweis auf frühere Fälle auf einem Gefangenenaustausch.

6. April 1978 Die Familie Moro erhält einen Brief mit der Bitte um Nachricht über das Befinden seiner Angehörigen. Eleonora Moro beginnt endgültig mit dem Verfolgen einer eigenen Linie, nachdem bekannt wird, daß durch italienische Intervention der eingeschaltete Schweizer Anwalt Denis Payot resigniert hat.

7. April 1978 Eleonora Moro veröffentlicht in der Tageszeitung »Il Giorno« einen verschlüsselten Brief an Moro.

In Genua wird der Präsident des Industrieverbandes Felice Schiavetti verletzt; die Roten Brigaden bekennen sich zu dem Anschlag.

8. April 1978 Die Polizei verhängt eine totale Kommunikationssperre über die Familie Moro.

Moro antwortet auf den Brief in »Il Giorno« und gibt Ratschläge zur Sprengung des harten Blocks der Nichtverhandler. Der Brief wird von der Polizei abgefangen und geheimgehalten.

10. April 1978 In Mailand erscheint das »comunicato n.5« zusammen mit einem Brief, in dem Moro den früheren Innenminister Paolo Emilio Taviani angreift, weil dieser Äußerungen Moros in einem vorangegangenen Brief dementiert hat.

11. April 1978 In Turin wird der Gefängnisaufseher Lorenzo Cotugno ermordet; nach Angaben der Roten Brigaden ein »Folterknecht«.

Ein weiterer Brief Moros an seine Frau wird gefunden.

14. April 1978	Der amerikanische Präsident Carter schreibt an Andreotti und stützt dessen Linie vorbehaltlos.
15. April 1978	In Mailand erscheint das »comunicato n.6«, worin das Ende des Prozesses und das Todesurteil verkündet werden.
17. April 1978	Das amerikanische Außenministerium bekräftigt erneut die Unterstützung der römischen Linie. In London appelliert amnesty international an die Roten Brigaden, bietet sich als Vermittler an und verweist auch auf Caritas und Rotes Kreuz. Der PCI verbittet sich solche Einmischungen. Die DC bekräftigt die Linie des Nichtverhandelns.
18. April 1978	Das »comunicato n.7« behauptet, Moro liege auf dem Grund des (seit Monaten zugefrorenen) Lago di Duchessa und sei durch »Selbstmord« hingerichtet worden. Tausende von Polizisten suchen vergebens. In der Via Gradoli in Rom wird eine konspirative Wohnung der Roten Brigaden entdeckt. Die linke Tageszeitung »Il manifesto« beginnt mit einer öffentlichen Diskussion der Frage, ob man nicht doch verhandeln solle.
19. April 1978	Die Tageszeitungen »Lotta continua« und »La Gazzetta del Mezzogiorno« veröffentlichen einen Appell von Intellektuellen und Bischöfen zur Rettung Moros. Die Familie Moro bezeichnet das »comunicato n.7« als Fälschung.
20. April 1978	In Mailand, Turin und Genua erscheint das echte »comunicato n.7« zusammen mit einer Fotografie Moros vom Tag zuvor. Das Comuniqué setzt ein Ultimatum von 48 Stunden für die Bereitschaft zu Verhandlungen. Der PSI schert öffentlich aus der Linie des Nichtverhandelns aus. Die Bischofskonferenz Italiens appelliert an die Vernunft der »Harten«. In Mailand wird der Gefängnisaufseher Francesco Di Cataldo erschossen; die BR bekennen sich zu dem Anschlag.
21. April 1978	In Rom wird ein Brief Moros an Zaccagnini bekannt, in dem Moro die DC der »Unbeweglich-

keit« beschuldigt und den Sekretär zum Ausscheren auffordert. Um dies zu verhindern, wird der DC-Krisenstab nach Hause geschickt und erst für die Zeit nach Ablauf des Ultimatums neu einberufen.

Caritas international appelliert an die Roten Brigaden, ebenso erneut die Familie Moro.

22. April 1978 Papst Paul VI. schreibt an die »Männer der Roten Brigaden« und erkennt sie damit politisch an. Der US-Botschafter bei der UNO, Andrew Young, schlägt eine Resolution zugunsten Moros vor. Der Generalsekretär der UNO, Kurt Waldheim, setzt sich öffentlich für Moro ein.

23. April 1978 Der Chef des Geheimdienst-Koordinierungsbüros CESIS, Gaetano Napoletano, tritt wegen der mangelnden Kooperationsbereitschaft der anderen Dienste zurück.

24. April 1978 In Mailand, Genua und Turin taucht das »comunicato n.8« auf, worin 13 Gefangene zum Austausch vorgeschlagen werden. Verhandlungspartner dürfe jedoch nur die DC sein.

Panama bietet den BR Aufnahme an.

Zaccagnini erhält einen dritten Brief Moros mit der Aufforderung, die unnachgiebige Linie zu verlassen. Moro verfügt darin auch, daß kein Partei- oder Staatsrepräsentant bei seinem Begräbnis anwesend sein dürfe.

PSI-Chef Bettino Craxi fordert öffentlich eine Initiative des Staates zu Verhandlungen.

25. April 1978 UNO-Generalsekretär Waldheim spricht via Satellit zu den Roten Brigaden. Die DC greift ihn deshalb massiv an, weil damit eine politische Anerkennung verbunden sei.

Die DC behauptet, daß der Brief an Zaccagnini nicht von Moro stamme (was unrichtig ist).

26. April 1978 Die Kinder Moros schreiben über »Il Giorno« an ihren Vater.

In Rom wird der frühere Regionalpräsident der Region Lazio, Girolamo Mechelli, von den BR verletzt.

27. April 1978 Der FIAT-Beauftragte für Gewerkschaftsfragen, Sergio Palmieri, wird von den BR verletzt.

Craxi schlägt neben der Freilassung einiger politischer Gefangener eine Verbesserung der Haftbedingungen in Hochsicherheitstrakten vor.

28. April 1978 Craxi wird deswegen hart kritisiert. Andreotti bekräftigt das Nein zu Verhandlungen.

29. April 1978 Moro schreibt - teils gleichlautend - an Staatspräsident Leone, Ministerpräsident Andreotti, Senatspräsident Fanfani (DC), Parlamentspräsident Ingrao (PCI), den Vorsitzenden des Justizausschusses Misasi (DC), DC-Fraktionschef Piccoli sowie an die DC als Partei. Er deutet an, daß der Austausch »einer gegen einen« genüge.
In seiner Eigenschaft als DC-Präsident beruft er - vergebens - den Nationalkongreß der DC ein.

30. April 1978 Die Familie Moro appelliert an die DC und bricht - nach der Ablehnung - ganz mit der Partei.

1. Mai 1978 Die Sozialisten erklären, daß ihrer Meinung nach der Austausch »einer gegen einen« genügt.

2. Mai 1978 PCI und DC wenden sich gegen den PSI-Vorschlag. Die Ermittlungen werden der bisher federführenden Generalstaatsanwaltschaft entzogen und anderen Staatsanwälten und Ermittlungsbeamten übertragen (Infelisi und Guasco).

3. Mai 1978 Die Regierung schließt erneut jede Verhandlung aus. Im Turiner Prozeß verliest Curcio eine Erklärung, in der die Möglichkeit von Verhandlungen im Falle einer Auflösung der Hochsicherheitstrakte eröffnet wird.

4. Mai 1978 Umberto Degli Innocenti, SIT-Siemens, wird in Mailand, Alfredo Lamberti, Gewerkschafter bei ITALSIDER in Genua verletzt; die BR bekennen sich zu den Anschlägen.

5. Mai 1978 Im »comunicato n.9« wird der »Vollzug der Exekution« angekündigt. Eleonora Moro erhält einen Abschiedsbrief ihres Mannes ohne politischen Inhalt.
Walter Pelosi wird zum Chef des Geheimdienst-Koordinierungsbüros CESIS ernannt.

6. Mai 1978 Fanfani setzt sich von der DC-Linie ab und sucht Leone zu einer Begnadigung eines schwerkranken Häftlings zu bewegen. Leone wird durch Andreotti blockiert.

Polizeiaktion in Rom, 26 Festnahmen.

In Novara wird der Gefängnisarzt Giorgio Rossanigo verletzt; die BR bekennen sich zu dem Anschlag.

7. Mai 1978 Teile des Abschiedsbriefs Moros werden bekannt. Mehrere DC-Funktionäre deuten Verhandlungsbereitschaft an, ohne jedoch Genaueres zu sagen.

8. Mai 1978 Fanfani spricht von »Bewegung in der Sache«. Leone versichert Eleonora Moro, daß er den Gnadenerlaß unterzeichnen werde. Dann gibt er dem Druck Andreottis nach und unterschreibt nicht.

9. Mai 1978 Fanfani sucht die DC-Leitung zu einem weicheren Kurs zu bewegen.

In der Via Gaetani wird die Leiche Moros gefunden.

10. Mai 1978 Moros Leiche wird untersucht; das Ergebnis zeigt, daß er weder gefesselt noch betäubt noch unter Drogen gesetzt gewesen war.

Die Familie setzt seinen letzten Willen durch und verhindert die Staatsteilnahme am Begräbnis.

11. Mai 1978 Innenminister Cossiga (DC) tritt zurück; sein Nachfolger wird am 14. Juni Virginio Rognoni, DC.

12. Mai 1978 Der Sektionssekretär der DC, Tito Berardini, wird von den Roten Brigaden verletzt.

Juni 1978 Nach einer massiven Pressekampagne wegen Lockheed tritt Staatspräsident Leone zurück. Nachfolger wird Sandro Pertini, PSI.

6. Juni 1978 Der Feldwebel Antonio Santoro wird von den Roten Brigaden in Udine ermordet.

21. Juni 1978 In Genua erschießen die Roten Brigaden den Staatspolizisten Antonio Esposito.

5.-7. Juli 1978 Drei Industriemanager werden angeschossen.

10. Sept. 1978 Carabinieri-General Carlo Alberto Dalla Chiesa erhält für ein Jahr Sondervollmachten zur Terrorismus-Bekämpfung (1979 um ein Jahr verlängert).

1./2. Okt. 1978 In Mailand werden mehrere Verstecke der Roten Brigaden entdeckt. In der Via Montenevoso wird eine 40-seitige Transkription des »Verhörs« Moros gefunden sowie Briefe, die nicht abgeschickt worden waren. Mehrere Rotbrigadisten werden verhaftet.

1978/80 Verhaftung nahezu aller Mitglieder der Roten Brigaden, gegen die später der Moro-Prozeß eröffnet wird (Moretti wird erst 1981 festgesetzt).

Januar 1979 Der PCI fordert unmittelbare Regierungsbeteiligung und kündigt, nach der Ablehnung, den »Historischen Kompromiß« auf. Neuwahlen werden für Juni festgesetzt.

7. April 1979 In einer landesweiten Aktion werden mehrere hundert Angehörige linker Gruppen, vor allem der »Autonomia operaia« überprüft, mehrere Dutzend von ihnen in Haft behalten. Der Paduaner Professor Antonio Negri wird dabei unter dem Verdacht verhaftet, geheimer Anführer der Roten Brigaden zu sein und den Fall Moro geleitet zu haben, zumindest aber (durch ein Telefongespräch mit Frau Moro) daran beteiligt gewesen zu sein.

8. April 1979 Das »Theorem Calogero«, wonach die »Autonomia« die geheime strategische Leitung des gesamten Terrorismus darstelle, wird von nahezu allen Politikern und Zeitungen übernommen.

3. Juni 1979 Bei den Neuwahlen verliert der PCI vier Prozent der Stimmen; DC und PSI halten ihren Anteil.

August 1979 Nach langen Verhandlungen wird der nach dem Fall Moro demissionierte Cossiga (DC) Chef einer von dem PSI tolerierten Minderheitsregierung (DC, PSDI, PLI).

23. Nov. 1979 Nach monatelangem Tauziehen wird der Untersuchungsausschuß über den Fall Moro gegen den Widerstand der DC und Cossigas eingerichtet.

20. Dez. 1979 Der Gesetzentwurf zur Einrichtung des »Kronzeugen« (pentito) durch Cossiga wird bekannt.

21. Dez. 1979 Neue Verhaftungswelle gegen die »Autonomia«.

6. Febr. 1980 Die angekündigten Maßnahmen werden als Gesetz verabschiedet: erheblicher Strafnachlaß für »pentiti«; die Zeitdauer der Untersuchungshaft wird verändert (sie kann jetzt bis zu zehn Jahren und acht Monaten betragen).

Febr./März 1980	Neofaschistische Abgeordnete blockieren die Arbeit der Moro-Kommission, als bekannt wird, daß das Kommissionsmitglied Mancini sich mit dem »Autonomia«-Mitglied Francesco Piperno getroffen hat. Die gesamte Kommission tritt aufgrund der Blockade zurück.
20. März 1980	Neubildung der Kommission (ohne Mancini).
23. April 1980	Die Anschuldigung wegen Beteiligung am Fall Moro gegen Negri wird fallengelassen.
23. Mai 1980	Beginn der Anhörungen im Moro-Ausschuß (sie werden bis zum 19. April 1983 dauern).
18. Juni 1980	Die Anklage wegen Rädelsführerschaft bei den Roten Brigaden gegen Negri und die »Autonomia« wird aufgegeben. Stattdessen ermittelt die Staatsanwaltschaft Rom jetzt wegen Vorbereitung eines »bewaffneten Aufruhrs gegen die Staatsgewalt«.
12. Dez. 1980	Der Richter Giovanni D'Urso wird von den Roten Brigaden entführt und nach Aufrufen seiner Familie im Fernsehen und Rundfunk, sowie nach dem Abdruck eines Manifests der Roten Brigaden in der Tageszeitung »Il Messagero« am 15. Januar 1981 freigelassen.
14. März 1981	In der Villa des Matratzenfabrikanten Licio Gelli bei Arezzo wird ein Verzeichnis von über 900 Mitgliedern einer illegalen Geheimloge »Propaganda 2« (mit Gelli als »Maestro Venerabile«) gefunden, aus der hervorgeht, daß während der Moro-Entführung die Chefs aller drei Geheimdienste (SISDE und SISMI sowie ab 5. Mai auch des CESIS) P2-Leute waren, und die Loge einen großen Teil des Fahndungs- und Justizapparats sowie den militärischen Generalstab infiltriert hatte.
April-Juni 1981	Ministerpräsident Forlani (DC) tritt zurück, als seine Weigerung zur Veröffentlichung der P2-Liste und die Mitgliedschaft mehrerer Kabinettsangehöriger in der Loge bekannt wird. Als erster Nicht-DC-Politiker bildet Giovanni Spadolini (PRI) eine Fünfparteienregierung (außer dem PRI: DC, PSI, PSDI, PLI).
27. April 1981	Der neapolitanische DC-Politiker Ciro Cirillo

	wird von den Roten Brigaden entführt und nach einer durch den Geheimdienst und das Justizministerium ermöglichten Vermittlung des im Gefängnis sitzenden Camorra-Bosses Raffaele Cutolo am 24. Juli 1981 freigelassen.
17. Dez. 1981	Der amerikanische NATO-General James Lee Dozier wird entführt; die Roten Brigaden übernehmen die Verantwortung.
28. Jan. 1982	Dozier wird von Spezialeinheiten der italienischen Polizei befreit, nachdem sie Hinweise aus mafiosen Kreisen erhalten hat; die inhaftierten Geiselnehmer werden z. T. gefoltert.
Mai 1982	Der Prozeß gegen 60 Mitglieder der Roten Brigaden wegen des Falles Moro beginnt in Rom.
3. Sept. 1982	Der ehemalige Chef der Sondereinheit zur Terrorismusbekämpfung Carlo Alberto Dalla Chiesa wird in Palermo kurz nach seiner Ernennung zum Präfekten ermordert; die Polizei vermutet mafiose Täter.
24. Jan. 1983	Der Moro-Prozeß endet mit 32mal lebenslänglich und drei Jahrhunderten Zuchthaus; vier Freisprüche.
Februar 1983	Nach vier Verschiebungen beginnt in Rom der Prozeß gegen die »Autonomia operaia« wegen Aufruhrs.
29. Juni 1983	Die Moro-Kommission legt einen Majoritätsbericht (DC-PCI) und sechs Minderheitenberichte vor.

Erste Reaktionen: Staatstragende Antworten ohne Fragen

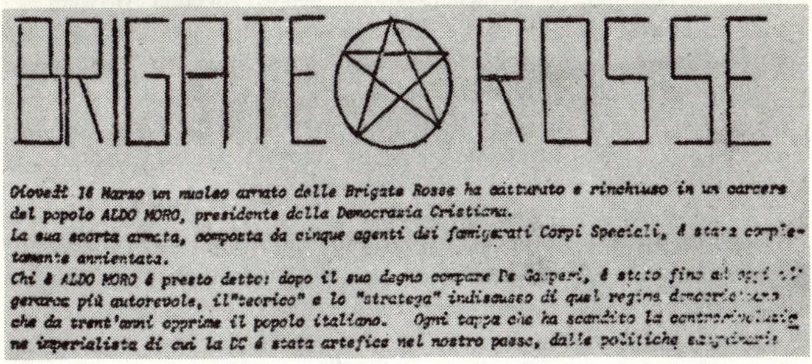

BRIGATE ROSSE

Giovedì 16 Marzo un nucleo armato delle Brigate Rosse ha catturato e rinchiuso in un carcere del popolo ALDO MORO, presidente della Democrazia Cristiana.
La sua scorta armata, composta da cinque agenti dei famigerati Corpi Speciali, è stata completamente annientata.
Chi è ALDO MORO è presto detto: dopo il suo degno compare De Gasperi, è stato fino ad oggi [illegible] gerarca più autorevole, il"teorico" e lo "stratega" indiscusso di quel regime [illegible] che da trent'anni opprime il popolo italiano. Ogni tappa che ha scandito la controrivoluzione imperialista di cui la DC è stata artefice nel nostro paese, dalle politiche [illegible]

Kaum war am 16. März 1978 nach dem Überfall Alarm gegeben und hatte sich herausgestellt, wer da entführt worden war, brach eine hektische Aktivität aus. Es zeigte sich jedoch bald, daß es eine Aktivität ohne Sinn und Ziel, ohne Strategie und ohne Koordination war.

Italien ist seit jeher das europäische Land mit den meisten Polizisten bzw. Ordnungskräften pro Einwohner (ein Polizist auf 226 Einwohner; Bundesrepublik 1:333; Frankreich 1:310; Niederlande 1:558)[1]; dennoch gab es, wie sich herausstellte, nicht einmal für die Hauptstadt Rom einen einigermaßen funktionierenden Krisenplan, weder Stäbe für die Zusammenarbeit der insgesamt gut zehn verschiedenen Polizeiformationen noch Fahndungsraster für Notfälle.

Gleichwohl löste der Leiter der staatlichen Polizeikräfte UCIGOS, Dr. Antonio Fariello, den »Piano Zero« aus, den »Plan Null«. Den hatte er selbst als Quästor (Polizeichef) der Provinz Sassari in Sardinien ausgearbeitet, um bei den sich dort immer wiederholenden Gangster- und Banditenüberfällen schnell eingreifen zu können. Es zeigte sich, daß niemand daran gedacht hatte, den Plan auf nationaler Ebene zu vervielfältigen, an die zuständigen Stellen zu schicken und die Polizeikräfte für die Durchführung zu schulen.

Noch am 16. März wurde der »Plan Null« widerrufen.

Zwar wurden in Rom Polizisten auf die Straße geschickt und Posten errichtet, aber es gab keinerlei System dabei. Die Untersuchungskommission des Parlaments (»Moro-Kommission«) stellte später fest:

»Aufgrund der Anhörung der Verantwortlichen der Polizeikräfte wurde geklärt, daß es für die Stadt Rom keine wirkliche Blockade im Sinne eines dauerhaften und undurchdringlichen Sicherheitsgürtels gegeben hat; es wurden jedoch Straßensperren an den wichtigsten Stellen gemäß einer Auswahl von Verkehrsverbindungen durch die Ordnungskräfte errichtet. Außer diesen Sperren gab es noch stichprobenweise Kontrollen, so daß in diesen Tagen viele Personen in die Stadt hinein- und herauskonnten, ohne kontrolliert zu werden. Abgesehen von der Schwierigkeit, wenn nicht gar Unmöglichkeit, eine Stadt total zu blockieren, hat die Kommission jedoch festgestellt, daß es keinerlei Pläne für Vorsichtsmaßnahmen gegeben hat.«[2]

Numerisch nimmt sich die Aktivität in den 55 Tagen insgesamt überaus beeindruckend aus. Nach den Angaben der Polizei waren zwischen dem 16. März und dem 10. Mai 1978

- 510 724 Polizisten landesweit eingesetzt, davon 172 270 in Rom,
- wurden dabei 104 417 Fahrzeuge benutzt, davon 21 399 in Rom, sowie
- 70 Flugzeuge bzw. Hubschrauber,
- 570 Schiffe,
- wurden insgesamt 72 460 Straßensperren errichtet, davon 6296 in Rom,
- 75 251 Streifen eingesetzt, davon 17 756 in Rom,
- 1986 Razzien im Land durchgeführt,
- 37 702 Haussuchungen vorgenommen, davon 6933 in Rom,
- in 106 Fällen Luftbewegungen, in 852 Fällen Bewegungen zu Wasser überprüft;
- belief sich die Zahl der insgesamt Kontrollierten auf 6 413 713 Personen, davon 167 109 in Rom,
- die Gesamtzahl der überprüften Kraftfahrzeuge auf 3 303 123, davon in Rom 96 572.[3]

Noch heute rühmt sich z. B. der damalige römische Staatsanwalt und spätere DC-Senator Claudio Vitalone, daß man - vor allem dank Vitalones eifriger Vorarbeit - schon am Tage nach dem Überfall auf Moro eine Liste von 20 Hauptverdächtigen hinausgeben konnte, die der Computer ermittelt hatte.[4] Was Vitalone dabei vergißt: von den 20 steckbrieflich gesuchten Personen waren zwei zur Zeit des Attentats in italienischen Gefängnissen, zwei andere nachweislich im Ausland und zwei Fotografien zeigten ein- und dieselbe Person von verschiedenen Seiten. Nur acht der Gesuchten waren tatsächlich dem engeren Feld terroristischer Aktivitäten zuzurechnen (und wurden z. T. später wegen ihrer Mitgliedschaft in den BR und einige auch wegen des Falles Moro verurteilt): aber von ihnen hatte man wiederum Fotos publiziert, die z. T. mehr als zehn Jahre alt waren.[5]

Konkretes erbrachten die vielen Razzien und Durchsuchungen faktisch überhaupt nicht - während der 55 Tage, in denen Moro entführt war, wurde nicht ein einziger Mithelfer der Aktion inhaftiert; erst ein halbes Jahr später wurden die ersten prominenten BR-Leute gefaßt. Aber nicht nur die Polizei war in desolatem Zustand.

Anfang 1978 war das »nucleo operativo« aufgelöst worden, die Einsatztruppe zur Terrorbekämpfung, die der Carabinieri-General Carlo Alberto Dalla Chiesa seit seiner Versetzung nach Turin im Jahre 1973 aufgebaut und die dort eine Reihe größerer Erfolge zu verzeichnen hatte - nahezu die gesamte »erste Generation« der Roten Brigaden, darunter Renato Curcio und Alberto Franceschini, war aufgrund solcher Fahndungsarbeit inhaftiert worden. Gleichzeitig hatte Dalla Chiesa - mit manchmal blutigem Einsatz - die Ausbrüche aus italienischen Gefängnissen gestoppt, die Verbindung der Brigadisten nach außen weitgehend abgeschnitten. Die Auflösung seines Kommandos bedeutete, daß es im März 1978 keinerlei Eingreiftruppe mehr gab.

Ebenfalls im Januar 1978 wurden die Geheimdienste auf recht überraschende Weise umorganisiert - genauer gesagt: die alten wurden aufgelöst, ohne daß die Nachfolgeorganisationen wirklich zu arbeiten begonnen hatten. Nach einem Gesetz vom Oktober 1977 sollte der alte Staatssicherheitsdienst SDS ebenso wie der Nachrichtendienst SID aufgelöst werden. Dafür waren zwei Nachfolgeinstitutionen geplant, ein dem Verteidigungsministerium unterstellter militärischer Geheimdienst (SISMI) und ein dem Innenministerium zugeschlagener ziviler Geheimdienst (SISDE); beide sollten von einem dem Ministerpräsidenten direkt unterstellten Büro (CESIS) koordiniert werden.

Ohne Übergangsregelung ging es dann im Januar 1978 plötzlich sehr schnell. Der Leiter des SDS, General Emilio Santillo, wurde ohne Einhaltung irgendwelcher Fristen von einem Tag zum anderen - am 12. Januar - entlassen, der eher altmodische SID bekam noch eine Frist bis Ende Januar, dann wurde auch sein Chef, Admiral Casardi, ausgeschaltet, damit die angekündigte Neuorganisation vonstatten gehen konnte. Angeblich. Der PSI-Minderheitenbericht der Moro-Kommission stellt dazu fest:

»Überraschend ist darüber hinaus, daß, während die fast 3000 Angestellten des SID alle auf ihrem Posten blieben und vom 1. Februar an ihre Arbeit unter General Santovito fortsetzten, die 600 Mitarbeiter des Servizio di Sicurezza SDS fast vollständig zu nicht-nachrichtendienstlichen Tätigkeiten eingesetzt wurden, wodurch ein wertvoller Bestand an Leuten und Erfahrungen verlorenging.«[6]

Der SDS-Chef Santillo wurde durch General Giulio Grassini ersetzt, der SID-Leiter Casardi durch General Giuseppe Santovito; das Koordinationsbüro CESIS übernahm Gaetano Napolitano - der aber auf dem Höhepunkt der Moro-Entführung am 23. April 1978 zurücktrat, weil sich weder Grassini noch Santovito kooperationsbereit gezeigt hatten. Napoletano wurde am 5. Mai durch Walter Pelosi ersetzt.

Erst drei Jahre später sollten die Hintergründe dieser Scharade deutlich werden; und über manche »Nebentätigkeit« der drei Geheimdienstchefs kam es zu einem der handfestesten Skandale der italienischen Geschichte.

Vorläufig, vom März bis zum Mai 1978 machte sich dies alles nur in einer für die Bevölkerung unverständlichen Reihe von Pannen und Unterlassungen sowie in hektischer Erfolglosigkeit der Sicherheitsorgane bemerkbar. Der PSI-Senator und Minderheitsberichterstatter Luigi Covatta dazu:

»Man kann das Ganze natürlich mit einer einfachen Deutung und einer schwierigen Deutung versehen. Nach der einfachen Deutung war es Schwäche, Desorganisation, Unfähigkeit. Aber es kann auch anders gewesen sein, beabsichtigt, geplant.«[7]

Wie genau die Roten Brigaden diese Ineffizienz der Fahnder eingerechnet hatten, zeigt u. a. ein Absatz im »comunicato n.1« vom 18. März: dort wird ausdrücklich darauf hingewiesen, daß künftig alle Mitteilungen der BR auf ein- und derselben Maschine geschrieben würden. So sicher waren sie vor Entdeckung, so genau kannten sie aber auch die möglichen Machenschaften der Polizei, die oft Intrigen und Fälschungen an die Stelle von Erfolg setzten.

Wenig später als eine Stunde nach dem Überfall war Aldo Moro offenbar bereits in »sicherem Gewahrsam«. Um 10.05 Uhr sagten gleich mehrere Anrufer bei verschiedenen Presseorganen durch:

»Heute morgen haben wir den Präsidenten der Democrazia cristiana entführt und seine Eskorte, die ›Ledernacken‹ Cossigas, eliminiert. Ein Communiqué folgt. Rote Brigaden.«

In diesem dann am 18. März verschiedenen Zeitungen zugestellten ersten »comunicato« war neben dem Bekenntnis zur Tat auch angekündigt, daß Aldo Moro der Prozeß gemacht würde - in einem »prigione del popolo«, einem »Volksgefängnis«; auch wurden, summarisch, bereits Anklagepunkte mitgeteilt: Moro sei »der ›Theoretiker‹, der unbestrittene ›Stratege‹ dieses christdemokratischen Regimes, das seit dreißig Jahren das italienische Volk unterdrückt« (vgl.

Abb. S. 27). Ein Foto Moros, das mit einer Polaroid-Kamera aufgenommen war, lag bei und löschte jeden Zweifel daran aus, ob die Communiqué-Schreiber tatsächlich den DC-Chef gefangenhielten.

Am 21. März erklärte Renato Curcio, »historischer« Chef der Roten Brigaden, in dem am Vortag wiederaufgenommenen Prozeß gegen ihn und 13 andere Brigadisten, daß sich »Moro in unseren Händen befindet«.[8]

Alles schien also darauf hinzudeuten, daß die Roten Brigaden nun zu einem neuen Höhepunkt ihrer Aktivität gelangt waren; und dieser Eindruck blockierte offenbar in ganz Italien das Weiterdenken. Gefragt wurde lediglich nach den Zielen der Roten Brigaden, und danach, wie man sich verhalten solle; ob hinter dem Anschlag auf Moro noch etwas anderes stehen könnte, kam kaum jemandem in den Sinn; allenfalls die bei allen BR-Aktionen auftauchenden Tiraden über Moskau, das hinter allem Verbrechen stecke, waren zu hören.

Vordergründig war ja auch alles klar und lag auf der Linie der bisherigen Aktivitäten des italienischen Terrorismus: Entführungen hatten die Roten Brigaden auch schon früher durchgeführt, und gegen ihre Opfer war in sogenannten »Volksgefängnissen« prozessiert worden. 1973 wurde der Personalchef von FIAT, Ettore Americo, für acht Tage, 1974 der Staatsanwalt Mario Sossi für 35 Tage im »prigione del popolo« festgehalten - die Brigaden hatten ihn aufgrund seiner Ermittlungstätigkeit gegen Linksextremisten als »meistgehaßten Mann Italiens« ausgesucht.[9]

Auch das Foto Moros, der dazu vor ein Transparent mit dem Stern-Symbol der Brigaden und der Aufschrift »BRIGATE ROSSE« gesetzt wurde, verriet linksextremistische Arbeit. Daß Renato Curcio sich im Namen der Roten Brigaden entsprechend äußerte, schien dann die endgültige Bestätigung - niemandem fiel es aber offenbar auf, daß Curcio immerhin fünf Tage brauchte, bis er die Entführung für die Brigaden reklamierte, und daß er sich auch da auf einen ganz kurzen Satz (»Aber wir haben Aldo Moro«) beschränkte, der ohne große Emphase und an ganz beliebiger Stelle vorgetragen wurde.[10]

Die erste Interpretation war also einhellig, Politik und Presse marschierten im Gleichschritt: die Roten Brigaden, als mächtige Untergrundorganisation, zielten nun auf das HERZ DES STAATES (so die Tageszeitung »La Repubblica« in ihrer Überschrift vom 17. März 1978).

Wie automatisch die Einordnung des Attentats in die herkömmlich den Roten Brigaden zugeordneten Verhaltensmuster erfolgte, zeigt auch der Titel von »Il Giornale« vom 17. März: MORO GEFANGENER DER ROTEN BRIGADEN / FREILASSUNG GEFANGENER TER-

RORISTEN GEFORDERT - zu diesem Zeitpunkt hatten die Roten Brigaden eine solche Freilassung überhaupt noch nicht gefordert; und sie wurde auch später (im April) nicht von den Brigaden, sondern von Moro selbst und dann von der Gruppe der »Verhandlungsbereiten« um Craxi ins Spiel gebracht, ehe die Brigaden selbst eine solche Forderung erhoben.

Auch der »Corriere della sera« wußte zu berichten: DAS LAND HAT DIE ERPRESSUNG DER ROTEN BRIGADEN ZURÜCKGEWIESEN - woran zwar richtig ist, daß es unmittelbar nach dem Bekanntwerden der Entführung zu spontanen Arbeitsniederlegungen und zu Massendemonstrationen in allen Großstädten Italiens gekommen war, aber worin die Erpressung bestand, wußte zu diesem Zeitpunkt tatsächlich noch niemand.

Kräftig mitgeholfen haben bei der einheitlichen Deutung des Überfalls die Politiker - und zwar die aller Parteien. Am lautesten und am frühesten der PCI, vorwiegend durch den Mund seines innenpolitischen Sprechers (des »Schatteninnenminister« für die Zeit der Noch-nicht-Regierungsbeteiligung), Ugo Pecchioli. Er interpretierte den Überfall zwar - im Gegensatz zu den anderen Parteien - als ausschließlich gegen die Kommunistische Partei gerichtete Aktion (die bis heute PCI-offizielle Einschätzung), ließ aber sonst keinen Zweifel daran, daß auch für ihn die Roten Brigaden, und sonst niemand, die autonom handelnde Instanz waren:

»Wir müssen uns unmittelbar bewußt sein, daß die Ziele der Terroristen nur folgende sein können: den Staat in die Knie zwingen, unseren Eintritt in die Mehrheit behindern, die Freilassung ihrer Genossen erreichen.«[11]

Seitens der DC dauerte es einige Zeit bis offizielle Stellungnahmen abgegeben wurden: lediglich der Parteisekretär Benigno Zaccagnini erklärte recht allgemein (und nicht bloß auf den PCI bezogen): »Die Entführung unseres Präsidenten gehört zu einem Plan gegen die neue Mehrheit.«[12]

Besonders gelassen schien hingegen ein sonst sehr empfindlicher Indikator die Sache aufzunehmen - die Börse. Recht erstaunt betitelte »Il Giornale« einen Artikel am 17. März: LIRA-KURS GIBT AUCH NACH MORO NICHT NACH.

Die Diskussion über den Fall Moro ging ausschließlich in zwei Richtungen:

1. Wie hatte es dazu kommen können, daß der Terrorismus in solche Höhen zielt?
2. Wie soll man (der Staat, die Parteien, die Ideologieträger, die Öffentlichkeit) sich dazu verhalten?

Zur zweiten Frage fand als erster der PCI eine eindeutige Linie; formuliert wurde sie wiederum von Ugo Pecchioli: »Wir sollten sofort beschließen, daß es keinerlei Verhandlungen gibt.«[13] Eine Entscheidung, der der PCI während der gesamten Zeit treu blieb, ohne Dissidenten und ohne Zaudern. Bestätigt fühlte sich die PCI-Führung vor allem dadurch, daß tatsächlich die Demonstrationen gegen den Terrorismus nicht abrissen. Voll Begeisterung vermerkte die Parteizeitung »L'Unità« am 17. März:

»In vielen Städten haben die Arbeiter die Fabriken verlassen, und zwar schon vor der Proklamation des Generalstreiks. Ungeheure Menschenmengen bei den Manifestationen ...«

Da mochte natürlich auch die DC nicht nachstehen; daß der PCI die etablierte Staatspartei gerade in puncto Staatserhalt überholen wollte, ging dann doch zu weit. Ministerpräsident Andreotti wandte sich in einer Ansprache ans Volk:

»Laßt euch nicht von denen täuschen, die da behaupten, daß ein demokratischer Staat notwendig schwach sei. ... Wir, die wir Politik betreiben, auch diejenigen ganz oben, nehmen keine Sonderstellung unter den Bürgern ein. Wenn ich heute das Wort ergreife, so nicht, weil ich bisher das für gering erachtet hätte, was bereits einer erheblichen Anzahl von Familien infolge von Entführungen zugestoßen ist. Aber diese kriminelle Tat hier stellt ein besonderes Zeichen dar, und wir müssen gleichermaßen Worte der Härte wie der Beruhigung an euch richten.«[14]

Auch hier wurde nun also die Linie der »fermezza« festgeschrieben; Verhandlungen würde es nicht geben.

Erstaunlich, wie schnell diese »intransingenza«, diese unbeugsame Härte sich durchsetzte, zumindest bei den Politikern. In heutiger Rekonstruktion zeigt sich jedoch, daß diese Linie in Wirklichkeit erst von einem bestimmten Zeitpunkt nach der Entführung an gesichert war: als man nämlich die Frage geklärt hatte, ob Moro Geheimnisse - vor allem militärische - wüßte. Eilig hatte die NATO ihre Erkenntnisse abgerufen - Moro konnte nichts wissen.[15] So konnte man also beruhigt das tun, was der deutsche Kanzler Helmut Schmidt schon 1977 nach der Schleyer-Affäre vorausgesagt hatte: »Ich bin überzeugt, daß sich in Zukunft kein europäisches Land viel anders als wir verhalten wird.« - also nicht verhandeln, allenfalls hinhalten, auf Befreiungsmöglichkeiten warten, den Tod der Geisel in Kauf nehmen.

Italien hatte solche Fälle bisher stets anders gelöst - vor »Moro« war grundsätzlich verhandelt worden; und auch nach Moro tat man es weiter, als wäre nichts gewesen. Sossi wurde 1974 ebenso durch

»trattative«, durch Verhandlungen mit den Terroristen befreit wie 1981 Cirillo (in diesem Fall gar noch durch die Gangsterorganisation Camorra vermittelt).

War die Linie der »fermezza« erst einmal beschlossen, so wurde die Sache »Moro« nun zum rein technischen Problem - zu einer Frage der Fahndung. Konsequenterweise versicherte sich der für die Ermittlungen zuständige Innenminister Francesco Cossiga vor allem technischen Sachverstandes. Aus den USA ließ er den Psychologen Steve Pieczenik einfliegen, der sich angeblich in der Terroristenbekämpfung besonders gut auskannte; aus der Bundesrepublik reisten Beamte des Bundeskriminalamtes, des Innenministeriums und des Bundesnachrichtendienstes an; aus England fanden sich Agenten des nordirischen Terrorbekämpfung ein. In den befreundeten Staaten ringsum wurde nachgefragt, ob die dortigen Computer etwas über die Roten Brigaden gespeichert hätten. Wie sich zeigte, waren alle gerne bereit, mitzuhelfen - nur hatten sie in aller Regel nichts, was weitergeholfen hätte. Der Psychologe Pieczenik, Harvard-Absolvent und als Krisenmanager gelobt, angeblich in mehreren Geiselnehmeraffären bewährt, wußte jedoch entweder auch nicht so recht, was zu tun sei (». . . zum ersten Mal wird hier ein hoher Politiker entführt, ohne daß die Entführer präzise Forderungen stellen«) - oder er hatte andere Ziele als die Befreiung Moros. Jedenfalls gab er vor allem den Ratschlag, die Fahndungen nicht zu forcieren. Ob es dieses Winkes allerdings noch bedurfte, mag heute bezweifelt werden - recht viel war der italienischen Polizei ohnehin nicht eingefallen. Pieczenik sah seine Aufgabe offenbar vor allem darin, die Regierungen und das Volk auf den Abschied vom DC-Präsidenten einzustimmen: »Kein Mensch ist für das Leben eines Nationalstaates unentbehrlich.«[16] Ihren Höhepunkt erreichten die »wohlmeinenden« Hilfen aus Übersee dann allerdings am 7. Mai 1978, als der Kolumnist William F. Buckley in der »Washington Post« Moro unverblümt aufforderte, sich das Leben zu nehmen - der Papst solle ihn überreden, »mutig zu sterben«.

Die Linie der »fermezza« wurde jedoch auch ohne nachhaltigen Druck von außen schon früh abgesprochen. Auf dem Spitzentreffen zwischen Andreotti und den Vorsitzenden der Parteien der »neuen Mehrheit« wurde bereits am 17. bzw. 18. März vereinbart, auf keinen Fall zu verhandeln - eine Absprache, die erst im Laufe des April, und auch sehr zögernd, von dem PSI aufgekündigt wurde. Die Frage, wie man sich moralisch, politisch, rational, emotional und vor allem intellektuell zu der Sache verhalten solle, trat jedoch schon bald in den Vordergrund.

Die meisten Parteien richteten Krisenstäbe ein (die DC ließ ihren Sekretär Zaccagnini, seine Vize Gallini und Gaspari sowie die Fraktionschefs Piccoli und Bartolomei in Permanenz tagen). Aber diese Notstandszirkel befaßten sich durchweg nicht mit dem Auffinden Moros, sondern vorwiegend mit dem Verfassen von Erklärungen.

Liest man heute die damaligen Stellungnahmen der politischen Prominenz nach, so wirken sie auf den ersten Blick eher spitzfindig und lächerlich.

Tatsächlich aber wurden darin langfristige Strategien abgesteckt, deren Wirkungen und Hintergedanken zum Teil erst heute genauer sichtbar werden.

Nur scheinbar zufällig wurde z. B. die große Debatte um die Stellung der Intellektuellen zum Terrorismus während der Zeit der Moro-Entführung gerade vom »Corriere della sera« entfacht: nur wenigen fiel damals bereits der allmähliche Wandel auf, den dieses einst linksliberale Blatt seit einigen Monaten zu nehmen begonnen hatte - und dessen Ursachen selbst Insidern erst Jahre später (1982) und in ganz anderen Zusammenhängen klarwurden: Eine der wichtigsten Weichen für die künftige kulturelle Auseinandersetzung in Italien wurde ausgerechnet von jener (größten) Tageszeitung des Landes gestellt, die später im Zeichen eines Riesenskandals um finstere »okkulte« Mächte stehen sollte. Darüber bald mehr.[17]

Cesare Medail eröffnete am 18. März mit einem »Corriere«-Artikel die erste Welle der Polemik - nicht gegen die Roten Brigaden, sondern gegen »die« Intellektuellen:

»Wann immer in den letzten dreißig Jahren etwas geschehen ist, das die öffentliche Meinung in unserem Land emotionell betraf, brauchte man auf den ›Bereitschaftsdienst‹ der Intellektuellen nicht zu warten.
Die Entführung Moros und die Ermordung der fünf Polizisten zeitigte jedoch keinerlei unmittelbare Reaktionen (außer einige Fälle, in denen es eine kollektive Mobilisierung gab, wie etwa bei dem von der Casa della Cultura in Mailand verbreiteten und von den Angestellten der Kulturindustrie unterzeichneten Dokument).
Das Schweigen geht weiter. Unfähigkeit der Intellektuellen - oder Notwendigkeit, erst einmal zu reflektieren?«

Der Artikel löste eine Flut von Anklagen gegen die Intellektuellen aus. In »Il popolo«, dem Organ der DC, gab Renzo De Felice noch am selben Tag die Richtung der Debatte vor:

»In einigen Bereichen der italienischen Gesellschaft gab es eine außerordentliche Verbreitung von Ideen, die man mit schuldhafter Leichtigkeit akzeptierte, wenn nicht gar rechtfertigte, zumindest aber allzu gutwillig übernahm. Dafür zahlen wir jetzt einen hohen Preis.«

Im industrienahen »Il Tempo« nahm sich Leone Piccioni der Zielgruppen dann schon genauer an:

»Ich bin mir sicher, welches das ideologische Fundament ist, das diesen Banditenkrieg in Gang gebracht hat (und noch bringt). Bestimmt nicht die christliche Lehre (abgesehen von den wenigen Fällen von Verrat, die man auch im Klerus ausmachen konnte); sondern das Gegenteil: diese Ideologie nämlich, die seit Jahrzehnten Haß gesät hat, und zwar einen Haß, der wie in einer Art Hohlspiegel sozusagen alle die revolutionären Spannungen bündelt, um sie in der Stunde X loszulassen . . ., diese Ideologie und diese praktische Politik, die jahrzehntelang die Schule erschüttern sollte, weil aus der Schule vorwiegend christliches Fühlen hervorging . . ., diese Ideologie, die die Arbeitswelt erschüttert hat . . ., diese Ideologie, die mit Verachtung und Haß auf die Ordnungskräfte wies . . ., diese Ideologie, die ausschließlich soziale und ökonomische Aneignung aufgestachelt hat, in den traditionellen Begriffen eines ›Klassenkampfes‹. . .«

Tags darauf griff auch der Leiter des PCI-nahen »Paese sera«, Aniello Coppola, ein. Am 19. März schrieb er einen Leitartikel mit dem Titel »Dies ist nicht die Zeit der Zikaden« - in Anspielung auf die in der Antike mit den Musen identifizierten singenden Grillen. Darin stellte er die Frage:

»Lohnt es sich, diesen, unseren Staat zu verteidigen? Zweifel kommen aus den Gebieten des Extremismus, die irgendwie mit der ›bewaffneten Partei‹ und dem terroristischen Umsturz verbunden sind. Und zwar nicht nur in Form einer unmittelbaren Anwendung der Ideologien und politischen Konzeptionen dieser Gruppierungen, sondern aufgrund des Echos auf die zersetzenden Vorstellungen, die aus den üblichen Reihen der Intellektuellen kommen, angeführt von Leonardo Sciascia, der seit einiger Zeit zum Ergebnis gekommen ist, daß man diesen Staat zerschlagen müsse . . .«

Solche und eine Reihe anderer Angriffe auf die Intellektuellen zeigten Wirkung. Weit davon entfernt, den gesamten Vorgang der Entführung zu analysieren und die dahinterstehenden Interessen umfassend auszuleuchten, ließen sich weite Teile der Intellektuellen sofort in die Defensive treiben: für sie ging es nun darum, zu beweisen, daß der Terrorismus nicht ihres Geistes Kind war. Ihre Stellungnahmen fielen eher vage und vorsichtig aus. Alberto Moravia, neben Sciascia das Hauptziel der Angriffe, versuchte es mit einem Balanceakt. Er schrieb am 20. März im »Corriere della sera«:

»Wir erleben sogenannte historische Stunden, angstvoll, wie das stets geschieht, wenn die Geschichte, dieser sicher nicht vom Zufall geprägte Sturmwind (der ja auch seinen eigenen Gesetzen gehorcht), . . . einen Moment in dem einen oder anderen Land verhält und jegliches Lebewesen und jedes identifizierte Objekt ermordet oder zerstört. . . . Was ich über die letzten,

Verhandeln oder Hartbleiben? Benigno Zaccagnini, DC-Parteisekretär (links), von Moro als »Bruchstelle« der »fermezza«-Vertreter um Guilio Andreotti (rechts) ausersehen

zweifellos historischen Ereignisse, die sich in Italien abspielen, denke? Ich kann eher sagen, was ich fühle, als was ich denke. . . . Das Gefühl angesichts der historischen Ereignisse dieser Tage ist zweifach: erstens das Gefühl, außerhalb zu stehen, und zweitens, es ›schon einmal erlebt‹ zu haben. . . . Ich fühle mit absoluter Genauigkeit, daß ich keine einzige Zeile der Art geschrieben hätte, wie sie die Roten Brigaden in ihrer Proklamation schreiben, und daß ich auch nicht eine der vielen Sachen gemacht hätte, die sie seit ihrem ersten Auftreten gemacht haben. Andererseits hätte ich auch nicht eines der unzähligen Worte geschrieben, die die Männer der italienischen Führungsgruppen in den letzten dreißig Jahren in Reden, Artikeln, Büchern geschrieben haben, und ich hätte auch nicht eine der vielen Sachen getan, die diese, seit sie an der Macht sind, getan haben.«

Es half nichts, daß Moravia auch noch einen Appell von Intellektuellen unterschrieb mit dem Titel »Gegen den Terrorismus und die Gewalt«, den auch Historiker wie Eugenio Garin und Künstler wie Federico Fellini und Giorgio Strehler unterzeichneten; Moravia und der Sizilianer Sciascia, der auch jetzt noch nicht fand, daß der Staat besonders erhaltenswert sei, blieben Zielscheiben der Kampagne, die noch jahrelang andauerte.

Tatsächlich reichten deren Ziele aber viel weiter. Am 22. März wurde der Christdemokrat Alfredo Vinciguerra deutlich: »I pedagoghi del crimine« überschrieb er in »Il popolo« einen Artikel - und griff darin insbesondere den »feltrinellismo« an, die Autoren also, die sich gegen Ende der sechziger Jahre um den linken Mailänder Verleger Giangiacomo Feltrinelli gruppiert hatten.

»Der Feltrinellismus - um nur ein Beispiel zu nehmen -: Wieviele Tonnen haßanstachelnder Worte hat er in diesen Jahren in die schlichten Geister tausender Jugendlicher eingesprüht? Glaubte man vielleicht, daß das alles keine Früchte tragen würde? Hier haben wir sie ...
Keiner weiß, wie das alles enden wird. Aber die Pädagogen des Hasses können sich einem historischen Urteil hinsichtlich ihrer Verantwortung und Komplizenschaft nicht entziehen ...«

Im »Osservatore romano« schrieb am 24. März Pietro Spinucci:

»Was heute geschieht, ist die Frucht dessen, was gestern gesät wurde. Die Grundlage dieses nihilistischen Deliriums sind die langwährenden Predigten des Hasses, die als umfassender Bestandteil einer gewissen historisch-soziologischen Dynamik verstanden wurden.«

Der Erzbischof von Pisa, Monsignor Matteucci, steuerte zudem die Weisheit bei:

»Wer Haß gesät hat und noch sät, kann nur Gewalt ernten. Jede Gewalt muß alle Verantwortlichen moralisch und geistig aufhorchen lassen.«

Die von einer kleinen Minderheit nichtkonformer Intellektueller ausgegebene Formel »Weder mit den Roten Brigaden, noch mit dem Staat«, die in linken Organen wie »Lotta continua« propagiert wurde, blieb ohne großen Widerhall.

Staatsräson oder Humanität?
PSI-Vorsitzender Bettino Craxi ...

Bleibt festzuhalten: Der Anschlag auf Moro wurde von März bis Mai 1978 ausschließlich als autonomer Akt der Roten Brigaden begriffen - woran die später von Bettino Craxi gern hervorgeholte Protokollnotiz, er habe schon am 16. März von einem hinter allem stehenden »Supergehirn« gesprochen, nichts ändert: damals wurde das allenfalls so verstanden (und war von Craxi wohl auch so gemeint), daß es eine Art Superbrigadisten geben müsse (den ein Jahr später der Staatsanwalt Calogero im Professor Negri auszumachen glaubte). Festzuhalten bleibt außerdem, daß sofort nach dem Überfall faktisch die gesamte Massenpresse in eine einzige Richtung zielte: Härte gegen die Brigadisten, Kampf den angeblichen Wegbereitern und Sympathisanten. Daß es sich dabei nicht um eine gegenseitige Beeinflussung der Kommentatoren handelt, zeigt die Tatsache, daß die Verschärfung nicht an aufeinanderfolgenden Tagen geschah, sondern fast gleichzeitig in ganz verschiedenen Zeitungen und Zeitschriften. Mitunter erschienen dieselben Argumente unter ganz verschiedenen Vorzeichen, so als wären sie abgesprochen.[18]

...PCI-Chef Enrico Berlinguer

Einig war sich die Nation - und hier gab es zunächst wenig Unterschiede zwischen der Massenpresse und den Interpretationen der kleineren Organe sowie der nicht-staatskonformen Intellektuellen-, daß das Ziel der Aktion Moro vor allem eine nachhaltige Störung des »Historischen Kompromisses« sei. Eine Interpretation, die auch heute noch vertreten wird. Das wird natürlich dadurch gefördert, daß sich so mancher Rotbrigadist in den verschiedenen Prozessen damit brüstet, das Ziel, »die nationale Solidarität mit ihrem Erfinder zu begraben«[19], sei erreicht worden.

Ob dieser »Historische Kompromiß« denn tatsächlich etwas getaugt hätte, ob es überhaupt ernsthafte Chancen für eine Zusammenarbeit zwischen DC und PCI gegeben hat - diese Frage wurde damals überhaupt nicht gestellt.

Und seltsamerweise ist das bis heute so geblieben.

Der ›Historische Kompromiß‹ und seine Gegner

DC-Verhandlungspartner bei der Bildung der Mitte-Links-Koalition: Francesco De Martino, PSI (links), Ugo La Malfa, PRI (Mitte) und Mario Tanassi, PSDI

Selten war die Kommunistische Partei Italiens, ansonsten eher langsam im Reagieren auf aktuelle Ereignisse, so schnell mit einer Analyse zur Hand wie im Fall Moro - und trotz der vom Vorsitzenden Berlinguer immer wieder gerühmten Fähigkeit des PCI zur Flexibilität blieb sie auch bei ihrer ersten Interpretation; mehrheitlich bis heute.

Die Stoßrichtung der Moro-Aktion, die die Kommunisten ausgemacht hatten, war eindeutig: es ging gegen den PCI selbst. Mit seiner zitierten Erklärung noch vom Vormittag des 16. März 1978 legte Ugo Pecchioli die Interpretation des PCI auf Dauer fest. Eine Deutung, der übrigens auch weite Teile der DC gern folgten, war damit doch der anderweitig aufgekommene Verdacht beseitigt, nur die DC habe sich so unbeliebt gemacht, daß Terroristen gegen sie kämpften.

In dem 1983 veröffentlichten Abschlußbericht der Kommissionsmehrheit aus DC und PCI, (wozu auch Pecchioli selbst gehörte) heißt es in dem mit »Der Angriff auf die DC und die nationale Solidarität« betitelten Paragraphen:

»Mit der Entführung Aldo Moros beabsichtigen die Roten Brigaden nicht nur die Democrazia cristiana zu treffen, sondern auch und vor allem das von Moro getragene politische Projekt zum Einschluß aller politischen Kräfte in die Führung des Landes.«[20]

Parteisekretär Enrico Berlinguer sah, zumindest 1979, die Sache noch eindeutiger. In seiner Rede vor dem Zentralkomitee des PCI vom 2. Juli 1979 (nach der vernichtenden Wahlniederlage vom Juni) erklärte er seine Partei als das eigentliche Ziel der BR:

»Auch der Terrorismus hat, offen und ausdrücklich, das hauptsächliche Ziel, die einigende Politik des PCI zu treffen, die Linie der demokratischen Solidarität zu sprengen, die sich seit Juni 1976 ergeben hatte; und er wurde politisch benutzt, um unsere Partei in Schwierigkeiten zu bringen, indem man auf der einen Seite uns die Verantwortlichkeit für den Terrorismus oder zumindest das ideologische Einverständnis mit ihm anlastete, auf der anderen Seite als Förderer eines repressiven und autoritativen Staates hinstellte.«[21]

Gar nicht in das Konzept solcher Interpretationen paßt die Einschätzung des Falles durch die Minderheitsberichterstatter (vor allem der Sozialisten), die den PCI allenfalls als ein Ziel unter mehreren, und nicht einmal das wichtigste, ansehen. Der PSI-Minderheitsbericht sieht die Prioritäten eher so:

»Vor allem teilt die Gruppe der Sozialisten nicht die Meinung, wonach das Verbrechen an Moro eine Antwort der BR auf die Politik der nationalen Einheit oder gar der Konstituierung der Regierung Andreotti war. Es gibt keine Beweise, die einen direkten Zusammenhang zwischen der Konstitution der Regierung Andreotti und der Ausführung des Gemetzels in der Via Fani herstellen; eher gibt es Beweise für das Gegenteil. Die Dokumente der Roten Brigaden, zu lange von den staatlichen Sicherheitsorganen ignoriert, zeigen eher, daß das Ziel die Democrazia cristiana war, die, in der Sichtweise der Terroristen, mit dem Staat identifiziert wurde.«[22]

Wobei die umfängliche Analyse der BR-Dokumente auch von

dem PSI nicht geleistet wird - ein schmales Werkchen von gerade 60 Druckseiten bildet den Minderheitsbericht der Sozialisten, und er enthält eher offene Fragen als einigermaßen bündige Antworten.

Immerhin können die Sozialisten für ihre These anführen, daß die Roten Brigaden in ihren Communiqués während der Entführung zwar ständig von der DC sprechen - den PCI aber allenfalls marginal, wenn überhaupt, apostrophieren. Im »comunicato n.2« z. B. werden »die Partei Berlinguers und die kollaborierenden Gewerkschaften« lediglich als büttelähnliche Handlanger hingestellt; im »comunicato« 1, 3 und 4 sind sie überhaupt nicht erwähnt. Auch Moros Rolle als »Architekt« des historischen Kompromisses wird nur flüchtig gewürdigt - seine Hauptschuld, so die BR, liege in den zurückliegenden Jahren. Schon im »comunicato n.1« heißt es:

»Wer Aldo Moro ist, ist schnell gesagt: nach seinem würdigen Genossen De Gasperi ist er bis heute der angesehenste Amtsträger, der ›Theoretiker‹ und unumstrittene ›Stratege‹ dieses christdemokratischen Regimes gewesen, das seit dreißig Jahren das italienische Volk unterdrückt. Jede Etappe der imperialistischen Gegenrevolution, deren Schöpfer in unserem Land die DC war, von der blutrünstigen Politik der fünfziger Jahre über die Wende der ›linken Mitte‹ bis zu unseren Tagen mit der ›Übereinkunft der sechs‹ hatte in Aldo Moro den politischen Paten und treuesten Erfüllungsgehilfen der von den imperialistischen Zentralen ausgegebenen Direktiven.«

Die »Übereinkunft der sechs«, also der bürgerlichen Parteien DC, PSI, PRI, PSDI, PLI unter Einschluß des PCI kommt hier nur als konsequente Fortsetzung von Moros Politik vor, die ihrerseits wiederum im Auftrag der imperialistischen Zentralen stehen soll.

Dennoch sind auch die Kommunisten - und, im Parlamentsausschuß ebenfalls die Christdemokraten - mit ihrer These von der Zielsetzung einer »Ermordung des compromesso storico« nicht ganz ohne Argumente, insbesondere seit einige der in Rom vor Gericht gestellten Rotbrigadisten ausdrücklich das Zufallbringen der »nationalen Solidarität« als ihr erklärtes (und erreichtes) Ziel bezeichnet haben - Prospero Gallinari z. B., der kurz danach als mutmaßlicher Mörder Moros zu lebenslänglich Zuchthaus verurteilt wurde, stellte dies in seiner Einlassung vor dem Schwurgericht Rom am 18. 1. 83 eindeutig klar.

Vor allem die Frage nach dem »cui bono«, wem das Ganze nützen (bzw. schaden) konnte und sollte, ist der Hauptansatz der Kommunisten. Selbst wenn ihr immer wieder vorgebrachter Hinweis auf die exakte Planung und Durchführung des Attentats (wenige Stunden vor der Vertrauensabstimmung über die erste Regierung der nationalen Solidarität) nicht greift, weil das auch purer Zufall sein könnte:

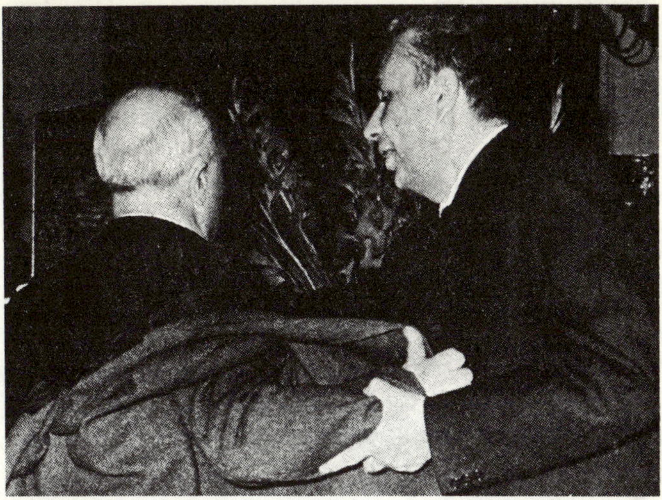

Moro und Fanfani

geschadet hat die Operation Moro mittelfristig sicher nur dem PCI; der DC hat sie stattdessen neues Ansehen, Mitgefühl und sogar Stimmen bei den Wahlen gebracht. Auch die Sozialisten konnten sich nach den Stimmenverlusten des PCI erstmals als die eigentliche »Königsmacher«-Partei profilieren, auf die die DC fortan Rücksicht nehmen mußte.

Und das, so die PCI-Meinung bis heute, war auch kalkulierbar: durch den Anschlag als solchen würde der PCI in die Defensive gedrängt - weil sie auch als linke Partei galt und weil andererseits die BR das Attribut »kommunistisch« in allen Communiqués für sich reklamierten. Voraussehbar, nach PCI-Meinung, war überdies, daß die Partei durch den Verlust ihres Förderers in der DC um Jahre zurückgeworfen, von einer ministeriellen Regierungsbeteiligung jedenfalls für die nächste Zeit ausgeschlossen würde und zufrieden sein müßte, wenn man ihre parlamentarische Unterstützung annahm.

Daß die DC solcher Deutung nicht widerspricht, ist nicht verwunderlich: sie vor allem profitierte von Moros Tod; bei den folgenden Wahlen stabilisierte sie sich und ihr einziger ernstzunehmender Rivale, der PCI, verlor Stimmen. Und schließlich konnte die Linie der »fermezza«, der angeblich staatserhaltenden Härte gegen die Entführer und gegen Moro, nur durch die Unterstützung des PCI durchgehalten werden. Grund genug, noch fünf Jahre später in der Untersuchungskommission lieber nicht an den Fundamenten des damaligen Zusammenhalts zu rühren.

Also doch eine Ermordung des »compromesso storico«? Die Blockade eines bestimmten, sich abzeichnenden Regierungsmodells?

Welches Modell aber wäre das konkret gewesen?

Viel zu wenig wird angesichts der kurz vor Moros Tod vereinbarten »Solidarität« zwischen PCI und DC gesehen, daß es sich bis dahin lediglich um recht vage Absichtserklärungen gehandelt hat, daß es noch keinerlei konkrete Ausfüllung und vor allem noch keine Erfahrungen über die Kooperation gab.

Die Gründe, warum bis heute ein »Erfolg« des Kompromisses unterstellt wird, liegen in der Geschichte der sechziger Jahre.

Von der Mitte-Links-Koalition zur ›nationalen Solidarität‹

Anfang der sechziger Jahre zeigte sich, daß die seit Kriegsende regierungsführenden Christdemokraten in eine tiefe Krise geraten waren. Wechselnde Koalitionen mit den Parteien der Mitte und der Rechten hatten zwar immer wieder neue Regierungen installiert, und ein beachtlicher Wählerstamm garantierte der katholischen Volkspartei auch immer wieder eine relative Mehrheit; noch 1958 hatten 42 Prozent der Wähler für die DC gestimmt. Der Wahlslogan lautete damals: »Fortschritt ohne Abenteuer«.

Bald wurde jedoch deutlich, daß es zwar sicher keine Abenteuer geben würde, daß aber auch der Fortschritt ausblieb. Italien, damals zuweilen auf Platz vier der westlichen Industrierangliste, verlor langsam, aber sicher, an ökonomischem Terrain; zudem sah sich die christdemokratische Staatspartei einem zunehmenden Druck der Arbeiter ausgesetzt: es war nicht gelungen, sie in das Gefüge der Industrialisierung einzubinden. Die Christdemokraten mochten Wählerstimmen verbuchen und vor allem die ländlichen und vom Katholizismus besonders geprägten Gegenden des Südens als unerschöpfliche Pfründe halten: die Metropolen aber gingen allmählich verloren. Demonstrationen mit zehn-, bald hunderttausenden von Teilnehmern, Streiks, gewalttätige Arbeitskämpfe zeigten, daß die inneren Gegensätze sich zuspitzten.

Überlegungen, wie man die Arbeiter stillhalten könne, wurden daher seit den späten fünfziger Jahren angestellt. 1960 sahen die Parteilinken um Fanfani, Segni (damals erster Anwärter auf das Amt des Ministerpräsidenten) und Moro (der eben in die erste Linie der DC aufgerückt war) nur in einer Regierungsbeteiligung der Sozialisten die Lösung. Damit konnten zwar nicht die vom mächtigen kommunistischen Gewerkschaftsverband CGIL beeinflußten Arbeiter, wohl aber die von den Sozialisten und den Katholiken dominierten »Gemäßigten« in der CISL und der UIL an die Regierungspolitik gebunden werden. Realisiert wurde dieses Projekt jedoch erst 1962/63. Es ist wichtig, sich zu vergegenwärtigen, daß Moro (seit 1959 DC-Parteisekretär) damals eine Taktik einschlug, die große Ähnlichkeit mit seinem Manöver 15 Jahre später hatte, als es um die Öffnung zum PCI ging. Denn vor allem diese Parallelität erweckte Mitte der siebziger Jahre bei dem PCI das Vertrauen, die christdemokratische Annäherung sei ernst gemeint, und in den Antikommunisten den Verdacht, daß die ständigen Versicherungen Moros, Kommunisten kämen nicht in Ministerämter, so zuverlässig doch nicht seien.

Segni hatte schon 1960 direkte Verhandlungen mit dem PSI vorgeschlagen und wollte die Sozialisten durch unmittelbare Regierungsbeteiligung einbinden; Moro sah den sinnvolleren Weg in einem schrittweisen Engagement: zuerst eine Dreiparteienregierung aus DC, PRI und den rechts von den Sozialisten stehenden Sozialdemokraten; das Regierungsprogramm sollte jedoch grundlegende Forderungen der Sozialisten berücksichtigen und diesen für die erste Zeit zumindest Stimmenthaltung ermöglichen.

Der erste Versuch schlug fehl. Die katholische Kirche (wiewohl schon von Johannes XXIII. geleitet) griff das Bündnis scharf an, der »Osservatore Romano« legte »Fixpunkte« fest[23], die praktisch eine Regierungsbeteiligung der Sozialisten ausschlossen; der amerikanische Botschafter Reinhardt bestand darauf, den Sozialistenchef Pietro Nenni im August 1961 demonstrativ von einer geplanten USA-Reise auszuladen, »zumindest bis die Sozialisten ihre Politik geändert haben«.[24] Die DC rettete sich zunächst unter dem - ehemals linken - Tambroni in ein Bündnis mit den Neofaschisten, die damit erstmals für regierungsfähig erklärt wurden. Aber schon damals zeigte Moro, wie zäh und auf welchem Umwegen er seine Ziele anstrebte: unverdrossen förderte er die zuerst stillschweigende, dann ausdrückliche Zusammenarbeit mit den Sozialisten. Im Januar 1961 ging die DC in der norditalienischen Industriemetropole Mailand ein Rathausbündnis mit dem PSI ein - trotz immer massiverer Proteste vor allem der Kirche (»Wir fühlen uns verraten«, schrieb der »Nuovo Cittadino« aus Genua, und die vom Kardinal Montini und späteren Papst Paul VI. kontrollierte Zeitung »L'Italia« erklärte ihre »deutlichen Vorbehalte«). Moro aber blieb bei seiner Politik, und

1962 konnte die erste Mitte-Links-Koalition installiert werden, zuerst mit der wohlwollenden Stimmenthaltung (gegenüber der Regierung Fanfani) und später mit dem nominellen Eintritt des PSI in die Regierung (unter Moro selbst); mittlerweile hatte sogar der Papst seine Zustimmung erteilt[25], waren die Amerikaner von der Unverdächtigkeit einer sozialistischen Regierungsbeteiligung überzeugt worden, unter anderem vom damaligen CIA-Chef in Italien, John McCone.[26] Bei den ersten Wahlen nach der stillschweigenden Beteiligung des PSI an der Regierung Fanfani verlor die DC am 28. April 1963 vier Prozent, die Sozialisten schmolzen um einige Punkte, die Kommunisten gewannen mehr als eine Million Stimmen hinzu. Es gab also gute Gründe, wenigstens Teile der Linken aktiver zu berücksichtigen. Moro setzte seine Centrosinistra-Koalition durch.

Es war, damals, eine Regierung des militanten Antikommunismus: auch das darf nicht übersehen werden. Moro ließ keine Möglichkeit aus, den PCI anzugreifen. So etwa in der historischen Rede auf dem VIII. Parteikongreß der DC vom Januar 1962 in Neapel:

»Die DC hat als höchstes Ziel das soziale Leben des Menschen, das der Ursprung, der Zweck und das Mittel fundamentaler sozialer Solidarität ist - während der Kommunismus die Werteskala umwirft, den Menschen demütigt, die Persönlichkeit in einer kollektiven Maschinerie auflöst, in der die Gleichheit nicht ein Anerkenntnis der gleichen Würde darstellt, sondern den Verzicht auf den individuellen Wert der Person nach sich zieht. ... Der Kommunismus akzeptiert auch nicht die demokratischen Spielregeln. ... Die Revolution soll größer und wichtiger sein als die Wahrheit und die Freiheit oder sich gar mit diesen identifizieren. ... Hinsichtlich dieser letztendlichen Ausrichtung, dieser Art Naturrecht, das die Kommunisten immer wieder für die Rechtfertigung von Gewaltanwendung und Unterdrückung beschwören, um das eigene Ziel der gerechten Sozialordnung zu erreichen - die im übrigen unterdrückend und erstickend ist -, hinsichtlich dieser Ausrichtung also gab es niemals, gibt es und wird es niemals ein Zurückgehen, eine Einschränkung, eine Minderung geben; im Rahmen des kommunistischen Systems ist dies unmöglich. Es kann eine taktische Anpassung geben, auch eine sogar kräftige und leidenschaftliche Nutzung der demokratischen Methoden und Lebensformen - aber nicht die Einsicht, daß die Menschenrechte, die Freiheit und die Wahrheit unüberwindliche, weil unabdingbare Grenzen gegenüber einer egalitären Revolution des Kommunismus darstellen.«[27]

Solche Töne dienten, wie die Herausgeber von Moros Reden heute mutmaßen, vor allem der Zementierung der Mitte-Links-Koalition, bei der zunächst die allgemeine Furcht des Katholizismus (und der

Amerikaner) selbst vor der nicht-kommunistischen Linken beseitigt oder gemindert werden mußte.

Tatsächlich hörten die militant antikommunistischen Reden Moros schon bald auf - es erwies sich, daß die Ruhigstellung der Arbeiterschaft durch den PSI nicht gelang und daß die Wähler zu Hunderttausenden dem PCI zuliefen. Moros Antikommunismus verschwand aus seinen offiziellen Reden; und eben dieser Wandel gab in den siebziger Jahren den Kommunisten die Zuversicht, daß Moro stets »Realist« sei, pragmatisch vorgehe, die Öffnung zu den Sozialisten seinerzeit durch stramme Töne nach rechts garantiert hatte - und daß er bei der Regierungsbeteiligung des PCI dasselbe Verfahren wählen würde. Letztmals glaubten die Kommunisten wohl Anfang März 1978 an dieses Grundverhalten Moros, als trotz der allgemeinen Erwartung die verbrauchten Minister der DC für die erste Regierung der »nationalen Solidarität« nicht ersetzt wurden, und Moro dies als die für eine Öffnung der DC zum PCI notwendige Vorbedingung hinstellte.

Nur Moros Verhalten in den sechziger Jahren erklärt also, warum der fast blinde Glaube des PCI an Moro entstehen konnte und seit den frühen siebziger Jahren zu immer neuen Konzessionen geführt hat, die die Identität der ehemaligen Revolutionspartei völlig verändert haben. Und auch die sofortige Zustimmung zur Linie der »fermezza« nach der Entführung Moros wurzelte zum guten Teil in der unerschütterlichen Hochschätzung von Moros taktischem Geschick - der PCI glaubte seinerseits, der alte Stratege könne sich, wie schon in anderen Situationen, alleine aus der Notsituation retten; andererseits gab es natürlich eine psychische Blockade, Moro freizukaufen, weil der PCI ihn quasi als einen der »Seinen« ansah, als einen Philokommunisten, dessen Rettung unter Preisgabe rechtsstaatlicher Prinzipien wieder einmal das Vorurteil bestärkt hätte, den Kommunisten sei im Verfolgen ihrer Ziele jedes Mittel recht.

Besondere Beförderung hatte der »Historische Kompromiß« und sein schrittweises Eindringen ins italienische Denken durch ein auswärtiges Ereignis erfahren - den Putsch gegen den sozialistischen Regierungschef Chiles, Salvadore Allende, im Jahre 1973. Dort nämlich hatte sich gezeigt, daß ein Militärputsch spätestens dann erfolgreich sein konnte, wenn sich die Amerikaner der Sache ernsthaft annahmen; und daß sich die Geheimdienste der USA um die Italiener besonders »kümmerten«, daran konnte seit Kriegsende kein Zweifel bestehen. Zumindest der angeblich für die NATO lebenswichtige Schutz der »Südflanke« hielt seit eh und je als Begründung für das besondere Engagement der CIA und anderer US-Behörden her.

Der Chile-Schock traf nicht nur die Linken - erstmals bemerkten wohl auch die Christdemokraten, daß den Amerikanern die Frage Demokratie oder Diktatur völlig gleichgültig war, wenn es um ihre Interessen ging, und daß es in Chile auch keineswegs um die Wiederherstellung der altangestammten Herrschaft kapitalgeneigter Politmanager vom Schlage des (christdemokratischen) Allende-Vorgängers Eduardo Frei ging: zusammen mit Sozialisten, Kommunisten und Gewerkschaftsverbänden wurden auch gleich noch die bürgerlichen Parteien verboten, einschließlich der großen christlichen Volkspartei Freis.

Berlinguers Formel, daß offenbar angesichts solcher Bedrohung die alte demokratische Faustregel nicht mehr gelte, wonach 51 Prozent der Stimmen für eine Regierung genügen, fand daher auch weit ins »bürgerliche« Lager hinein Resonanz.

Christdemokratische Umkehr und kommunistische Abkehr

Wenige Wochen nach dem chilenischen Putsch veröffentlichte Enrico Berlinguer, als Nachfolger Luigi Longos gerade etwas mehr als ein Jahr im Amt des Parteisekretärs, in der theoretischen KP-Zeitung »Rinascità« einen programmatischen Artikel, in dem er das Kunststück versuchte, einerseits die Fiktion der revolutionären Klassenpartei aufrechtzuerhalten, andererseits dem Parteivolk ein Zusammengehen mit den Katholiken - als der größten ideologischen Strömung des Landes - attraktiv zu machen. Kein Wort mehr von der »Alternative«, als die sich der PCI bisher angepriesen hatte - jetzt war die »Einheit«, die »größtmögliche Basis demokratischer Kräfte« gesucht. Dafür bemühte der neue Sekretär die Heroen der Partei aus den vergangenen Jahrzehnten:

»Man muß immer wieder an die fundamentalen Gründe erinnern, die uns zur Ausarbeitung und zum Verfolgen jener politischen Strategie veranlaßt haben, die Togliatti das ›Fortschreiten Italiens zum Sozialismus im Rahmen von Demokratie und Frieden‹ genannt hat. Bekanntlich liegen die Ursprünge dieses Programms im Denken und Handeln Antonio Gramscis und der um ihn versammelten Führungsgruppe und in der von ihm gelehrten Linie.«[28]

Nach einem Exkurs über die schon einmal beim Zusammenbruch des Faschismus 1944/45 begonnene Zusammenarbeit von Christdemokraten und Kommunisten (in einer dann von der DC unter Alcide De Gasperi 1947 beendeten Koalition), nennt Berlinguer dann das künftige Ziel des PCI:

»Unsere grundlegende Aufgabe - und sie ist lösbar, diese Aufgabe - besteht daher darin, daß wir das einigende Netz vergrößern, daß wir die große Mehrheit des Volkes in einem Kampfprogramm zur Wiedergesundung und demokratischen Wiedererneuerung der gesamten staatlichen Gesellschaft sammeln und daß wir dafür sorgen, daß diesem Programm und dieser Mehrheit eine Koalition der zur Realisierung fähigen politischen Kräfte entspricht . . .«[29]

Allenfalls in den Anklagen gegen die »Imperialisten und Kapitalmanager« kam der alte PCI noch zum Vorschein:

»Die chilenischen Ereignisse verstärken das Bewußtsein und zerstören jegliche Illusion: der Charakter des Imperialismus, und speziell des nordamerikanischen, ist und bleibt Gewalttätigkeit und ökonomische wie politische Unterjochung, der Geist der Aggressivität und der Eroberung, die Tendenz zur Unterdrückung der Völker und Beraubung ihrer Unabhängigkeit, Freiheit und Einigkeit, je nachdem es die konkreten Umstände und die Kräfteverhältnisse gestatten.«[30]

Nur drei Jahre später war der PCI zur Kapitulation vor diesem gewalttätigen Moloch bereit: Im Dezember 1977 erklärte Berlinguer, daß an der Mitgliedschaft im US-geführten NATO-Bündnis auch von einem an der Regierung beteiligten PCI nicht gerüttelt werde.

Sieht man sich die Reden Moros und die Berlinguers in diesen Jahren an, so erkennt man sehr deutlich, wie sich beide aufeinander zubewegen. Moro noch Ende 1971 vor dem Nationalrat der DC:

»Bis heute ist die reale Möglichkeit einer Aussöhnung zwischen dem italienischen Weg zum Sozialismus und der Solidarität im - wenn auch nicht mehr monolithischen - weltweiten System des Kommunismus in keinster Weise bewiesen.«[31]

Berlinguer im Dezember 1974 in seinem Bericht vor dem Zentralkomitee des PCI:

»Die Linie, die wir ›Historischen Kompromiß‹ nennen, will genau die Antwort der kommunistischen Partei auf die neue grundlegende Herausforderung sein, der sich das Land gegenübersieht. Diese Linie entwirft eine neue Entwicklung der Ökonomie, der Gesellschaft, der Politik, des moralischen Lebens im Lande, und dies gestattet, den Ruin in der einzig möglichen Weise zu vermeiden - indem die Art und Weise des ökonomischen wie politischen Lebens grundlegend verändert und dabei gleichzeitig in der politischen Führung des Landes das Einverständnis aller demokratischen Kräfte des Volkes verwirklicht wird. . . . Der Abgeordnete Moro scheint offenbar immer noch zu denken, daß das Mitte-Links-Bündnis eine ›historische‹ Atempause bekommen könnte, derart, daß man wieder zur Vierparteienregierung zurückkehren könnte. Er zieht dabei aber in keiner Weise die zwölf Jahre des Centro-Sinistra in Betracht, . . . in denen sich die Gegensätze ständig vergrößert haben, und woraus schließlich die wiederholten Krisen und die unentwegten Paralysierungen der letzten Jahre entstanden sind ...«[32]

Moro im Verlaufe des kurz danach folgenden Wahlkampfes Anfang 1975:

»Unleugbar ist die Kommunistische Partei die mächtigste Oppositionspartei, ist tief im Volk verwurzelt und arbeitet mit allem Engagement ihre Thesen und Vorschläge aus, die sie aus den Beziehungen zu weiten Kreisen des Wählervolkes (wovon keineswegs alle ideologisch zu den Kommunisten zu rechnen sind) ableitet.«[33]

Daher auch eine Art »Pflicht« der DC, diese Kräfte nicht zu vernachlässigen:

»So sehr wir eine Vermengung zwischen Christdemokraten und Kommunisten und zwischen Mehrheit und Opposition ausschließen, so sehr sind wir offen für das Inbetrachtziehen dessen, was die Kommunistische Partei insbesondere bezüglich der durch das turbulente Wachstum unseres Landes aufgeworfenen Fragen denkt, sagt und tut.«[34]

Grundsätzlich rückte dann die Aussicht für eine wie auch immer geartete Beteiligung der Kommunisten an der Regierung mit den Wahlen 1976 näher - der PCI erreichte 34,6 Prozent (gegenüber 27,2 Prozent 1972), den höchsten jemals von ihm erreichten Stand. Die DC blieb mit 38,8 Prozent einigermaßen stabil. Damit war es der gesamten Linken (PSI 6 Prozent, PSDI 5,1 Prozent, zusammen mit dem PCI also 48,8 Prozent) nicht gelungen, die Mehrheit von 51 Prozent zu erreichen - die Lage war so verfahren wie zuvor: gegen die Linke ging nichts, aber auch sie konnte ohne die DC nichts durchsetzen. Allerdings gab es 1976 in der DC noch keine Mehrheit für eine Öffnung zum PCI. Lediglich in den anderen Parteien klärte sich die Situation; der damalige PSI-Parteisekretär Francesco De Martino (wenig später, 1977, durch die Entführung seines Sohnes aus der politischen Spitze verdrängt und durch Craxi ersetzt, der allerdings noch nicht sofort die Richtung wechselte) verlangte die Beteiligung der Kommunisten ebenso deutlich wie der industriefreundliche Ugo La Malfa von der Republikanischen Partei (vor allem von der FIAT-Familie Agnelli ermuntert, die sich wiederum eine Beruhigung an der Streikfront erhoffte, wenn die Kommunisten ihre mächtige Gewerkschaft CGIL in das Regierungsprojekt einbinden würden).

Viel von dem, was später die Theorien und Spekulationen um die Hintergründe für Moros Tod nährte, geschah in dieser Zeit der Annäherung von PCI und DC, also zwischen 1973 und 1977: von den mehr oder minder deutlichen Warnungen aus dem Vatikan unter dem konservativen Paul VI., der weder die Linie noch die Person

Moros schätzte, bis zu den Arroganzen Henry Kissingers und der amerikanischen Diplomaten, auf die wir noch kommen werden.

Aber auch die persönliche Achtung bis weit hinein in die linken Gruppen, die sich Moro erworben hat, bildete sich in diesen Jahren heraus, denn Moro hielt trotz aller Einschüchterungen an seinem Kurs fest. Moro stand als Person für die Abkehr der DC vom Charakter einer rein klerikal-konservativen Partei. Vom Weg in den Laizismus, den sich die Kommunisten natürlich wünschten, war und blieb die DC allerdings auch damals noch weit entfernt.

Umgekehrt jedoch blieb den Kommunisten auf ihrem Weg zur Anerkennung als nationaler Regierungspartei nichts erspart; sie verloren immer mehr ihre alte Identität. Längst vergessen war der Klassenkampf, der einst auf den Fahnen stand; auf ein Minimum reduziert der Internationalismus; getilgt die Forderung nach einer Aufhebung des Privateigentums; auf der Strecke geblieben nahezu alle Verstaatlichungspläne, und selbst die mit Unterstützung der Kommunisten in den sechziger Jahren begonnene Schulreform bewegte sich seit der Mitte der siebziger Jahre (nachdem der Bildungsurlaub für alle Arbeitnehmer eingeführt worden war) auf der Stelle: Macht durch Wissen, das zielte inzwischen nicht mehr auf die breite Bildung der Massen, sondern auf die Herausbildung einer sozialdemokratischen Führungsgruppe, deren Mitglieder oft Akademiker waren und die mit der Arbeiterpartei alten Stils nur noch wenig zu tun hatten. Ein starker Funktionärsstab aus Altgedienten garantierte daneben die Kontinuität in den Ämtern. Wobei Kontinuität jedoch keineswegs Immobilität heißt; die deutlichste Kontinuität ergab sich, jedenfalls in den sechziger und siebziger Jahren, im beharrlichen Marsch nach rechts. Linke Außenseiter (wie die Gruppe »Il Manifesto«) wurden bald ausgeschlossen, lediglich eine kleine moskautreue Fraktion (die wohl den Internationalismus noch repräsentieren durfte, heute vor allem in Gestalt des machtlosen Armando Cossuta) wurde weiter geduldet. Gipfelpunkte der Absage an alle Traditionen der Arbeiterpartei waren, neben dem Schwur zur NATO Ende 1977, die Aufrufe der PCI-nahen Gewerkschaft CGIL zum Maßhalten, zum Augenmaß bei Lohn- und sonstigen Forderungen - eben zu jener staatserhaltenden Einsicht, daß nur ein wohlgenährter Kapitalist den hungernden Arbeitern etwas abgeben kann. In Italien hieß diese Politik - vom Englischen abgeleitet - »austerità«.

Man kann nicht sagen, daß der PCI irgendeine Forderung der DC nicht erfüllt hätte - einschließlich der, die angeblich »sauberen Hände« (Slogan der Partei zur Begründung einer Auswechslung der Amtsträger) doch bitteschön nun auch selber schmutzig zu machen.

Die merkwürdige Angst vor dem ›Historischen Kompromiß‹

Daß die Kommunisten an den »Historischen Kompromiß« glaubten (wenige Führungsmitglieder ausgenommen), ist anzunehmen. Daß die Christdemokraten, zumindest die Wissenderen und die Aufgeklärteren darin, auch sicher waren, den PCI politisch und personell im Griff zu haben, kann ebenfalls als sicher gelten. Alle bisherigen Erfahrungen sprachen dafür.

Bis Ende 1977 stellte der PCI bereits zehn der 20 Regionalpräsidenten (vergleichbar, mit allerdings geringeren Vollmachten, den bundesdeutschen Länderministerpräsidenten), die DC 3, der PSI 6; von den 94 Provinzpräsidenten (in etwa den Regierungspräsidenten in der Bundesrepublik vergleichbar) gehörten 20 dem PCI an (der DC 36, dem PSI 32); 519 Bürgermeister in Orten über 5000 Einwohner hatten das kommunistische Parteibuch (878 das der DC, 283 das des PSI) und in immerhin 90 Städten waren die Kommunisten gar alleine regierungsfähig. Dort, wo sie den Präsidenten- oder den Bürgermeisterposten nicht besetzten, waren sie überwiegend zumindest innerhalb der Regional- oder Rathauskoalition präsent: fast zwei Drittel aller Regierungsgeschäfte auf regionalem und kommunalem Niveau geschah unter Beteiligung des PCI.[35]

Als aber 1977/78 die Frage einer Regierungsbeteiligung auf nationaler Ebene anstand, war der PCI - wie im Jahrzehnt vorher der in die Regierung eingetretene PSI - schon längst in vielen politischen Ämtern so in die traditionelle Machtwirtschaft integriert, daß die Strategen der DC, der Industrie und der Finanzen die Domestizierung der Kommunisten für vollzogen hielten.

Tatsächlich gab es schon seit den sechziger Jahren Skandale, in die PCI-nahe Persönlichkeiten oder gar hohe PCI-Mitglieder verwickelt waren. Das wurde deutlich, als Regierungskreise der PCI-Unternehmerfamilie Marchini (die gleichermaßen den PCI-Palast in der Via della Botteghe oscure wie die DC-Festung im EUR-Center in Rom erstellen durfte) Aufträge zuschoben - wobei gleichzeitig Steuern in Millionenhöhe hinterzogen wurden[36]; das erwies die merkwürdige Verbindung PCI-naher Firmen mit dem korrupten Mafia-Bankier Michele Sindona beim Bau des Parco Talon in Mailand und die bis heute nicht aufgeklärte Einrichtung eines Chiffrenkontos Si-Co in der Schweiz, auf dem Bestechungsgelder für PCI-Leute eingingen[37]; und das wurde deutlich, als davon die Rede war, der PCI habe für die wohlwollende Vermittlung des Erdgasgeschäftes mit der UdSSR natürlich ein »Honorar« erhalten.[38]

Besonders aufschlußreich aber ist die Tatsache, daß gerade in den Jahren der sprunghaft ansteigenden Beteiligung des PCI an regionalen, provinzialen und kommunalen Koalitionen die organisierte Kriminalität in geradezu unvorstellbarem Ausmaß zunehmen konnte, daß Mafia, Camorra, 'ndrangheta nicht nur in ihren angestammten Regionen (Westsizilien, Neapel, Calabrien) ihre Umsätze auf viele Milliarden Dollar jährlich vervielfachten, sondern sich auch in den Metropolen des Nordens ausbreiten konnten, daß die bislang nur für Sizilien typische Verfilzung von Politik und Untergrundgeschäft nun nahezu überall in Italien ungehemmt wuchern konnte. Auch wenn in die bis heute bekannten Skandale nur wenige und meist nur örtlich bedeutsame PCI-Politiker und -Geschäftsleute verwickelt sind: das Fehlen der Kontrolle durch eine kräftige Opposition wirkte sich allenthalben aus. In ihrem Bestreben, dem Seniorpartner DC nicht wehzutun, wurden Affären und Skandale vertuscht oder zumindest nur halbherzig verfolgt.

Die Kommunistische Partei verhielt sich zudem auch dort, wo sie noch nicht mitregierte, seit langem so, als säße sie schon in Amt und Würden. Bestes und wohl makaberstes Beispiel: Im parlamentarischen Kontrollausschuß, der die italienischen Geheimdienste überwachen soll, sitzen auch Kommunisten, seit vielen Jahren angeführt vom »Schatteninnenminister« Ugo Pecchioli. Trotz dieser Präsenz eines der wichtigsten PCI-Männer aber waren zur Zeit der Moro-Entführung die Chefs aller drei Geheimdienste Mitglieder der kriminellen Geheimloge »Propaganda 2«: alle drei erst Anfang 1978, ohne Einspruch des Kommissars Pecchioli, ins Amt gekommen. Über die Loge P2 wiederum waren in den Geheimdiensten schon seit 1971 Dossiers angelegt - der PCI behauptet heute, er habe von nichts gewußt. Es gibt aber auch keine Anzeichen dafür, daß ihre Delegierten versucht hätten, der Provenienz der Geheimdienst-Kandidaten auf den Grund zu gehen. Der PCI-Kommissar im P2-Untersuchungsausschuß, Bellocchio, erklärt dazu heute, man habe sich damals »eben auf das verlassen müssen, was über die Persönlichkeiten, die zu Geheimdienstchefs befördert werden sollten, mitgeteilt wurde«[39] – mitgeteilt von wem? Tatsächlich hätten die Kommunisten mitunter sehr wohl klären können, wer da berufen werden sollte. Ein PCI-Mann, der wenig später zum Abgeordneten avancierte Turiner Richter Luciano Violante, hatte schon 1975 bei einem Verhör des ehemaligen Verteidigungsministers Giulio Andreotti zu Protokoll genommen, daß nach der Putschvorbereitung des Monarchisten Edgardo Sogno im Zuge der Säuberung des Militärs auch der General Santovito versetzt worden war - eben jener Santovito, der nun zum Geheimdienstchef aufrückte. Und vielleicht hätte es auch stutzig machen sollen, daß Andreotti später diese Maßnahme ohne jeden Grund weitgehend rückgängig gemacht hatte.[40]

Bei solch erwiesener Staatstreue der Kommunisten konnte der »Historische Kompromiß« für die herrschenden Kreise Italiens kaum gefährlich werden.

Es bleibt aber die Frage, ob diese »neue Allianz« von den Katholiken auch wirklich ernst gemeint war. Wie weit z. B. würden die Christdemokraten bereit sein, die Kommunisten in Ministerämter aufzunehmen - und sie auch zu behalten, wenn sich auch nur die leiseste Chance ergäbe, wieder ohne sie weiterzuregieren.

Moro selbst hatte bis in die Mitte der siebziger Jahre immer wieder auf eine »Atempause« für die angeschlagene Mitte-Links-Koalition gehofft. Ob er das Heranführen des PCI in solcher Langsamkeit betrieb - erst wohlwollende Stimmenthaltung der Kommunisten, dann Eintritt ins Regierungsbündnis und dann erst die Frage direkter Beteiligung -, weil er vor allem Zeit gewinnen wollte, läßt sich heute nicht mehr mit Sicherheit feststellen; es ist aber sehr wahrscheinlich. Jedenfalls sprach Moro noch in seiner letzten Rede, am 28. Februar vor den Parlamentsfraktionen der DC, von der wichtigen Verschnaufpause:

»Ich weiß nicht, ob es Sinn hat, zu sagen: wenn es keine Sicherheit für das Morgen gibt, was soll man sich dann darum kümmern? Sicher ist das ein Problem. Aber ganz ehrlich: eine Atempause angesichts der Zeitläufte scheint nicht von Übel. Eine gewisse Atempause, die es allen Parteien, allen voran der Democrazia cristiana, erlaubt, die eigene Identität zu vertiefen und zur Geltung zu bringen.«[41]

Die anstehenden Wahlen - Mitte 1978 in den Kommunen, dazu zwei Referenden - sah er als Chance, die Talfahrt der DC zu stoppen und die Erfolge des PCI zu bremsen: darauf wies er in seiner Rede an zentraler Stelle hin (tatsächlich ergab sich aus eben diesen Wahlen die große Wende, die die Kommunisten aus der Regierungsmehrheit hinauskatapultierte. Wie weit der Mitleidseffekt nach der Ermordung Moros mithalf, ist ungewiß).

Jedenfalls kann es nicht - wie die Kommunisten bis heute unterstellen - als sicher gelten, daß Moro sie direkt in der Regierung wollte; und schon gar nicht, daß er ihnen sensible Ämter wie das Innen-, Sozial- oder Verteidigungsministerium überlassen hätte. Einer seiner engsten Vertrauten und politischen Freunde, der DC-Senator Vittorio Cervone, der selbst zum linken Parteiflügel zählt, sagte später:

»Niemals hätte er die Kommunisten in die Regierung gelassen. Den ›Historischen Kompromiß‹ gab es für ihn nie. Alles, was er wollte, war, die Kommunisten so zu entwickeln, daß sie zu einer demokratischen Partei würden.«[42]

Man braucht dabei Moro gar keine unlauteren Absichten zu unterstellen. Seine Macht, und das wußte er, hing daran, daß die politische Konstellation so blieb, wie sie war. Würde die Baisse der DC enden und würde der PCI auch nur ein paar Zehntel Punkte verlieren, wäre alles wieder offen. Moro hatte daher die Allianz mit dem PCI stets nur so weit getrieben, daß er - im Gegensatz zu den Kommunisten - jederzeit wieder zurück konnte.

Auch die Rolle der Sozialisten war keineswegs so eindeutig, wie etwa die Worte Craxis vermuten lassen könnten: »Wir wollen die Kommunisten in der Mehrheit, in Kürze und ohne lange Debatten.«[43] Als der für die Staatspräsidentschaft vorgesehene Francesco De Martino 1977 politisch entmachtet wurde, hatte der philokommunistische Flügel des PSI seinen profiliertesten Vertreter verloren; Craxi, Nachfolger De Martinos, sah schon bald in einer Abgrenzung zu den Kommunisten (ähnlich der Linie Mitterrands in Frankreich) die Chance einer Profilierung des PSI. Das zitierte »ohne lange Debatten« konnte durchaus bedeuten, daß man den *Kommunisten* keine Zeit zum Nachdenken, Taktieren und Verhandeln geben wollte; und von einer Regierungsbeteiligung war ja auch hier nicht die Rede, sondern nur, wie bei Moro, von der »Mehrheit«.

Nach der Abnutzung der Kommunistischen Partei, die längst alle innovativen Gedanken und alle Kreativität im Kampf um Zugang zu den Ämtern verbraucht hatte, und nach ihrer Einbindung in das Klientel- und Korruptionssystem, das traditionell Italiens Regierungen geprägt hatte, ging von dieser Partei keine große Gefahr mehr aus. Die DC hingegen hatte ihre Identität weitgehend gewahrt und sich vor allem den Rückweg nicht verbaut.

Um so grotesker wirken die Ängste, die bestimmte Kreise im In- und Ausland vor einem Regierungseintritt des PCI entwickelten. Hatten die deutschen Christdemokraten (unter Erhard) schon in den sechziger Jahren geradezu lächerliche Ratschläge gegen eine Einbindung der Sozialisten gegeben (drei Jahre später hatte die Bundesrepublik auch ihre »Roten« in der Regierung - in einer Großen Koalition aus CDU/CSU und SPD), so verstärkte sich das Engagement der Konservativen in den siebziger Jahren noch beträchtlich (so daß Moro sich 1977/78 regelrecht bedroht fühlte, wie sein Intimus Vittorio Cervone berichtet[44]). Aber auch von anderer Seite kamen massive Warnungen. Israels Premierminister Rabin (Arbeitspartei, also eher sozialdemokratisch) äußerte kurz vor Moros USA-Besuch im September 1974 ausführlich seine »Besorgnis« über den Kurs des DC-Mannes und berichtete von »höchster Zurückhaltung« amerikanischer Politiker, die er bei seinen eigenen Gesprächen dort gegenüber Moros »Öffnung« gefunden habe; noch am gleichen Tag ließ US-Außenminister Henry Kissinger wissen, Rabins Vorbehalte deckten sich exakt mit seinen.[45] Von Kissinger kamen überhaupt die entschiedensten Kritiken an Moros Kurs (an die er sich heute nicht mehr so gerne erinnern mag). Die französische Zeitung »Le Monde« warf sogar die Frage auf, ob »sich die Vereinigten Staaten denn tatsächlich an die so gern von ihnen reklamierte Schlußakte von Helsinki« halten, wonach man sich jeglicher Einmischung in die Angelegenheiten fremder Länder zu enthalten habe.[46]

»Wohlmeinende« Freunde Italiens hatten schon seit langem in den USA zahlreiche Vereinigungen gegründet, die sich um die angeblich durch die Kommunisten bedrohte Freiheit des NATO-Partners Sorge machten - so das »American Committee for Democratic Italy«, »American Mediterranean Freedom« sowie Freimaurerzirkel wie der vom »Propaganda 2«-Mitglied Francesco Pazienza geleitete Zirkel »Grande Italia«.[47]

Im April 1976, kurz vor den gefürchteten Wahlen, versammelte sich in Washington gar die Crême der »Italien-Freunde«, angeführt vom texanischen Öl-Magnaten und ehemaligen Nixon-Finanzminister Connolly und der ehemaligen Rom-Botschafterin Claire Booth Luce, beide entschiedene Antikommunisten, zu einem Kongreß »The Political Stability of Italy«, veranstaltet vom »Center for Strategic and International Studies« der Georgetown University in Washington, DC. Unter den Teilnehmern übrigens als einziger Italiener Roberto Memmo, dies- und jenseits des Ozeans besonders durch seine engen Bindungen an mafiose und andere kriminelle Vereinigungen sowie durch Beziehungen zu Spitzeln, aber auch zu Spitzenpolitikern vor allem der Republikanischen Partei bekannt. Überdies gehörte er der Loge »Propaganda 2« an, jener Geheimorganisation, um die sich in Italien die Freunde der Antikommunisten besonders zu scharen pflegten.

Was Moro, La Malfa (PRI), De Martino (PSI), Gewerkschaften und weite Teile des Industriemanagements als Aussicht auf Wiedergewinnung der durch Krisen, Skandale, Attentate verlorenen Stabilität ansahen, verkehrte sich in den Kreisen der amerikanischen und bundesdeutschen Freunde und auch der ultra-rechten Gruppen Italiens in das genaue Gegenteil - in den direkten Marsch zur Instabilität. Freilich wurde darunter weniger ein politisches und ökonomisches

Ungleichgewicht oder ein Verlust an Wirtschaftskraft verstanden - gemeint war vielmehr eine tiefgreifende »Unzuverlässigkeit«, die das Ergebnis des Eintritts der Kommunisten in die Regierung sein würde. NATO-Geheimnisse könnten an den Ostblock verraten werden, »fünfte Kolonnen« in Europarat und der EG entstehen, die eilends alle Planungen dem Kreml zutrügen. Daß Berlinguer im Herbst 1977 beim Moskauer KP-Gipfel wegen seiner Absage an die Unterscheidung zwischen »führenden« und »geführten« kommunistischen Parteien faktisch geächtet wurde, galt als pures Ablenkungsmanöver.

Bei einer Reihe von Gegnern der »nationalen Solidarität« mag es tatsächlich Angst vor den Kommunisten gegeben haben - der PCI wurde immer noch in eins gesetzt mit sämtlichen KPs der Welt. So mancher Dorfpfarrer wird noch immer das Bild von umstürzlerischen Nihilisten im Kopf gehabt haben, als die ihm die Kommunisten in seiner Jugend geschildert worden waren. Und es ist auch vorstellbar, daß z. B. militante Antikommunisten des Auslands, etwa die US-Botschafterin Booth Luce oder US-Finanzminister Conolly, den Schauergeschichten ihrer Geheimdienste aufgesessen waren, die entweder schlampig recherchiert oder bewußt verfälscht waren. Auch der israelische MOSSAD, traditionell schlagkräftiger und realitätsbezogener als die fabulierenden CIA-Männer, mochte mitunter an den »compromesso storico« geglaubt und seiner Regierung gekabelt haben, daß bei einem Zustandekommen des »Historischen Kompromisses« die *Destabilisierung* Italiens (auf die Israel hoffte, damit die USA die NATO-Flanke wieder mit israelischer Hilfe decken mußte) gefährdet wäre. Aber es gab auch Leute, die es besser wissen mußten; Kissinger gehörte sicher dazu, Strauß ebenfalls und auch so mancher hohe Kleriker; gerade weil diese Kreise genau wußten, daß der PCI längst nicht mehr eine kommunistische, sondern eine technokratisch-sozialdemokratische Partei war, durfte das italienische Experiment gar nicht erst beginnen: denn damit wären die Kommunisten nicht nur als regierungsfähig und demokratisch ausgewiesen, sondern hätten gar als nationaler Retter erscheinen können - mit katastrophalen Folgen für den Antikommunismus in anderen Ländern.

Damit soll nun nicht gesagt sein, daß sich bei einer Koalition aus DC und PCI nichts geändert hätte. So mancher hohe Offizier oder Polizeibeamte und vielleicht auch Richter oder staatliche Bankaufseher hätte zu fürchten gehabt, daß sein Posten zur Disposition gestellt worden wäre - schon aus Gründen des Proporzes.

Und ganz bestimmt wären die Terroristen - zumindest die linken - sehr schnell in neue und größere Schwierigkeiten gekommen.

Selbst wenn die ökonomischen und sozialen Ziele dieser großen Koalition nicht erreicht worden wären - mit dem Eintritt des PCI in die Regierung wäre endgültig jede hörbare Opposition verschwunden; und da die Kommunisten schon in den vergangenen Jahren die meisten der Strafgesetzverschärfungen mitgetragen und selbst Polizeibrutalitäten kaum je kritisiert hatten, wußten die bewaffneten Gruppen sehr genau, was da auf sie zukommen würde.

Die Hoffnung, daß die Bevölkerung nach Brutalitäten der Ordnungshüter mehr Solidarität zum Terrorismus entwickeln würde, mag es zwar gegeben haben - aber sie wurde gründlich kompensiert durch die Erfahrungen, die die oberitalienischen Roten Brigaden mit der hart am Rande der Legalität operierenden Eingreiftuppe des Generals Dalla Chiesa gemacht hatten: nach wenigen Monaten waren sie durch und durch infiltriert und der historische Kern festgenommen oder bei Gefechten mit der Polizei innerhalb oder außerhalb des Gefängnisses umgekommen.

Es gab also ein ganzes Bündel von Strömungen im In- und Ausland, die Moros Manöver mit Mißtrauen verfolgten. Alle Bedenken, Ängste, negativen Erwartungen für die Zukunft projizierten die Antikommunisten auf Moro - während umgekehrt die wohl überwiegende Mehrheit des Volkes und der PCI, Teile des PSI und auch der DC in Moro den Hoffnungsträger für alles Kommende sahen. Unmerklich wurde Moro zu der Figur, von der viele glaubten, daß mit ihr alles stehen und fallen würde. Ein erstaunlicher Vorgang in einer Zeit, in der jeder als ersetzbar gilt und in der der Apparat längst den Menschen zu dominieren scheint.

Aldo Moro

In ihrer Morgenausgabe des 16. März 1978 berichtete »La Repubblica« auf der ersten Seite: »Ein Ex-Diplomat . . . hat erklärt, daß ›Antelope Cobbler‹ in Wahrheit Aldo Moro sei.«

Die sensationelle Nachricht, daß Aldo Moro mit dem bisher nicht identifizierten und in den Lockheed-Dokumenten mit »Antelope Cobbler« chiffrierten Schmiergeldempfänger aus der Flugzeugbeschaffungsaffäre identisch sei, wuchs sich in der (morgens gedruckten) Mittagsausgabe von »La Repubblica« bereits zur vierspaltigen Schlagzeile aus: »ANTELOPE COBBLER? GANZ EINFACH: ALDO MORO, PRÄSIDENT DER DC«.

Aldo Moro

Drei Stunden später, in der Sonderausgabe nach der Moro-Entführung, fehlte nicht nur die Überschrift, sondern jeglicher Hinweis auf den bösen Verdacht. Und so blieb es auch.

Der Vorgang ist symptomatisch für das Verhalten von Medien, Politikern und Öffentlichkeit. Moro war längst von dem Vorhalt einer Lockheed-Verwicklung freigesprochen worden (letztmals am 10. März 1978 durch den Verfassungsgerichtshof und damit definitiv) - aber der aus höchst dubiosen Quellen gespeiste Verdacht (den ein ehemaliger kleiner Angestellter der US-Botschaft aufgebracht hatte) war selbst seriösen Zeitungen eine sensationelle Titelgeschichte wert, um Moro zu demontieren.

Kaum war Moro jedoch entführt, wurde sein Bild weitgehend revidiert. Plötzlich gab es nur noch Freunde Moros, und keiner wollte mehr all die Intrigen wahrhaben, die in den Parteien die Regel sind und denen auch Moro nicht entkommen war - sei es, daß er ihnen ausgesetzt war, sei es, daß er sich selbst solcher Machenschaften bediente.

Vergessen sollte plötzlich sein, daß auch »Freunde« Moros noch bei den letzten Wahlen über den linken Slogan gelacht hatten, der da lautete: »Il nostro programma per la primavera - sinistre al governo, Moro in pattumiera« (Unser Programm für das Frühjahr: Linke an die Regierung, Moro in den Mülleimer)[48]; vergessen auch Moros Spitzname »Dr. Divago« (der daher rührte, daß man seinen Reden stets alle möglichen Deutungen unterschieben konnte); vergessen auch, mit welch ungeheurer Anstrengung Moro seine Linie insbesondere gegen die »Heckenschützen« der eigenen Partei hatte durchsetzen müssen. Auf einmal schien es, als hätte nie jemand dem DC-Präsidenten auch nur widersprochen. Moro war nun »der« Staatsmann, der Visionär, der Italiens Geschichte bestimmte.

Wie schwer noch heute eine objektive Auseinandersetzung mit der Person Moros ist, beweist ein 1983 erschienenes Buch des Journalisten Italo Pietra mit dem Titel *Moro - fu vera gloria?* (Moro - war es wirklich Ruhm?). Darin wurden massive Vorbehalte gegen Moros Tätigkeit als Politiker angemeldet - und sofort erhob sich ein Chor der Entrüstung. »Laßt uns wenigstens Moro!«, überschrieb die Zeitschrift »Panorama« ihren Bericht über das Buch.

Pietras Buch ist keineswegs eine fundierte Recherche, eher ein mehr oder weniger schludriges Pamphlet. Daß davon innerhalb weniger Wochen fast hunderttausend Exemplare verkauft waren, zeigt, wie sehr die Person Moros noch immer lebendig ist; daß es aber kaum zu einer sachlichen Auseinandersetzung über Pietras Buch kam, beweist die starke Emotionalität, mit der das Thema bis heute behandelt wird. Lediglich der Moro-Intimus Vittorio Cervone hat sich bisher auch auf eine Faktendiskussion eingelassen und Pietra zahlreiche Unkorrektheiten, Verdrehungen, Auslassungen oder unzulässige Anfügungen nachgewiesen.[49] Ansonsten überwiegen die Aufschreie derer, die es nötig haben - wie etwa Flaminio Piccoli oder Arnaldo Forlani, gewichtige innerparteiliche Gegner der von Moro eingeschlagenen Linie.[50]

Tatsächlich wird die Person Moros kaum verständlich, wenn man nur Episoden betrachtet und nicht sieht, daß seine Verhaltensweisen in aller Regel nur von zwei grundlegenden Normen bestimmt waren: ein einmal ins Auge gefaßtes Ziel - wie vage dieses auch sein mochte - nicht aus den Augen zu verlieren; und: eine schwierige Situation mit taktischen Mitteln zu überwinden.

Es trifft durchaus zu, daß Moro unter Umständen auch illegale Tätigkeiten eher deckte als aufdeckte, so z. B. die eindeutig außergesetzlichen Aktivitäten des Geheimdienstchefs Vito Miceli oder Moros engen Mitarbeiters Sereno Freato - der eine in Waffenschiebereien, der andere in Petroleumskandale verstrickt. Für Moro zählten Micelis Geheimdienstarbeit und Freatos oft einfallsreiche Assistenz mehr als deren Sünden. Selbst Freunde konnten Moro nicht davon abhalten, zu solchen Leuten zu stehen. So ergab sich der Verdacht, daß einer der Hauptangeschuldigten der Petroleumskandale jahrelang Moros Büro in der Via Savoia 96 gesponsert hatte, da er die Sekretärsgehälter bezahlt hatte.[51] Tatsächlich ist eine solche »Hilfe« von außen weder unüblich noch kriminell - anrüchig wurde sie nur dadurch, daß eben jener skandalumwitterte Petroleummagnat Bruno Musselli der Geldgeber gewesen war.

Für Moro war das Verhältnis zu anderen Menschen, ob Politiker oder nicht, offenbar ganz besonders von einer ständigen Abwägung ihrer gesamten Tätigkeiten geprägt. Und das galt ebenso beim Verfolg aller seiner Ziele. Wenn ein Vorfall, eine Affäre nicht in seine Taktik paßte, ja diese zu unterlaufen drohte, war Moro durchaus bereit, hier gegen sein katholisches Gewissen zu handeln, wegzusehen oder eine differenzierte Stellung einzunehmen, statt eine klare Entscheidung zu treffen. Als sich während seiner Amtszeit eine Reihe versuchter Putsche ereigneten und Vorbereitungen zu anderen Staatsstreichen bekannt wurden, griff Moro nicht durch - zu gut wußte er, daß er mit einem harten Verhalten seinen Hauptzweck gefährden würde, die italienischen Probleme auf der Ebene von internen Verhandlungen, Balanceakten, jedenfalls aber unter Einhaltung gewisser demokratischer Spielregeln zu lösen.

Oft ist auf die Vagheit von Moros Formulierungen hingewiesen worden. Moro war ein Meister im Erfinden von Formeln. Oft genug waren sie im Grunde nichts anderes als Leerformeln - die aber den unschätzbaren Vorteil hatten, daß sich alle etwas darunter vorstellen konnten und sogar danach zu handeln vermochten. So etwa, als er in den sechziger Jahren den Begriff der »convergenze parallele« erfand, der ein gleichzeitiges Aufeinanderzugehen der DC und des PSI signalisieren sollte; oder in den siebziger Jahren, als er mit dem Ausdruck der »indifferenza« aller Parteien den Zustand beschrieb, der sich durch die Wert- und Zielkrise nicht nur in der DC, sondern auch in dem PCI und dem PSI ergeben hatte.

Daß Moro zu diesen Vagheiten nicht - wie Italo Pietra unterstellt - aus einer grundlegenden Unfähigkeit zu exakten Formulierungen neigte, geht aus vielen Details hervor. So bestand er u. U. hartnäckig darauf, eine von seinen Hörern als undeutlich empfundene Ausdrucksweise beizubehalten, wenn er nicht präziser werden wollte, weil sonst sein Ziel gefährdet gewesen wäre. Pietra zitiert z. B. die berühmte Episode aus einer Sitzung des EG-Ministerrats in Brüssel: nach zwölfminütiger Rede über eine abstimmungsreife Vorlage fragte der EG-Präsident Luns nach: »Haben Sie nun ja oder nein gesagt?« Moro ergriff erneut das Wort - wieder genau zwölf Minuten, und, obwohl frei gesprochen, in fast genau derselben Wortwahl.

Luns darauf: »Vielleicht liegt das an den Dolmetschern - ich habe noch immer nicht herausbekommen, wie er stimmt.« Moro redete noch einmal - wieder mit denselben Worten. Am Ende erklärte Luns: »Ich glaube, jetzt habe ich verstanden: er wollte ›Ja‹ sagen!«[52] Tatsächlich kam es Moro darauf an, sein »Ja« genau in der Weise zu begründen, wie er es getan hatte, weder präziser noch verwaschener.

Seine wichtigsten Erfolge erzielte Moro weniger als Minister oder als Ministerpräsident - weder im Justizamt 1955-57, noch im Erziehungsministerium 1957-59, noch im Außenministerium 1973-74, noch in seinen insgesamt fünf Amtszeiten als Ministerpräsident in den Jahren 1963-68 und 1974-76 kam es zu epochalen Aufbrüchen. Sein Hauptanliegen war und blieb die Parteiarbeit, das geschickte Taktieren und Lavieren zwischen allen Fronten. Vor allem wenn seine Mehrheiten plötzlich bedroht waren - wie kurz vor der Installierung der Centro-Sinistra-Koalition 1962 - schwang er sich zu ungeahnten Höhen auf. Er konnte dann Tag und Nacht verhandeln und scheinbar Unmögliches durchsetzen.

Es gab freilich auch Zeiten, wo er unübertrefflich Klartext sprach - so etwa, als der deutsche Bundeskanzler Ludwig Erhard 1964 bundesdeutsche Wirtschaftshilfe für Italien davon abhängig machen wollte, daß die Italiener die Sozialisten wieder aus der Regierung werfen würden. Moro darauf schroff: »Dann eben nicht: wir werden nämlich nicht aufhören wollen, Italiener zu sein.«[53] Es ist bezeichnend, daß nur Moro sich solche Unbekümmertheit leisten konnte - er war nicht erpreßbar. Viel davon verdankte er der Tatsache, daß er selbst nie wirklich in einen konkreten Skandal verstrickt war. Ganz im Gegensatz zur übergroßen Zahl anderer Politikerfamilien hat die Familie Moro offenbar niemals den Ehrgeiz entwickelt, durch Politik besonders reich zu werden; ein paar Appartements in der Via di forte trionfale, ein paar kleine Grundstücke nördlich von Rom, ein Haus in Terracina - das war alles, was Moro nach vierzig Jahren Politik besaß. Moro hatte zudem stets seine Professur an der Universität wahrgenommen.[54]

Daß all dies ein Dorn im Auge vieler Kollegen war, ist verständlich - wie soll man einen solchen Politiker korrumpieren? Viel vom Haß, der gegen Moro sichtbar wurde, rührte daher.

Für die meisten seiner inner- und außerparteilichen Gegner war Moros unübertroffenes Geschick zu immer neuen Varianten von Taktik und Menschenlenkung gefährlich. Bester Beweis dafür ist das Verhalten nahezu aller, die während der Entführung mit der Sache befaßt waren: von den Politikern und den Polizisten bis zur Kirche - und den Roten Brigaden. Denn auch im »Volksgefängnis« hörte

Moro nicht auf, seine Umgebung in- und außerhalb des Verstecks mit seinen kunstvollen Schachzügen in Verwirrung zu bringen.

Schon die ersten Briefe aus dem Volksgefängnis ließen die Vertreter der Linie der »fermezza« nichts Gutes ahnen. Nicht nur, daß Moro seine Bewacher - gegen alle bisherigen Gewohnheiten - dazu gebracht hatte, gleich eine ganze Reihe von Briefen absenden zu dürfen (an seine Frau, seinen Mitarbeiter Nicola Rana, an Innenminister Cossiga): es zeigte sich auch, daß Moro nicht gewillt war, die Hände in den Schoß zu legen. Unverblümt forderte er den »lieben Francesco« Cossiga auf, die »Sache bis zum Ende durchzudenken, ehe eine emotionale und irrationale Situation geschaffen wird«.[55] Und da er seine Kollegen nur zu gut kannte, wies er vorsorglich darauf hin, daß die »Staatsräson« in seinem Falle keineswegs zu einer harten Haltung führen müsse - das, so Moro, sei allenfalls »abstrakte Rechtsvorstellung« und habe wenig mit Kultur zu tun; außerdem trage ja auch der Staat eine erhebliche Schuld, wenn er nicht verhindere, daß einer wie er, Moro, entführt werden könnte.

Tatsächlich erwies sich in den 55 Tagen der Entführung nur einer als wirklich kongenial - Giulio Andreotti. Er verstand es, nahezu alle Schritte Moros zu kompensieren - ihm war mehr als allen anderen klar, daß Moro auch aus dem Gefängnis heraus versuchen würde, die Allianz der Harten zu sprengen. So war Andreotti denn auch stets bemüht, die »fermezza« zu stabilisieren - notfalls mit massivem Druck. Staatspräsident Leone ließ er unter deutlicher Anspielung auf das laufende Lockheed-Verfahren von seiner Bereitschaft zum Gnadenerlaß für einen Häftling abbringen, Papst Paul VI. von seiner Vermittlung durch den Hinweis, damit würden die Roten Brigaden völkerrechtlich anerkannt. Wenn nötig, holte er schnell die Parteisekretäre der »neuen Mehrheit« zusammen und ließ sie die »intransingenza« bestätigen, oder er sorgte dafür, daß die eigene Partei paralysiert wurde: als die BR ein Ultimatum von 48 Stunden für die Verhandlungsbereitschaft der DC stellten, brachte Andreotti die DC-Führung dazu, ihren fünfköpfigen Krisenstab nach Hause zu schicken und erst für die Zeit nach dem Ultimatum wieder einzuberufen; und als Moro völlig satzungs- und rechtmäßig in einem seiner Briefe einen Gesamtparteikongreß zur Entscheidung über die Verhandlungen einberief, gelang es Andreotti, die Führung davon zu überzeugen, daß man das gar nicht beachten müsse.

Parallel dazu gab es eine gewaltige Medienkampagne, um das Vorhaben einer »Vermittlung durch Moro«[56], wie es der Curcio-Verteidiger Guiso interpretierte, zu verhindern. Gleich nach dem Bekanntwerden der ersten Briefe lautete eine Schlagzeile aus »La Repubblica«: »DIESE WORTE SIND NICHT DIE SEINEN«, und die gesamte Presse beschäftigte sich nur noch mit der Frage, wie und wodurch Moro zu seinen Zeilen gezwungen werde. »La Stampa« widmete ganze Spalten der Erörterung: DIESE DROGEN KÖNNEN DIE ROTEN BRIGADEN GEGEN MORO EINSETZEN; und »L'Unità« setzte gar Schriftsachverständige ein, die aber auch nur herausfanden, daß Moro bei einigen Worten gezögert hatte - in der damaligen Interpretation der Beweis, daß manche Passagen »diktiert« waren.[57]

Andreotti, der zu Recht nichts Gutes ahnte, was seine Person aus Moros Sicht betraf, gehörte zu den eifrigsten Verfechtern der These, daß Moros Briefe diesem nicht zuzurechnen seien. Auch als sich die Authentizität der Briefe längst erwiesen hatte, blieb er dabei: Moro müsse damals ferngelenkt gewesen sein, sonst hätte er irgendwann etwas über das Schicksal der fünf Begleiter geschrieben, die doch allesamt ermordet worden waren.

Aber gerade hier war wohl aller Wahrscheinlichkeit nach wieder Moros taktisches Geschick am Werke. Sehen wir einmal von der durchaus denkbaren Möglichkeit ab, daß Moro in Ohnmacht gefallen war und er tatsächlich keine Erinnerung an die Entführung hatte: kann es nicht sein, daß er seinen Entführern gegenüber fehlende Erinnerung nur behauptete? Denn zweifellos hatte er ja die Mörder gesehen und war sicherlich auch der einzige, der sie identifizieren konnte, was wiederum seine Exekution wesentlich wahrscheinlicher machte. Nur wenn er bei der Version blieb, er sei sofort in Ohnmacht gefallen, hatte er eine Überlebenschance; und daß er dann auch nicht das Schicksal der fünf Männer beklagen durfte, ist nur folgerichtig.

Kein Zweifel: Es war Moros Stärke, in taktischen Einheiten zu denken; und es könnte sein, daß ihm am Ende gerade diese Stärke zum Verhängnis geworden ist. Eleonora Moro erklärt heute, daß ihr Mann sterben mußte, weil er nicht mit den Roten Brigaden zusammenarbeiten wollte, weil er nichts von dem, was er wußte, ausgesagt habe - sie hat sicher in dem Sinn recht, daß Moro bis zuletzt wohl geglaubt hat, er werde einerseits die Front der »fermezza« sprengen und andererseits die Roten Brigaden mit der Zeit in eine schwierige Lage hineinmanövrieren können; er besorgte ihnen die »Vermittlung« nach draußen - und stand dennoch unerschütterlich und überzeugt zu dem, was ihm vorgeworfen wurde.

Das war eine folgenschwere Fehlkalkulation. Denn was Moro sich nicht vorstellen konnte, war Realität: diejenigen, die außerhalb des »Volksgefängnisses« das Sagen hatten, wollten ihn nicht zurück. Und diejenigen, die im »Volksgefängnis« bestimmend waren, hatten wohl von Anfang an nicht die Absicht, ihn wieder freizulassen.

Die Roten Brigaden – nur Statisten?

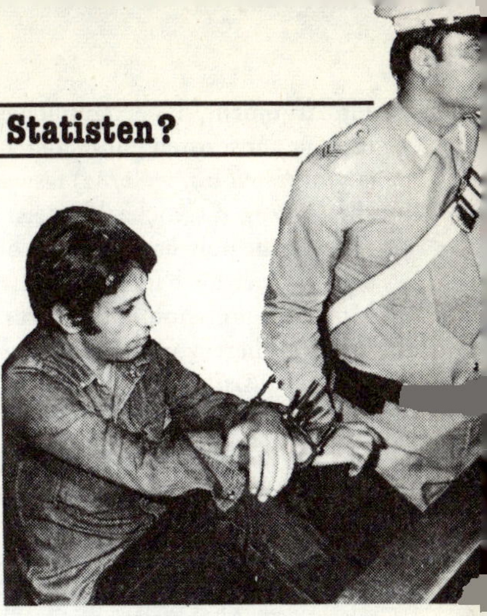

Corrado Alunni, mutmaßlicher Führer der Roten Brigaden, auf der Anklagebank

In Italien wird nicht selten den phantasievollsten Deutungen am ehesten geglaubt; und das betrifft auch die Presse und die Politiker und selbst so manchen Oberfahnder und Rechtsfinder am Gericht: ein dankbares Publikum nimmt skurrile Interpretationen auf, gestaltet sie aus, verfolgt sie weiter - und läßt sie fallen, wenn eine noch extravagantere Interpretation auftaucht. Die Literatur über Mafia und Camorra legt ein schönes Zeugnis für den Gestaltungsreichtum der Deuter ab.

Erstaunlicherweise ging die italienische Presse diesmal den umgekehrten Weg. Die nach wenigen Tagen auftauchenden Spekulationen über Hintermänner auf internationaler Ebene wurden kategorisch zurückgewiesen; und zwar größtenteils mit geradezu abenteuerlicher Beweisführung: man fragte einfach die Verdächtigten, ob sie beteiligt seien; diese bestritten – und der Fall war erledigt.

Als in der zweiten Woche nach Moros Verschleppung zaghaft Fragen aufkamen, ob die amerikanische CIA ihre Finger im Spiel habe, sah sich die linksliberale Zeitschrift »Panorama« zu einem ausführlichen Artikel genötigt - »Weder CIA noch KGB« überschrieben (28. 3. 78) -, in dem vor allem Michael Ledeen zitiert wurde, Büro-Chef Henry Kissingers im »Center for International and Strategic Studies«. Er bewies Amerikas Unschuld so:

»Vor allem ist das Italien von heute nicht das Chile Allendes. Hier gibt es kein sozialistisches Regime, das man destabilisieren könnte; auch gibt es hier keine Rechte, die eine chaotische Situation nutzen könnte. Andererseits ist es schwer anzunehmen, daß Aktionen wie die Operation Moro ganz bestimmte Veränderungen in der italienischen Politik provozieren könnten.«

Ein Argument, das erstaunlicherweise der Amerikaner Robert Katz in seiner ansonsten gut recherchierten Schilderung des Falles Moro (*I giorni dell'ira*, 1980/82) fast wortwörtlich wiederholt - aber ohne allen Bezug auf Michael Ledeen.

Auch die übliche These von der Unabhängigkeit der Roten Brigaden - die sich auch im Mehrheitsbericht der DC-PCI-Mitglieder in der Moro-Kommission findet - wurde damals bereits fast wortwörtlich vorformuliert: von *amerikanischen* »Autoritäten«. Im zitierten »Panorama«-Artikel erklärt der auf CIA-Fragen spezialisierte Harvard-Professor Peter Lange:

»Die Roten Brigaden besitzen eine eigene ideologische, organisatorische und operative Autonomie und haben ganz sicher eine internationale Bedeckung nicht nötig.«

Daß der »Panorama«-Artikel neben der CIA auch noch dem sowjetischen KGB Absolution erteilte, lag in der Natur der Sache - wollte man die »Unabhängigkeit« der Roten Brigaden begründen, so konnte folgerichtig nicht noch der KGB dahinterstehen. Es zeigt die durchgehende Tendenz zumindest jener Tage, sofort gründlich abzuwiegeln, sobald die Sprache auf internationale Verbindungen des Terrorismus kam.

Drei Deutungen sind hier möglich:

1. (die unwahrscheinlichste): Die Italiener, seit jeher eifersüchtig auf nationale Selbständigkeit bedacht, wollten sich selbst bei terroristischen Akten die Autonomie nicht absprechen lassen.

2. Die Angst davor, daß die Theorie des internationalen Komplotts zutreffend sein könnte, blockierte das Denken nachhaltig; zu frisch war möglicherweise noch der Chile-Schock, der ja erst fünf Jahre zurücklag (und die Aufdeckung der CIA-Beteiligung daran sogar erst zwei).

3. Die Abschwächung bzw. Eliminierung der »internationalistischen« These wurde durch gezielte Desinformationen an die Presse vermittelt und dort weitertransportiert.

Zieht man die Vorfälle schon während der Zeit der Entführung und die damals wieder bewußt gewordenen vorausgehenden Ereignisse in Betracht, so kann man eigentlich nur von der letzten der drei Deutungen ausgehen: Die Regierenden, und hier gedeckt durch die maßgeblichen Repräsentanten der »neuen Mehrheit«, wollten um jeden Preis verhindern, daß mögliche Verbindungen zu außeritalienischen Drahtziehern ans Licht kamen. Der frühere DC-Innenminister Paolo Taviani z. B. hatte vor Moros Entführung den verschiedensten Politikern berichtet, daß seiner Erkenntnis nach »von allen

Geheimdiensten, die sich in Italien tummeln, die gefährlichsten die deutschen und die israelischen« seien - was er während der Moro-Entführung plötzlich nicht mehr wußte. Daß den meisten Politikern der Verdacht der transnationalen Wechselspiele längst gekommen war, gab der Großteil erst viel später zu. Flaminio Piccoli, Moros Nachfolger als Parteipräsident der DC, erklärte in seinem Rechenschaftsbericht Monate nach dessen Ermordung:

»Ich bin absolut überzeugt, daß all das, was in Italien geschieht, nichts anderes als das Ergebnis von Absichten der Großmächte bezüglich der dramatischen Gestaltung des Morgen ist ... Ich bin überzeugt, daß, wenn die Wahrheit über die Entführung und die Tötung Moros herauskommt, wir entdecken werden, daß er ausgeschaltet wurde, weil er nicht wollte, daß Italien der Schauplatz von Konkurrenzkämpfen geheimer Mächte wird, wie im ersten und zweiten Weltkrieg; er wurde ausgeschaltet, weil er in den letzten drei Monaten in den Gesprächen mit den Amerikanern und den Russen seine Fähigkeit gezeigt hat, Initiativen zur Herstellung des nationalen Ausgleichs zu ergreifen ...«[58]

Erstaunlicherweise wurde Piccoli, obwohl bis heute in Amt und Würde bei der DC, von der Parlamentskommission zu seinen Thesen niemals vernommen; im DC-PCI-Bericht kommen sie nicht einmal am Rande vor.

Die Tatsache, daß sich Henry Kissinger - durch den Mund seines Büroleiters Ledeen - so eilig zu Wort gemeldet hatte, kam nicht von ungefähr: Wie schon erwähnt, hatte er kaum eine Gelegenheit ausgelassen, den als einschüchterbar geltenden Moro in Angst und Schrecken zu versetzen. Mal lancierte er am Vorabend des Moro-Besuches in den Vereinigten Staaten polemische Zeitungsartikel gegen das ihm politisch unzuverlässig erscheinende und durch suspekte Verbindungen mit Moskau in kommunistische Abhängigkeit steuernde Italien, mal streifte er sich ostentativ die Ohrhörer (durch die die Übersetzung kam) ab, als Moro sprach[59]; und als Moro offenbar weder auf die Schelte des Israels-Premier Rabin im Herbst 1974 noch auf Kissingers wiederholte Angriffe genügend Wirkung gezeigt hatte, fuhr der US-Außenminister Aldo Moro bei einem Empfang so unwirsch an, daß der sich wenig später krank zu Bett legte. Die parlamentarische Untersuchungskommission sah sich gezwungen, eine ganze Seite ihres Rapports dem »Nachweis« zu widmen, daß die Krankheit vielleicht doch echt und nicht diplomatisch gewesen sei ...[60] Die Ehefrau Moros und seine Familie berichten jedoch in Übereinstimmung mit Moros persönlichen Mitarbeitern, daß der DC-Mann nach dieser Auseinandersetzung so verstört gewesen sei, daß er nicht nur erkrankt geblieben sei, sondern vorübergehend auch den Entschluß gefaßt habe, sich für einige Jahre ganz aus der Politik zurückzuziehen.[61]

Überraschenderweise behauptet die damalige Übersetzerin, die Moro in der Regel überallhin begleitete, daß sie von den Anrempeleien und Spannungen zwischen Kissinger und Moro nichts gespürt habe. Bei den fraglichen Gesprächen, vor allem im Rahmen von Empfängen, waren jedoch auch zahlreiche andere Personen anwesend, die für eine Übersetzung hätten sorgen können (Kissinger sprach kein Italienisch, Moro kaum Englisch, ein Vermittler war also nötig). Und es sprechen alle Anzeichen dafür, daß der Übersetzer, der damals dolmetschte, kein anderer als Licio Gelli war, der Chef der - damals wohl noch weitgehend unbekannten - Geheimloge »Propaganda 2«. Er rühmte sich später eines Gespräches mit Moro in dessen Zeit als Außenminister, und das kann nur damals gewesen sein, weil sich Gelli und Moro sonst nicht getroffen haben.[62]

Aber nicht nur aus den USA waren Drohungen gekommen; mancher Freund des DC-Chefs erinnerte sich an allerlei Berichte, die Moro beiläufig nach verschiedenen Reisen oder Empfängen gegeben hatte. So berichtete z. B. der DC-Senator Cervone in einem ausführlichen Interview der Zeitschrift »L'Espresso« im September 1978:

»Beginnen wir mit der einzigen Tatsache, die hundertprozentig feststeht: Moro fühlte sich nicht sicher. Schon seit einigen Jahren hat er Ängste geäußert, die sich nach der Entführung des De-Martino-Sohnes verschärften. Damals aber handelte es sich um Befürchtungen, die die Kinder und Enkel betrafen. Dann aber gab es etwas anderes. Und das geschah mehr oder minder gleichzeitig mit der politischen Wende, die zur Zusammenarbeit mit dem PCI geführt hatte: ›In der Politik gibt es eben diese Risiken‹, sagte Moro. ›Du wirst sehen, daß sie uns für unsere politische Linie bezahlen lassen, wie das soeben bei Gui passiert (Gui war in den Lockheed-Skandal verwickelt, und Moro verteidigte ihn hartnäckig, W. R.). Bezahlen müssen exakt wir, die Morotei. Man wird uns nicht verstehen.‹ Ich fragte: ›Wer wird uns denn dafür zahlen lassen?‹ ›Unsere Feinde. Innere wie äußere. Mir geschieht das wie Berlinguer. Er findet kein Verständnis in der Sowjetunion, ich finde es nicht in den Vereinigten Staaten und in Teilen Deutschlands.‹ Mit diesem ›Teil‹ meinte er Strauß. In dieser zweiten Phase, der Phase des politischen Linienwechsels, hatte er mehr um sich als um seine Familie zu fürchten begonnen. Als er das letzte Mal zu mir kam, am 18. Dezember vorigen Jahres (1977, W.R.), etwa drei Monate vor seiner Entführung, fragte ich ihn, ob die Leute von der Eskorte nicht im Haus essen könnten. ›Sorg dich nicht darum‹, antwortete er, ›die sorgen schon für sich. Wenn sie sich nur nicht entfernen.‹ Und in diesem Sinn gab er dann die Anweisungen an den Hauptmann Leonardi.«

Dieser Hauptmann Leonardi hatte, auch dies kam plötzlich wieder ins Gedächtnis, in den Wochen vor der Entführung verschiedene Male bei seiner Dienststelle auf verdächtige Bewegungen während der Fahrt zwischen Moros Wohnung und der Dienststelle bzw. dem Parlament hingewiesen; es lag sogar ein Antrag auf Bereitstellung eines gepanzerten Autos vor (Moro hatte seines abgeben müssen, als er 1976 aus seinem Regierungsamt ausschied; Parteiführern stand prinzipiell keines zu). Das Erstaunliche dabei war nicht, daß die Eskorte solche Dinge beobachtete und meldete - sondern daß die jeweils informierten Polizeiorgane stets nach kurzer Zeit behaupteten, alles überprüft zu haben; es sei jedoch nichts Konkretes feststellbar gewesen. Wie wir heute wissen, wurde Moro faktisch ein ganzes Jahr von den Entführern auf Schritt und Tritt beobachtet; die Entführer probten sogar tagelang an Ort und Stelle den Überfall[63]; umgekehrt behauptet der für den Personenschutz polizeilich zuständige Dr. Guido Zecca, für die Bewachung Moros und seiner Familie seien insgesamt 30 Mann abgestellt gewesen - unmöglich, daß die Beschattung Moros nicht feststellbar gewesen sein soll.[64]

Bereits wenige Tage nach dem Überfall beeilten sich jedoch alle Zuständigen, die Frage nach der Bewachung einhellig herunterzuspielen: Moro habe niemals nach einer besseren oder größeren Eskorte verlangt, er habe gar niemals Angst geäußert (so Andreotti), auch ein gepanzertes Auto habe er nicht verlangt (so Cossiga und Andreotti), jedenfalls fände niemand einen schriftlichen Antrag dafür (Cossiga), und die angeblichen Anzeigen der Eskorte seien auch nur recht vage Andeutungen gewesen (Zecca und Cossiga).[65]

Erstaunlicherweise nahm dieser Dementichor auch nicht ab, als der Hauptbetroffene sich selbst zu Wort meldete. In einem Brief an Benigno Zaccagnini, der Anfang April beim DC-Sekretär einlief, beklagte sich Moro folgendermaßen:

»Ich muß auch noch hinzufügen, in diesem schrecklichen Moment, daß, wenn die Eskorte aus bürokratischen Gründen nicht der Situation völlig unangemessen gewesen wäre, ich vielleicht nicht hier wäre.«

Was anderes kann dies sein als die eindeutige Bestätigung der Berichte über beantragte Schutzmaßnahmen - der Hinweis auf »bürokratische Gründe« für die Schwäche der Eskorte sagt es deutlich genug. Dennoch hielt es die Kommissionsmehrheit des Moro-Ausschusses nicht für nötig, die Sätze Moros entsprechend zu werten; sie schwieg lieber darüber. Selbst heute noch ist es offenbar schwierig, die damaligen Versäumnisse oder auch Böswilligkeiten zuzugeben.

Es ist kaum vorstellbar, mit welcher Energie Moro aus seinem

Gefängnis heraus die Öffentlichkeit mit seinen eigenen Erkenntnissen über die Zusammenhänge, die jeweilige Situation und die verschiedenen Lösungsmöglichkeiten zu informieren versuchte - vorbei an der Zensur seiner Bewacher, die zweifellos jedes Wort auf einen möglichen Doppelsinn abklopften, um chiffrierte Botschaften zu verhindern.

Aber so viel er sich auch mühte - er hätte auf der anderen Seite dechiffrierwillige Empfänger gebraucht, die sich noch dazu um klare Konsequenzen zugunsten Moros hätten bemühen müssen. Es kann als sicher gelten, daß viele seiner Mitteilungen auch damals richtig gedeutet wurden, jedenfalls von bestimmten Kreisen; daß aber allenfalls die für Moro ungünstigen Konsequenzen daraus gezogen wurden. Spätestens Anfang April wurde durch geschickte Telefonüberwachung von Presseorganen und die Beschattung nahezu aller als Empfänger in Frage kommender Freunde Moros verhindert, daß die Öffentlichkeit den genauen Wortlaut der meisten Briefe erfuhr.

Man muß nur einige der wichtigsten Schachzüge Moros nachvollziehen, um zu erkennen, wie deutlich er in seinen Nachrichten war; es begann schon in den ersten Briefen.

In dem Schreiben an Zaccagnini von Anfang April hatte er einen Gefangenenaustausch ins Gespräch gebracht:

»Hier wird darüber diskutiert, und zwar nicht als abstraktes Recht (obwohl es ja auch die Normen des Notstandes gibt), sondern auf der Ebene des menschlichen und politischen Anstandes, ob man meinen Fall nicht mit der einzig möglichen realistischen Lösung versehen könnte und beiderseits eine Freilassung von Gefangenen vorsieht und damit die Spannung im konkreten Zusammenhang mit einem politischen Phänomen mindert. Hartzubleiben kann passender erscheinen, aber ein gewisses Zugeständnis ist nicht nur angemessen, sondern auch politisch nützlich. Wie schon erwähnt (im ersten Brief an den Innenminister Cossiga, der Ende März zugeleitet wurde, W.R.), verhalten sich sehr viele Staaten in solch zivilisierter Weise. Wenn andere nicht den Mut dazu haben, sollte die DC es machen, die aufgrund ihrer Sensibilität den Vorzug hat, Bewegungen in den schwierigsten Lagen vorzuplanen. Sollte dies nicht geschehen, dann hättet ihr - und ich sage das ohne Animosität - gewollt, daß die unvermeidlichen Konsequenzen auf die Partei und die Personen zurückfallen. Danach wird ein anderer Kreislauf beginnen, der viel schlimmer und ohne Ausweg ist.
Ich möchte klarstellen, daß ich diese Sachen bei wachem Verstand sage und daß ich keinerlei persönlichem Zwang ausgesetzt wurde; zumindest bin ich so hellwach, wie einer sein kann, der seit zwei Wochen in einer außerordentlichen Lage ist, so daß er niemand zum Trösten haben kann und weiß, was ihn erwartet. In Wahrheit fühle ich mich auch ein wenig von Euch verlassen. Im übrigen habe ich diese Ideen gegenüber Taviani schon bezüglich des Fal-

les Sossi und gegenüber Gui bezüglich eines gescheiterten Gesetzes gegen die Entführungen ausgedrückt.«

Von den beiden zitierten Zeugen bestätigte Luigi Gui - wenige Monate nach der Sossi-Entführung 1974 zum Innenminister im vierten Kabinett Moro ernannt - das Gespräch sofort. Paolo Taviani, in den ersten drei Kabinetten Moro 1964-68 Innenminister und auch während der Sossi-Entführung in diesem Amt, leugnete jedoch kategorisch, jemals etwas derartiges von Moro gehört zu haben.

Gut eine Woche nach dem Dementi Tavianis ging Moro noch einmal auf diesen ein. In einem dem »comunicato n. 5« der Roten Brigaden beigelegten Handschreiben ohne direkten Adressaten befaßte er sich ausführlich mit der Person Tavianis, stellte ihn als windigen Opportunisten dar und suchte Belege und Zeugen für seine Version anzuführen. »Warum dieses Dementi?« fragte er. »Es gibt nur eine Erklärung - weil er sonst meint, unter solchen Umständen nicht in der ersten Reihe der Staatsverteidiger zu stehen.«

Wesentlich wichtiger aber ist, was Moro dann an hervorgehobener Stelle, nämlich als letzten Absatz schrieb:

»In seiner politischen Karriere, die er dann ohne plausible Erklärung von einem Tag zum anderen aufgegeben hat (er blieb lediglich Senator, W.R.) - es sei denn, er wollte sich für andere Aufgaben bereithalten -, hat Taviani, nach einer allerdings erfolglosen kurzen Zeit als Parteisekretär, verschiedene wichtige Ministerämter übernommen. Wegen ihrer Bedeutung sei auf das Verteidigungs- und das Innenministerium hingewiesen (die er jeweils für lange Zeit innehatte), mit all ihren komplexen Mechanismen als Zentren der Macht und ihren geheimen Informationen, die diese Ämter mit sich bringen. Zu erinnern wäre dabei auch daran, daß der Chef des SID (Geheimdienst, W.R.) und spätere Leiter des Generalstabs, Admiral Hencke, sein Mann war, mit dem er lange zusammengearbeitet hat. Die Bedeutung und die Sensibilität der vielfältigen Aufgaben, die er wahrgenommen hat, mag das Gewicht erklären, das er in der Partei und der italienischen Politik hatte, bis er von der Bildfläche zu verschwinden schien. In all den von ihm eingenommenen hochempfindlichen Posten hat er direkte und vertrauensvolle Kontakte mit der amerikanischen Welt gehabt. Gibt es vielleicht, um die Härte mir gegenüber durchzuhalten, amerikanische und deutsche Winke?«

»Indicazione americana e tedesca«? - jedes Wort ist wichtig. »Indicazione« kann »Wink«, »Hinweis«, aber auch »Anweisung« bedeuten. Daß Moro nicht »amerikanisch *oder* deutsch«, sondern »amerikanisch *und* deutsch« schreibt, zeigt, wie sehr in seinen Augen beide Staaten zusammenarbeiten, und zwar vereint oder gar identisch im Kontra gegen die Italiener. Das schreibt einer, der immerhin mehr als ein Jahrzehnt Ministerpräsident oder Außenminister eines NA-

TO-Landes gewesen ist. Der Einfluß dieser »Zwillinge« auf sein Schicksal und das Schicksal Italiens ist für Moro also eine Realität.

Moros wahre Sturzflut von Beschuldigungen gegenüber Taviani läßt zunächst die Frage aufkommen, warum er im vorangegangenen Brief, bei Kenntnis von dessen Falken-Position, ausgerechnet seinen offenbaren Feind als »Zeugen« genannt hatte. Der gesamte Brief vom 10. April - also der mit den Vorhaltungen - hat, bei genauer Analyse, keineswegs den Charakter eines Wutausbruches über Tavianis Lügen. Vielmehr bekommt man den Eindruck, daß Moro hier eher dankbar ist für die Gelegenheit, bestimmte Dinge zu schreiben.

Zieht man in Betracht, daß Moro während seiner Gefangenschaft ständig taktiert hat, so drängt sich vor allem die eine Lösung auf: Im Brief von Anfang April an Zaccagnini war Moro nicht völlig frei zu schreiben, was er mitteilen wollte. Möglicherweise waren die Roten Brigaden auch noch zu unsicher und hatten verlangt, daß er nur über Dinge schreibe, die ihnen ungefährlich erschienen. Mit der Nennung Tavianis wußte Moro aber mit ziemlicher Sicherheit, daß dieser dementieren würde - und das gab ihm zumindest die Aussicht, auch mit Erlaubnis seiner Gefängniswärter erneut schreiben zu können, und dann umfänglich.

Gleichzeitig konnte er den Bewachern möglicherweise auch noch das Schauspiel eines Streites zwischen verschiedenen DC-Größen liefern (tatsächlich schreibt er in seiner Replik auch von den Angriffen auf seine Person nach der Öffnung zum PCI, bei denen Taviani eine besonders üble Rolle gespielt hat): daß er einem DC-Honoratioren vorwirft, Handlanger der Amerikaner und Deutschen zu sein, wird die Roten Brigaden sicherlich erfreut haben, belegte es doch die von ihnen vertretene These von der Verflechtung Italiens mit dem internationalen Kapital.

Mit seinen Hypothesen einer internationalen Verschwörung gegen ihn brachte Moro jedenfalls Bewegung in den Fall. Die Sozialisten begannen nun, sich vorsichtig von der Linie der »fermezza« abzusetzen (Ausnahme: Sandro Pertini), was am 20. April durch die offizielle Ankündigung, man suche nach einer Verhandlungslösung, öffentlich wurde.

Viel eindrucksvoller aber waren die Bekundungen von außen: Kaum war Moros Hypothese von der amerikanischen Einmischung bekannt, da schrieb US-Präsident Carter einen persönlichen Brief an Andreotti mit der Erklärung, daß er voll und ganz hinter der italienischen *Regierung* stehe (14. April), und das Außenministerium wiederholte diese Unterstützung nochmals in einer Note vom 17. April. Gleichzeitig aber wurde auch die »weiche« Linie, die der Humanität, nicht ganz vernachlässigt - UN-Botschafter Andrew Young bereitete einen Appell der Vereinten Nationen an die Roten Brigaden vor (der zuerst blockiert, dann aber aufgrund einer direkten Intervention Youngs am 22. April bekanntgemacht wurde). Daß auch die bundesdeutsche Regierung, jeweils einige Stunden oder Tage nach den Amerikanern, ähnliches von sich gab, war selbstverständlich und fiel schon gar niemandem mehr auf.

Die italienischen Politiker, nunmehr nicht durch die Roten Brigaden, sondern durch den mit allen Intrigen vertrauten Moro in die Enge getrieben, suchten verzweifelt nach einem Ausweg. Die erste Lösung hieß: internationale Verbindungen zugeben - aber nur für die Roten Brigaden, und auch nur auf terroristischem Niveau. Plötzlich füllten sich die Zeitungen wieder mit Hinweisen darauf, daß beim Überfall in der Via Fani ausländische (vermutlich deutsche) Kommandorufe gehört worden sein sollen; plötzlich sickerte durch, daß linke Gruppierungen einst über tschechische Sender mit italienischem Programm Agitation gegen ihr Land betrieben hatten, und daß der angebliche Ziehvater der Terroristen, Giangiacomo Feltrinelli, enge Beziehungen zur CSSR gehabt hatte.

Dennoch waren Vermutungen, daß internationale Zusammenhänge nicht nur auf Terroristenebene bestanden, seit Moros Brief an Cossiga Ende März nicht mehr aus der Welt zu schaffen. Da fiel den Zeitungen z. B. auf, daß Innenminister Cossiga schon im März unvermittelt nach Bern gereist war (um sich mit schweizer und deutschen Kollegen zu beraten, wie es nachträglich hieß). Verwundert stellten aber auch Beamte des Innenministeriums und besonders der Geheimdienste fest, daß der amerikanische Chef der CIA in Rom, Mike Seydenhower, der sich vor dem Anschlag auf Moro monatelang nicht hatte sehen lassen, plötzlich außerordentlich aktiv wurde. Fast täglich wurden die italienischen Behörden mit Seydenhowers Aktivitäten konfrontiert - ganz im Kontrast zum Verhalten der amerikanischen Botschaft und aller Diplomaten der USA in Italien, die sich äußerst reserviert verhielten, sobald ein italienischer Beamter an sie herantrat; sie seien »kalt und mißtrauisch«, berichtete ein Staatssekretär im Innenministerium dem DC-Parteisekretär Zaccagnini damals erstaunt.[66]

Aus fast allen Äußerungen, die die DC-Spitzen und die meisten damaligen Regierungsmitglieder in den Monaten nach der Ermordung Moros machten (und die sie schlagartig einstellten, als sich im November 1979 nicht mehr verhindern ließ, daß ein Untersuchungsausschuß eingesetzt wurde), geht eindeutig hervor, daß die Amerikaner und die Deutschen in den Fall verwickelt waren. Die

Frage war natürlich, seit wann und auf wessen Seite: Beeinflußten sie nur die Regierung im Härtekurs, oder hatten sie auch zu den Roten Brigaden Verbindungen?

Ob Moro sich schlüssig war, auf welcher Seite sich die Ausländer einmischten, wird aus dem Brief nicht klar. Auch in seinen unmittelbar folgenden Schreiben gibt er keine weiteren Hinweise, bittet allenfalls die DC, sich nicht in die harte Haltung der Amerikaner, Israelis und Deutschen (deren Ausnahme - die Berliner Lorenz-Entführung - er jedesmal erwähnt) hineintreiben zu lassen.

Dann aber kommt, in den letzten Apriltagen, eine überraschende Wendung in Moros Briefen - eine Wendung, die bis heute offenbar in ihrer Bedeutung nicht erkannt wurde; jedenfalls findet sich weder in der Literatur noch im Urteil gegen die Roten Brigaden noch in den Berichten der Parlamentskommission auch nur der kleinste Hinweis auf eine solche Erkenntnis; allenfalls wird der von Moro behauptete Sachverhalt erwähnt.

Moro bringt ins Spiel, daß auch die italienische Regierung schon früher politische Häftlinge freigelassen hat, als sie sich bedroht fühlte. Und zwar mehrere Male. Im September 1973 waren in Rom drei Palästinenser festgesetzt und zu fünf Jahren verurteilt worden, weil man in ihrem Besitz eine Boden-Luft-Rakete gefunden hatte, die wohl zum Abschuß eines Verkehrsflugzeuges gedacht war. Nach der Verurteilung setzte sich ein Mitglied der Palästinenserorganisation »Schwarzer September« mit einem Mitarbeiter des italienischen Geheimdienstes im Nahen Osten in Verbindung und drohte mit Vergeltung, falls die drei Häftlinge nicht unverzüglich freigelassen würden.

Moro war zu dieser Zeit Außenminister und bildete wenig später (im Herbst 1974) sein viertes Kabinett - er sorgte unverzüglich dafür, daß die Palästinenser abgeschoben wurden. Geheimdienstmitarbeiter berichteten später, daß ihnen zumindest drei solcher Aktionen bekannt seien, bei denen insgesamt zehn Palästinenser befreit wurden.[67]

Soweit sich das rekonstruieren läßt, wurden, als Moro - zuerst in dem »Brief an die Democrazia cristiana«, wohl am 25. April geschrieben - auf diesen Umstand hinwies, unter den Behörden und Politikern, die von diesem Schreiben Kenntnis erhielten, nur zwei Fragen diskutiert:

1. Stimmt die Behauptung Moros?
2. Ist dieser Austausch vergleichbar mit der aktuellen Situation?

Die erste Frage brauchte keine lange Klärung: Jeder wußte, daß es stimmte, zumindest die Freilassung der drei Raketen-Besitzer war sogar in der Presse zu lesen gewesen. Das zweite Problem wurde tatsächlich dringlich, insbesondere als sich Moro in der Folge gleich an eine ganze Reihe seiner Parteifreunde wandte und immer wieder hartnäckig auf diesen Akt hinwies; so im Schreiben an den Staatssekretär im Justizministerium, Erminio Pennacchini, an dessen Kollegen Renato Dell'Andro und nochmals in seinem letzten Brief an DC-Fraktionschef Flaminio Piccoli. Rekonstruiert man heute die Reaktionen auf diesen Ansatz Moros, so stellt man mit Verwunderung fest, daß keinerlei öffentliche Diskussion über die mögliche Parallele der Palästinenser-Freilassung zum Fall Moro stattfand.

Zwei Fragen wurden jedenfalls überhaupt nicht diskutiert - und doch bergen wohl gerade sie den Schlüssel für eine ganze Reihe wichtiger Erkenntnisse, ja, für die Lösung des ganzen Falles:

- Wieso bringt Moro die Palästinenser-Episode erst so spät ins Spiel?
- Und wieso beruft er sich darauf, schwächt aber die Parallelität ausdrücklich immer wieder mit Zusätzen ab wie etwa: »auch wenn die Bedrohung damals zwar ernst, aber nicht sehr präzise war«?

Daß er über die Palästinenser-Freilassung nicht früher geschrieben hat, ist um so erstaunlicher, als er schon in seinen ersten Briefen, also seit Ende März, auf die übliche Praxis des Geiselaustausches und der Gefangenenfreilassung aus Gründen der Opportunität hingewiesen und dabei stets auch Beispiele angeführt hatte - etwa den Ringtausch von russischen Dissidenten mit chilenischen Oppositionellen oder die Intervention des Papstes bei den Nazis zugunsten des zum Tod verurteilten Professors Vasalli, der auch freikam.

Warum also erwähnt Moro die Freilassung der Palästinenser erst Ende April?

Der Zusatz, es habe sich in diesem Fall um schwächere Bedrohungen gehandelt, könnte zunächst auch als eine Art Nachdruck aufgefaßt werden: seht, sogar bei solch vagen Drohungen haben wir nachgegeben. Tatsächlich aber wählte er seine Formulierungen durchgehend so, daß die Analogie eher zerredet wurde. Mal weist er (gegenüber Piccoli) darauf hin, daß man die Freigelassenen ausgewiesen habe (was bei den Brigadisten als Italienern gar nicht möglich wäre), mal betont er (gegenüber Dell'Andro), daß es sich um eine Episode aus der »dunkelsten Kriegszeit« handle; schließlich erklärt er (gegenüber Pennacchini), daß damals »unbeteiligte Dritte« bedroht gewesen wären - alles Aspekte, die die Parallelität zerstörten. Bei Moros hochentwickelter Formulierungskunst bestimmt kein bloßer Lapsus. Es ging ihm offenbar um etwas anderes.

Das Ganze erhellt sich, wenn man das berücksichtigt, was Moro *nicht* schreibt: daß nämlich die Maschine, die die drei Palästinenser nach Algerien brachte, auf dem Heimweg explodierte - Sabotage, wie die Ermittler erklärten.[68] Moro konnte sicher sein, daß dies in Italien nicht vergessen war; und daß der Anschlag sofort wieder ins Gedächtnis kommen würde, sobald man über die Palästinenser-Freilassung sprach.

Es gibt nur eine Erklärung: nicht die Analogie des Gefangenenaustausches war es, worauf er hinauswollte - sondern daß er, Moro, dafür verantwortlich war (was er im Brief an Pennacchini auch ausdrücklich reklamiert). Es ging darum, an seinen Bewachern vorbei auf diejenigen hinzuweisen, die er sich damals zu unversöhnlichen Feinden gemacht hatte - den israelischen Staat.

Liest man die Briefe mit dieser Vorgabe, dann ergeben sich plötzlich zahlreiche weitere Indizien für die Stichhaltigkeit dieser These - und viele Details, die bisher unerklärlich waren, bekommen Sinn. Bis über die Mitte des April hinaus hatte sich Moro im »Volksgefängnis« offenbar recht sicher gefühlt und hatte taktiert wie immer; nun aber zeigte sich erstmals Angst. Im »Memoriale«, der mutmaßlichen Abschrift des Verhörs, ist er sich noch ganz sicher, daß er unbeschädigt aus dem »Volksgefängnis« herauskommen werde. Nach seiner Abrechnung mit den Parteien sagt er:

»So ist die Lage, und ich möchte darauf hinweisen, daß ich den Roten Brigaden die Gnade der Rettung meines Lebens und die Rückgabe in die Freiheit verdanke. Dafür bin ich zutiefst dankbar.«[69]

Das war in der ersten Hälfte des April. Und selbst wenn man - wofür manches spricht - das »Memoriale« nicht in allen Details als authentisch ansieht[70], so zeigen die Briefe aus dieser Zeit doch ganz dieselbe Sicherheit. Nun aber, im Schreiben an die DC, in dem erstmals die Palästinenserepisode auftaucht, stehen auch verzagte Sätze:

»Ich sterbe, wenn es meine Partei so beschließt, in der Fülle meines christlichen Glaubens und meiner unendlichen Liebe zu meiner Familie, die ich anbete und die ich von den Höhen des Himmels aus zu sehen hoffe. . . . Dieses Blutbad wird weder Zaccagnini, noch Andreotti, noch der DC, noch dem Land gut bekommen. Jeder wird seine Verantwortung zu tragen haben. Ich wiederhole, daß ich die Machtmenschen nicht um mich haben möchte. Ich möchte jene bei mir haben, die mich wirklich geliebt haben und mich weiterhin lieben und für mich beten. Wenn dies alles geschehen sollte, dann durch den Willen Gottes. Aber keiner der Verantwortlichen soll sich hinter der Erfüllung einer angeblichen Pflicht verstecken. Die Dinge werden sich klären - schon bald.«

Valerio Morucci, der in den Roten Brigaden gegen die Ermordung Moros eintrat

Welcher Zusammenhang besteht also zwischen Moros Hinweisen auf die damalige Palästinenserfreilassung und der Reklamierung seiner Verantwortlichkeit dafür einerseits und der erwachten Todesangst andererseits? Sah Moro vielleicht zu dieser Zeit die israelische Regierung als die Kraft an, die die Regierung zur »fermezza« drängte?

Realistischerweise konnte er kaum annehmen, daß israelische Stellen, welche auch immer, so konkret auf die Regierung und italienischen Parteien einwirkten, daß die politische Linie davon bestimmt worden wäre. Der Einfluß der damaligen Regierung Israels auf Rom war denkbar gering, eher schon von Animositäten und Rivalitäten hinsichtlich des beiderseitigen großen Partners USA geprägt. Zwar war innerhalb der Regierung zumindest ein Teil der DC pro-israelisch, dieser war jedoch insgesamt niemals so stark, daß er eine bestimmte Haltung hätte durchsetzen können.

So herum macht die Sache also keinen Sinn. Und andersherum?

Konnte Moro vermuten, oder gar als sicher annehmen, daß es mit der angeblichen Autonomie der Roten Brigaden gar nicht so weit her war - daß stattdessen ein konkreter Einfluß israelischer Stellen ausgerechnet auf seine Entführer vorhanden war?

Es gibt ein weiteres, sehr wichtiges Indiz für eine solche Annahme - bezeichnenderweise wurde auch dieses Anzeichen weder von der Kommission noch vom Gericht gewertet: in seinem Brief von Ende April an Flaminio Piccoli, den Fraktionschef der DC im Abgeordnetenhaus, weist er nicht nur wieder auf die freigelassenen Palästinenser hin, sondern bringt noch drei Namen ins Spiel, damit Piccoli - von dem er im übrigen annimmt, daß er »alles weiß« - sich über die gesamten Hintergründe informieren könne:

»Zu Deiner Beruhigung, und damit sich das auch verbreitet, kannst Du, ohne derzeit irgendwelche offiziellen Erklärungen abzugeben, *sofort* Pennacchini zu Dir rufen, der alles weiß (in den Details mehr als ich), und der zuverlässig und präzise ist. Dann ist da noch Miceli und, sofern er gerade in Italien ist (es wäre in jeder Hinsicht gut, ihn kommen zu lassen), der Oberst Giovannone, den Cossiga schätzt.«

Hier kommt es vor allem auf die Auswahl derer an, die Moro nennt. Pennacchini war 1978 Staatssekretär im Justizministerium. Wichtiger aber: zur Zeit der Palästinenser-Freilassung war er der Sachbearbeiter. Und Moro hatte in einem Brief an eben diesen Erminio Pennacchini, der gleichzeitig mit dem Schreiben an Piccoli hinausging, besonders eindringlich seine eigene Rolle bei der Freilassung ins Gedächtnis gerufen. Dies vor allem sollte der Staatssekretär wohl gegenüber Piccoli bestätigen.

General Vito Miceli, der zweite der angeführten Zeugen, war bis 1974 Chef des Geheimdienstes SID, wurde wegen des Verdachtes einer Unterstützung der geplanten Rechtsputsche entlassen - aber Moro hatte stets zu ihm gehalten und sogar ausdrücklich erklärt: »Sie haben einen guten Mann gefeuert.«[71] Dieser Miceli war einerseits eng mit amerikanischen Geheimdienstkreisen liiert (der rechtslastige amerikanische Botschafter Graham Martin hatte nach Micelis Entlassung sogar dessen Wahlkampagne für die neofaschistische Partei finanziert[72]) - und er war eng verbunden mit pro-israelischen Geheimdienstlern in Italien, etwa mit Mario Foligni, auf den wir bald noch stoßen werden.[73] Daß Moro Miceli nennt, kann nur den Sinn haben, den von ihm damals hochgehaltenen und mit Verbindungen zu den richtigen Leuten ausgestatteten Ex-SID-Chef zur Vermittlung zu bewegen.

Schließlich der dritte der Genannten: Oberst Giovannone. Er war Chef des italienischen Geheimdienstes im Vorderen Orient, zuständig u. a. für Palästinenserfragen. Über ihn war die Drohung nach Rom gelangt, man werde Attentate ausführen, wenn die Gefangenen nicht freigelassen würden; und er hatte sich dafür eingesetzt und dafür gesorgt, daß Italien von dieser Seite künftig unbehelligt blieb. Ihn einzuschalten war deshalb wichtig, weil er wohl am schnellsten die Botschaften in Moros Briefen richtig hätte deuten können: nicht um die Palästinenserfreilassung ging es, sondern um Moros Rolle dabei - und um diejenigen, die er sich damit zu Feinden gemacht hatte.

Liest man Moros Briefe seit Mitte April unter diesem Gesichtspunkt, so passen die Einzelteile plötzlich zueinander, und die Briefe bekommen einen völlig anderen Charakter. Die Nennung vieler Zeugen geschah nicht, wie gemutmaßt wurde, um ein ähnliches Debakel wie das Dementi Tavianis vierzehn Tage vorher zu vermeiden - denn sowohl die Freilassung wie die merkwürdige Flugzeugexplosion waren nicht nur den Politikern, sondern auch der Öffentlichkeit bekannt. Daß Moro für die Begnadigungsaktion verantwortlich war, unterlag auch keinem Zweifel - schließlich war er zumindest während des spektakulärsten Falles Ministerpräsident.

So gesehen, bekommen die Passagen fast flehentlichen Charakter: Was soll ich denn noch schreiben, damit ihr endlich begreift ...

Natürlich hätte in der damaligen aktuellen Situation eine solche Deutung der entsprechenden Absätze zunächst einmal hypothetischen Charakter gehabt; aber es wäre immerhin eine Spur gewesen, der man hätte nachgehen können und müssen. Es geschah aber nicht.

Ich möchte annehmen, daß Moro hier auch einen taktischen Fehler beging. Aus einem nicht näher bekannten Grund hat er seine Hinweise auf die Freilassung von Palästinensern ausschließlich an DC-Politiker gerichtet (an Zaccagnini, der den Brief »an die DC« bekam, an Piccoli, Dell'Andro, Pennacchini und, wie aus einer Kopie hervorgeht, die im BR-Versteck in Mailand gefunden wurde, möglicherweise auch noch an den Botschafter Cottafavi) - nicht aber an Craxi und Ingrao, die ja ebenfalls Briefe von ihm erhielten. Es mag sein, daß gegenüber dem Sozialisten Craxi ein schon früher geäußertes Mißtrauen gegenüber dem PSI mitspielte[74], es mag auch sein, daß ihm Ingrao - den er in seiner Eigenschaft als Parlamentspräsident anschrieb - als Kommunist suspekt war. Jedenfalls konnten die DC-Politiker aus diesem Grund die Briefe und die Hinweise Moros bequem unter sich behalten - die so notwendige öffentliche Diskussion und die von Moro erhoffte Auswertung unterblieb.

Wie scharf Moro tatsächlich seine eigene Siutation analysiert oder aufgrund gewisser Vorgänge erkannt hatte, werden wir bald sehen. Vorläufig drängt sich angesichts dieser Erweiterung des Gesamtrahmens der einflußnehmenden Gruppen die Frage auf, wer denn damals tatsächlich die Handlungsträger waren, die in den »55 Tagen« das Sagen hatten.

Es sollte sich im Laufe der Jahre zeigen, daß es da prinzipiell zwei mögliche Gruppen gibt. Einerseits die, die während der Ereignisse des Frühjahrs 1978 im Blickpunkt standen und sich jedenfalls wie Entscheidungsträger aufführten, und andererseits diejenigen, deren Existenz oder Mitwirkung erst Jahre später bekannt wurde.

Zunächst im Vordergrund standen - bis ins Jahr 1979 hinein - vor allem die Regierungsmitglieder (besonders die betroffenen Minister), die Parteioberen (vor allem von DC, PCI und PSI), einige Kirchenrepräsentanten - und natürlich die Roten Brigaden, wer immer sich dahinter verbergen mochte.

Sehen wir uns zunächst diejenigen an, die auf der »Seite des Gesetzes« standen.

Akteure

Licio Gelli, »Maestro venerabile« der Geheimloge »Propaganda 2«

Giulio Andreotti, DC, Ministerpräsident

Francesco Cossiga, DC, Innenminister

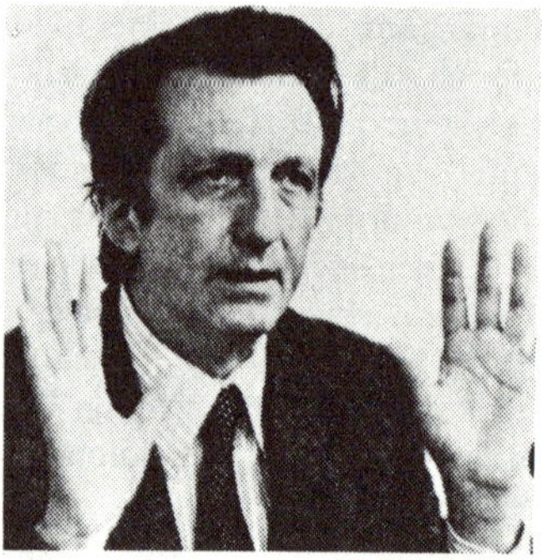

Ugo Pecchioli, PCI

Ronald Stark, CIA-Agent

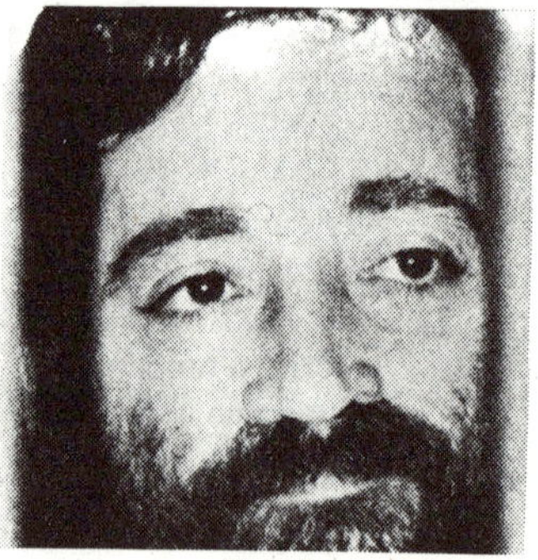

Mario Moretti, Rotbrigadist

Hauptakteure der »Affäre Moro«

Obwohl die meisten Entscheidungen einer ganzen Reihe von Einflüssen unterlagen, haben sich in dieser gesamten Affäre doch bestimmte Strömungen um Einzelpersonen im politischen, administrativen und polizeilichen System gebildet; es erscheint daher sinnvoll, zunächst die Situation und die Interessen einiger der Hauptakteure jener Monate kurz darzustellen - nicht um die Vorgänge zu personalisieren, sondern um das Wechselspiel und die Dialektik der Entscheidungen darzustellen.

Die Christdemokraten

Auch wenn während der gesamten Zeit der Moro-Entführung zahlreiche DC-Politiker auf den Titelseiten der Zeitungen erschienen, im Fernsehen mehr oder minder nichtssagende Erklärungen abgaben, sich zu Krisenstäben versammelten: die dominante Persönlichkeit war bei alledem zweifellos Giulio Andreotti.

Es liegt nahe, Andreotti als den eigentlichen Gegenspieler Moros während der Zeit der Entführung anzusehen; mehr noch: als den Repräsentanten der »anderen DC«, jener nämlich, die seit Jahrzehnten im wesentlichen Skandale und Korruption produziert hatte und die dennoch nicht untergegangen war. Solche Einschätzung würde freilich weder Andreotti noch seinem Verhältnis zu Moro gerecht.

Anders als Moro, der aus Apulien stammte, kommt Giulio Andreotti nicht aus der Provinz, sondern aus dem Zentrum der Macht. Seine Geburtsstadt Rom und die umliegende Provinz Latium vermochte er zu seinem »feudo«, seiner Machtbasis zu machen; aber darüber hinaus gelang es ihm auch, die wichtige Region Sizilien (die 25 Prozent der Delegiertenstimmen bei Parteikongressen der DC bringt) seiner Klientel einzuverleiben. War Moro ein Zauderer, skrupulös, auf Ausgleich von Gegensätzen bedacht und am Ziel des gesellschaftlichen Nutzens orientiert, so läßt Andreottis Karriere und Verhalten grundsätzlich immer nur den einen Schluß zu: es ging Andreotti immer nur um Andreotti.

Suchte Moro in zähen - und meist durchaus offen geführten - Verhandlungen durch Ausklammern und Verschieben momentane Übereinkünfte zu erzielen, mit denen jedenfalls fürs erste alle Beteiligten leben konnten, so handelte Andreotti sehr viel grobschlächtiger, aber auch durchtriebener: was er bewerkstelligen wollte, geschah meist auf dem Wege der Kampfabstimmung (wenn er sich stark genug fühlte) oder der Intrige (wenn er seine Gegner in offener Schlacht nicht schlagen konnte).

Gab es Skandale um ihn, so ging es ihm nicht wie Moro (etwa in der Lockheed-Affäre) um eine volle Rehabilitation und Wiederherstellung der Ehre - Andreotti genügte ein Freispruch mangels Beweisen. Er konnte und kann bis heute über Anschuldigungen ohne weiteres hinweggehen, solange diese nicht zu einer gerichtlichen Verurteilung führen. Ein Schlüsselerlebnis mag dabei der erste Skandal gewesen sein, in den er bereits in den fünfziger Jahren verwickelt war: Ein pensionierter Bankdirektor hatte ein System erfunden, mit dem er insbesondere religiöse Organisationen zur Einlage von Guthaben veranlaßte - die er später nicht mehr zurückzahlen konnte. Andreotti, damals verantwortlicher Schatzminister, stahl sich aus der Verantwortung, er habe von all dem nichts gewußt - sah sich dadurch aber keineswegs als Minister disqualifiziert.[75] Nach diesem Muster verhält er sich bis heute.

Seit Ende der fünfziger Jahre gibt es kaum einen politischen Skandal, in dem nicht der Name Andreotti aufgetaucht wäre; sei es bei den gigantischen Fehlplanungen und den undurchsichtigen Auftragsvergaben beim Bau des römischen Flughafens Fiumicino; sei es ein paar Jahre später in der Affäre um die falschen Kriegsschäden, bei denen es einigen Firmen gelungen war, Entschädigungen für ein Vielfaches von dem an sich zu ziehen, was das italienische Militär im gesamten Weltkrieg geliefert bekommen hatte; sei es Anfang der siebziger Jahre bei den überwiegend illegalen (und jedenfalls mit Bestechung verbundenen) Waffenlieferungen an Libyen.[76] Kaum ein Untersuchungsausschuß, vor den Andreotti (»in schöner Regelmäßigkeit«, wie er sich selbst im Oktober 1983 im Wochenmagazin »Europeo« beklagte) nicht gerufen worden wäre: ob hinsichtlich des zusammengebrochenen Bankenimperiums des Michele Sindona, ob im Skandal um die Erdölbeschaffung, ob während der Übernahme des Medienriesen Rizzoli oder der Geheimdienste durch Männer der Loge P2 - stets hatte Andreotti gerade die Ministerien inne, die aufsichtsführend oder auftragsvergebend waren, oft genug hatte er die entscheidenden Leute selbst in die betreffenden Stellungen gehievt - und immer hatte er, natürlich, von nichts gewußt.

Obwohl Andreotti in vielem der Gegenpol zu Moro war, kann man die beiden Politiker doch nicht als die steten Exponenten entgegengesetzter Flügel oder Parteilinien bezeichnen. In gewisser Weise waren sie aufeinander angewiesen - lief die DC doch stets Gefahr, auseinanderzubrechen. Moro als links und Andreotti als rechts einzuordnen, gibt wenig Sinn. So war Andreotti durchaus in der Lage, Minderheitskabinette zu leiten, die von der Duldung der Sozialisten abhängig waren; andererseits war die Öffnung zum PCI nur möglich, weil die Rechten in Andreotti den Garanten für eine kräftige Beschränkung der Kommunisten sahen.

Umgekehrt aber brauchte Andreotti bis 1978 Moro ständig. Moro war lange Zeit unentbehrlich, um die DC jeweils mit seiner öffentlich anerkannten Integrität als »reformfähig« darzustellen und aus so manchem Großskandal wieder herauszumanövrieren.

Und doch ist ein Gegensatz unübersehbar. Moro war stets um eine gewisse Unabhängigkeit Italiens von den Großmächten bemüht. Der »Historische Kompromiß« war auch Ausdruck seiner Suche nach nationaler Autonomie; und darin ließ er sich auch nicht einschüchtern.[77] Andreotti, der vor allem Andreotti im Sinn hatte, war jederzeit zu jeder Bindung - und auch ihrer Auflösung - bereit, unabhängig davon, ob sie Italien nützte. Eigenprofil ging ihm stets vor nationaler Selbständigkeit. In den Lockheed-Skandal war er ausnahmsweise nicht verwickelt, weil er, als damaliger Verteidigungsminister, gegen das Projekt opponiert (und es für einige Zeit blockiert) hatte - wegen anderer Vorhaben, die ihm näherstanden. Damit aber signalisierte er, als zunächst den Amerikanern noch nicht hinreichend bekannter Aufsteiger, daß er genug Macht hatte, selbst die US-Firmen zu paralysieren: sein Ruf als »starker Mann« ist bei den Amerikanern seither ungebrochen. Noch 1983, als er im Kabinett Craxi Außenminister wurde und die Amerikaner dies mit bemerkenswerter Herzlichkeit begrüßten, ließ er die Atlantik-Vormacht alsbald spüren, daß man ihn, nicht Verteidigungsminister Spadolini (PRI) oder gar Regierungschef Craxi, hofieren müsse - gegen die ausdrückliche Weisung des Ministerpräsidenten und den eindringlichen Rat des Heeresministers rügte er öffentlich die USA wegen ihres Waffeneinsatzes im Libanon.

Mit Moro verband ihn offensichtlich sehr wenig. Nicht ein einziges Mal zeigte er sich bei der Familie während der 55 Tage der Entführung, und als man die Leiche fand, war Andreottis Amtssitz das einzige öffentliche Gebäude, das nicht halbmast flaggte. Moro seinerseits schätzte Andreotti richtig ein: Als er seiner Frau die Politiker nannte, die sich für ihn einsetzen sollten (Leone, Zaccagnini, Galloni, Piccoli, Bartolomei, Fanfani, Andreotti, Cossiga), fügte er bei Andreotti in Klammern hinzu: »Er wird sich kaum engagieren«. In dem in Mailand gefundenen »Memoriale« siezt er Andreotti (im Gegensatz zu sonst) und zeigt, daß er durchaus Klartext sprechen kann:

»Nun zu Ihnen, Herr Abgeordneter Andreotti, der zu unserem Unglück oder zum Unglück des Landes . . . an der Spitze der Regierung steht. Ich habe nicht die Absicht, hier Ihre düstere Karriere (carriera grigia) ins Gedächtnis

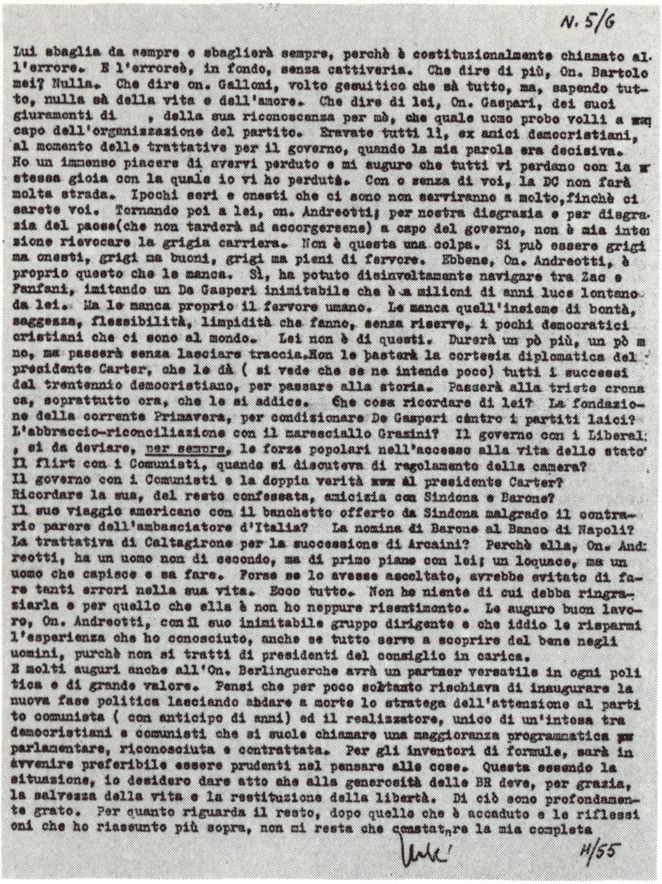
N. 5/6

Lui sbaglia da sempre e sbaglierà sempre, perchè è costituzionalmente chiamato al.
l'errore. E l'erroreè, in fondo, senza cattiveria. Che dire di più, On. Bartolo
mei? Nulla. Che dire on. Galloni, volto gesuitico che sà tutto, ma, sapendo tut-
to, nulla sà della vita e dell'amore. Che dire di lei, On. Gaspari, dei suoi
giuramenti di , della sua riconoscenza per mè, che quale uomo probo volli a capo dell'organizzazione del partito. Eravate tutti lì, ex amici democristiani,
al momento delle trattative per il governo, quando la mia parola era decisiva.
Ho un immenso piacere di avervi perduto e mi auguro che tutti vi perdano con la stessa gioia con la quale io vi ho perdutà. Con o senza di voi, la DC non farà
molta strada. Ipochi seri e onesti che ci sono non serviranno a molto,finchè ci
sarete voi. Tornando poi a lei, on. Andreotti; per nostra disgrazia e per disgra.
zia del paese(che non tarderà ad accorgersene) a capo del governo, non è mia inten
zione rievocare la grigia carriera. Non è questa una colpa. Si può essere grigi
ma onesti, grigi ma buoni, grigi ma pieni di fervore. Ebbene, On. Andreotti, è
proprio questo che le manca. Sì, ha potuto disinvoltamente navigare tra Zac e
Fanfani, imitando un De Gasperi inimitabile che è a milioni di anni luce lontano
da lei. Ma le manca proprio il fervore umano. Le manca quell'insieme di bontà,
saggezza, flessibilità, limpidità che fanno, senza riserve, i pochi democratici
cristiani che ci sono al mondo. Lei non è di questi. Durerà un pò più, un pò meno, ma passerà senza lasciare traccia.Non le basterà la cortesia diplomatica del
presidente Carter, che le dà (si vede che se ne intende poco) tutti i successi
del trentennio democristiano, per passare alla storia. Passerà alla triste cronaca, soprattutto ora, che le si addice. Che cosa ricordare di lei? La fondazio-
ne della corrente Primavera, per condizionare De Gasperi cantro i partiti laici?
L'abbraccio-riconciliazione con il maresciallo Grazini? Il governo con i Liberal:
, si da deviare, per sempre, le forze popolari nell'accesso alla vita dello stato'
Il flirt con i Comunisti, quando si discuteva di regolamento della camera?
Il governo con i Comunisti e la doppia verità al presidente Carter?
Ricordare la sua, del resto confessata, amicizia con Sindona e Barone?
Il suo viaggio americano con il banchetto offerto da Sindona malgrado il contra-
rio parere dell'ambasciatore d'Italia? La nomina di Barone al Banco di Napoli?
La trattativa di Caltagirone per la successione di Arcaini? Perchè ella, On. And:
reotti, ha un uomo non di secondo, ma di primo piano con lei; un loquace, ma un
uomo che capisce e sa fare. Forse se lo avesse ascoltato, avrebbe evitato di fa-
re tanti errori nella sua vita. Ecco tutto. Non ho niente di cui debba ringra-
ziarla e per quello che ella è non ho neppure risentimento. Le auguro buon lavo-
ro, On. Andreotti, con il suo inimitabile gruppo dirigente e che iddio le risparmi
l'esperienza che ho conosciuto, anche se tutto serve a scoprire del bene negli
uomini, purchè non si tratti di presidenti del consiglio in carica.
E molti auguri anche all'On. Berlinguerche avrà un partner versatile in ogni politica e di grande valore. Pensi che per poco soltanto rischiava di inaugurare la
nuova fase politica lasciando andare a morte lo stratega dell'attenzione al partito comunista (con anticipo di anni) ed il realizzatore, unico di un'intesa tra
democristiani e comunisti che si suole chiamare una maggioranza programmatica parlamentare, riconosciuta e contrattata. Per gli inventori di formule, sarà in
avvenire preferibile essere prudenti nel pensare alle cose. Questa essendo la
situazione, io desidero dare atto che alla generosità delle BR deve, per grazia,
la salvezza della vita e la restituzione della libertà. Di ciò sono profondamen-
te grato. Per quanto riguarda il resto, dopo quello che è accaduto e le riflessioni che ho riassunto più sopra, non mi resta che constatare la mia completa

H/55

Seite aus dem »memoriale«, der mutmaßlichen Verhörabschrift

zu rufen. Darin besteht die Schuld nicht. Man kann düster sein, aber ehrenhaft; düster, aber gut; düster, aber voller Leidenschaft. Gerade das aber, Herr Abgeordneter Andreotti, fehlt Ihnen. ... Ihnen fehlt dieses Insgesamt an Güte, Weisheit, Beweglichkeit, Klarheit, das ohne jegliche Einschränkung die wenigen christlichen Demokraten dieser Welt ausmacht. Sie gehören nicht dazu. ... Ich wünsche Ihnen gute Arbeit, Herr Abgeordneter Andreotti, mit Ihrer unnachahmlichen Herrschaftsgruppe; und möge Gott Ihnen eine Erfahrung wie die meinige ersparen.«[78]

Ganz im Gegensatz zu dem von der Groß- und Waffenindustrie gestützten Andreotti und dem vom Mittelstand favorisierten und vor allem durch die Hochschätzung *außerhalb* seiner Partei getragenen Moro suchte ein anderer »Entscheidungsträger« der DC seine Bastionen vor allem mit Hilfe der katholischen Kirche zu verteidigen: Amintore Fanfani, Jahrgang 1908, der sich heute als »letztes Rassepferd der italienischen Politik« bezeichnet. Liest man seine biographischen Daten, so findet man ihn eigentlich immer im Zentrum der Macht (und das schon seit dem Faschismus); auf der anderen Seite ist es ihm aber nie gelungen, ans Ziel seiner politischen Ambitionen zu kommen. So erkannte er, sensibel für Parteiströmungen, schon früh die Öffnung bestimmter DC-Kreise nach links (besonders seit 1958 mit Johannes XXIII. ein weniger antikommunistischer Papst antrat), setzte sich schnell an die Spitze dieser Bewegung - und startete zu früh. Seine Regierung gruppierte er, um einschneidende Maßnahmen durchzusetzen, eng um sich; neben dem Amt des Ministerpräsidenten übernahm er auch noch das Außenministerium und behielt gleichzeitig den Posten des DC-Generalsekretärs. Eine Rechnung mit so vielen Unbekannten, daß die Regierung nicht einmal ein halbes Jahr überdauerte: Die Amerikaner - damals noch unter Eisenhower und mitten im Kalten Krieg - mißtrauten seiner Öffnung nach links, insbesondere da gerade die erste umfangreiche Raketenaufstellung der NATO auf italienischem Boden bevorstand; die Christdemokraten sahen Fanfani bereits auf dem Weg zu einer Präsidialdemokratie (die er auch tatsächlich immer anstrebte), die Sozialdemokraten fürchteten, er werde sie zugunsten der Sozialisten ausbooten, und in der Katholischen Kirche war der Prozeß des Umdenkens noch lange nicht weit genug gediehen, als daß ein solcher Schritt schon möglich gewesen wäre. Erst drei Jahre später gelang Moro das Mitte-Links-Bündnis; Fanfani, der die undankbare Phase der definitiven »Öffnung« überbrückt hatte, büßte nahezu all seine Macht ein, weil er für die Wahlniederlage 1963 verantwortlich gemacht wurde - vier Prozent Verlust für die DC, eine Million Stimmengewinn für den PCI.

1971 scheiterte er bei der schon sicher scheinenden Wahl zum Staatspräsidenten (zweiter Anlauf zur Präsidialdemokratie) - er hatte sich als Exponent der Gemäßigten und als fortschrittlicher Förderer der Dritten Welt präsentiert - in der Hoffnung, damit die Kommunisten zu einer Stützung zu bewegen. Da diese mit ihrem Ja auf sich warten ließen, suchte Fanfani nun eine Mehrheit in der linken *Mitte*, vergaß dabei aber, daß er mit seiner Selbstdarstellung als »Gemäßigter« den Moro-Flügel verprellt hatte - und umwarb plötzlich die Rechte: so kam es zu einer Polemik wegen seiner faschistisch inspirierten Bücher aus den dreißiger Jahren, und man suchte nach einem eindeutigen Antifaschisten für den Quirinalspalast. So wurde Saragat von der Sozialdemokratischen Partei gewählt.

1974 glaubte Fanfani erneut an seine Sternstunde: Im Gefolge des chilenischen Putsches hatte PCI-Chef Enrico Berlinguer erklärt, daß in einem instabilen Land eine möglichst breite Mehrheit aller demokratischen Parteien die Regierung tragen müsse - eine Ankündigung des »Historischen Kompromisses«. Fanfani mißverstand dies als Schwäche des PCI und initiierte zusammen mit der katholischen Kirche die mächtige Kampagne gegen die neuen Scheidungsgesetze - was in einer Katastrophe für die Christdemokraten endete, weil sich fast 60 Prozent der Wahlberechtigten gegen die Abschaffung der Scheidung aussprachen.

Auch im Fall Moro sollte Fanfani eine ähnliche Rolle spielen; statt sich gegen die offizielle Linie der »intransingenza« auszusprechen, vertrat er sie fast bis zum Schluß; als er jedoch bemerkte, welchen Erfolg der PSI um Craxi mit dem Ausscheren aus der »neuen Mehrheit« und mit ihrem Verhandlungswillen hatte, lenkte er um (traf sich sogar mit Craxi[79]) und suchte Staatspräsident Leone zu einem Akt des guten Willens zu bewegen - zu spät.

Möglicherweise hatte Fanfani darauf spekuliert, daß ihm Moro nach seiner Befreiung zur Präsidentschaft verhelfen werde. Tatsächlich aber verzieh die DC ihrem »Rassepferd« das Ausscheren nicht: Pertini wurde Staatspräsident. Erst 1982 wurde Fanfani für eine kurze Übergangszeit noch einmal Ministerpräsident, was in einem Debakel für die DC bei den Wahlen im Juni 1983 endete - fast sechs Prozent Stimmenverluste.

Zu den sympathischen, aber eher schwächlichen Figuren der DC-Spitze jener Zeit gehört zweifellos Benigno Zaccagnini, damals Parteisekretär der Christdemokraten. Vollkommen zu Recht hatte Moro sich ihn als die mögliche Bruchstelle in der Phalanx der Nicht-Verhandler ausgesucht, und verstand es sehr gut, ihn an seinen wunden Punkten zu treffen (bereits im ersten Brief schreibt er in recht unfreundlichem Ton: »In moralischer Hinsicht stehst Du an der Stelle, an der ich selbst materialiter bin.«): nur beständiges Gegensteuern und Intrigieren Andreottis konnte sein Ausscheren aus der Linie der »fermezza« verhindern.[80] Zaccagnini, Jahrgang 1912 und aus Faenza bei Ravenna stammend, war 1976 Parteisekretär geworden. Der zuerst widerwillig akzeptierte Verlegenheitskandidat bekam schon damals den Spitznamen »onesto Zac«, der ehrliche Zac (was nicht ironisch gemeint war). Tatsächlich war er niemals in Skandale verwickelt, aber der Partei vermochte er auch kaum etwas zu geben. Moro schätzte ihn wohl nicht sehr; als der Kongreß nach der Wahl »Zac, Zac« skandierte, soll sich Moros Gesicht zusehends verfinstert haben, und von da an, kolportiert zumindest Italo Pietro[81], sprach er von Zac und seinem Sekretariat nur noch als von »denen da«.

Zaccagnini, der vor allem bei der Jugend ankam, konnte immerhin bei den Wahlen 1976 verhindern, daß die DC zur zweitstärksten Partei absank: zwar gewann der PCI gut sieben Prozent (auf 34,3), aber auch mit dem PSI (5 Prozent) reichte das nicht, um die DC (stabil bei 38,7 Prozent) zusammen mit den anderen Parteien des Centro (PRI 3,1 Prozent, PSDI 3,4 Prozent und PLI 1,3 Prozent) zu überholen. Die DC blieb jedoch trotz dieses Punktsieges schwach, Zaccagnini vermochte vom Sekretariat aus keine Impulse zu geben. 1980 wurde er abgelöst.

Neben Andreotti war vor allem Innenminister Francesco Cossiga ein strikter Gegner aller Verhandlungen. Seine eigentliche Zeit sollte allerdings erst kommen: War doch er es, der, trotz Rücktritts nach der Ermordung Moros, 1979 Ministerpräsident wurde und all die Gesetzesverschärfungen bzw. -neuschöpfungen durchsetzte, an denen die nationale Versöhnung Italiens heute noch immer scheitert. Dennoch scheint Cossiga, im Gegensatz zu Andreotti, von den Ereignissen um die Moro-Entführung zumindest nachträglich tief geprägt worden zu sein. Sein Auftritt vor dem Schwurgericht in Rom wirkte fast gespenstisch: Cossiga, 1975 (durch Moros Initiative) mit 48 Jahren Innenminister geworden, wirkte 1983 (er ist derzeit Senatspräsident) wie ein Greis, erinnerte sich nicht einmal mehr an Namen, die er seinerzeit täglich im Mund führen mußte (z. B. denjenigen des zum Austausch mit Moro zeitweise vorgesehenen Häftlings Buonoconto), unterstellte sich ständig mangelnden Durchblick und fehlende Intelligenz und gab ganz offen zu, daß er damals nicht einmal an die nächstliegenden Dinge gedacht hatte.[82]

Doch zuvor betrieb er die weitere Verschärfung der innenpolitischen Spannungen in einem Maße, daß es schwerfällt, nicht an einen massiven Druck von außen zu glauben. Unter seiner Ägide als Ministerpräsident wurde die Dauer der ohne Urteilsspruch möglichen Untersuchungshaft auf derart lange Zeit (auf die Zeit von zehn Jahren und acht Monaten) ausgedehnt, daß von amnesty international bis zum Europäischen Gerichtshof bereits nahezu alle übernationalen Körperschaften der Rechtspflege dagegen protestiert haben. Weiterhin stammt aus Cossigas Regierungszeit die Einführung des unseligen Prinzips des »pentito«, mit dem es zwar gelang, unzählige Terroristen zu Geständnissen - gegen Strafnachlaß - zu bewegen (die Polizei spricht von über 600), womit aber gleichzeitig ein furchtba-

res Klima der Denunziation, der Verdächtigung und der Rechtsunsicherheit geschaffen wurde.
Gegen die Achse Andreotti-Cossiga (und, wie wir sehen werden, auf kommunistischer Seite Pecchioli und Berlinguer) waren die übrigen Politiker der DC zu reinen Statistenrollen verurteilt; das gilt für Parlamentspräsident Flaminio Piccoli - der drei Wochen nach Moros Tod dessen Posten übernehmen, zwei Jahre später Zaccagnini ersetzen sollte (und der heute wieder Parteipräsident ist) - ebenso wie für den Senatspräsidenten Giuseppe Bartolomei, den Justizminister Francesco Bonifacio, die Partei-Vizesekretäre Remo Gaspari und Giovanni Galloni und auch für Staatspräsident Giovanni Leone sowie für dessen Vorvorgänger Giovanni Gronchi.

Nur eine Ausnahme gab es: Die einzige Frau im Kabinett, Tina Anselmi, Gesundheitsministerium, ließ sich trotz massiver Einschüchterungsversuche und Kontaktsperren nicht davon abbringen, die Verbindung zur Familie Moro aufrechtzuerhalten; freilich hatte sie auf das Geschehen nur wenig Einfluß. Immerhin aber gehört sie zu den wenigen in der DC, die den Fall bis heute nicht beiseitegelegt haben - seit sie Präsidentin der Parlamentskommission zur Untersuchung der Aktivitäten der Geheimloge »Propaganda 2« wurde, erstaunt sie in regelmäßigen Abständen vor allem das eigene Parteivolk, mehr aber noch die Oberen mit Bemerkungen über mögliche Zusammenhänge der von ihr untersuchten Affären mit dem Fall Moro.

Insgesamt hatte die DC zwar fast eineinhalb Monate sehr geschlossen die Linie des Nichtverhandelns durchgehalten; Anfang Mai aber zeigte sich, daß diese Grundeinstellung innerparteilich keineswegs mehr unumstritten war. Und es wird noch zu einer der zentralen Fragen werden, warum Moro ausgerechnet zu dem Zeitpunkt ermordet wurde, als sich gerade die von den Roten Brigaden geforderte Verhandlungsbereitschaft abzuzeichnen begann.

Die Kommunisten

Enrico Berlinguer, Parteisekretär des PCI, erklärte am 19. März, drei Tage nach der Entführung Moros, in der »L'Unità«:

»Die wichtigste Karte gegen die Erneuerungskräfte ist die Zersetzung, das Nichtstun, das Nichtregieren. Wir treten für die Linie der ›fermezza‹ ein, genauso wie wir die Sparsamkeits- oder Ausgabestopp-Politik benutzen, um eine Veränderung herbeizuführen und nicht nur, um den Kollaps zu vermeiden. Das hat die Teilnahme der Arbeiterparteien und -klassen in der Mehrheit ermöglicht. Der PCI bringt auch in dieser Mehrheit eine neue und höhere Art der Wahrnahme nationaler Interessen, eine neue Moralität zustande.«

Zur selben Zeit galt die Sorge des anderen PCI-Strategen während der 55 Tage, Ugo Pecchioli, der Gefahr, daß man - versehentlich oder gar absichtlich - die Roten Brigaden aufwerten könnte:

»Es besteht die Gefahr, daß die Roten Brigaden eine Art politischen Status in der öffentlichen Meinung bekommen, daß die Terroristen sich ein Bild analog zur PLO (der Palästinensischen Befreiungsfront, W.R.) zu geben vermögen.«[83]

Daher auch wenige Tage nach der Entführung bereits der Aufruf, wiederum in der Parteizeitung »L'Unità«, möglichst schnell zur »Normalität« zurückzukehren:

»Es ist keine Zeit zu verlieren. Wir müssen uns um den Ablauf der parlamentarischen und governativen Notwendigkeiten kümmern, wir müssen rechtzeitig die Gesetze verabschieden, um die Referenda zu vermeiden . . .«[84]

Die Christdemokraten sahen mit der Moro-Entführung die einmalige Chance gekommen, den Kommunisten wieder das Odium, staatszersetzend zu sein, anzulasten. Die DC-Postillen ließen keine Gelegenheit aus, den Kommunisten und vor allem den ihnen nahestehenden Intellektuellen zumindest Verständnis, wenn nicht gar Billigung des Terrorismus vorzuwerfen.[85] Schnell wurde vergessen gemacht, daß längst nicht mehr die DC das ideologische Angriffsziel des Linksextremismus war, sondern vor allem der PCI und die mit ihr verbundenen Gewerkschaften. Nichts nützte der Hinweis, daß die endgültige Trennung von PCI und der »Neuen Linken« spätestens am 17. Februar 1977 besiegelt war, als der Gewerkschaftsvorsitzende und PCI-Abgeordnete Luciano Lama auf dem Gelände der besetzten Universität Rom mit Tomaten beworfen und am Reden gehindert worden war.[86]

Linke Intellektuelle ihrerseits sahen im Fall Moro andere Gründe für eine Polemik gegen den PCI. Die frühere Abgeordnete und Journalistin Rossana Rossanda sprach dem PCI erhebliche Mitschuld zu - aber nicht, weil die Partei in ihren Reihen den terroristischen Untergrund gezüchtet habe, sondern im Gegenteil, weil sie sich als unfähig erwiesen hatte, die Linken in die Partei zu integrieren und systematisch alles, was der »Neuen Mehrheit« und dem »Historischen Kompromiß« entgegenstand, ausgestoßen, diffamiert, eben in den Untergrund getrieben hatte. In »Il Manifesto« schrieb Rossana Rossanda:

»Der italienische Terrorismus erscheint, im Gegensatz zum palästinensischen und lateinamerikanischen, wie das überaus moderne Ergebnis einer Krise sowohl der kapitalistischen Integration wie auch der Hoffnung auf Veränderung. Wenn der Terrorismus seinen Ursprung auf diesem Gebiet der

Hoffnungslosigkeit hat, dann hat natürlich die alte wie die neue Linke die Verantwortung dafür, daß man dieses Eitergeschwür hat gedeihen lassen.«[87]

Bis heute hat der PCI die Affäre Moro nicht überwunden. Nicht nur, daß die DC-Verbündeten von einst der Partei auch heute noch die Schuld an der Ermordung Moros anlasten (wie z. B. der damalige römische Staatsanwalt und heutige Senator Vitalone[88]), noch immer leben auch aufgeschlossenere PCI-Funktionäre in dem Glauben, eigentlich sei nicht Moro, sondern der »Historische Kompromiß« ermordet worden, der PCI sei also der eigentliche Leidtragende - so etwa der Turiner Richter und heutige PCI-Abgeordnete Violante.[89] Für die Ereignisse haben sie, wie damals, Worte wie »tragisch«, »angsterfüllend«, »schlimm« übrig, für Moro selbst oft nur die juristische Floskel »Fall«. Vergleicht man den Mehrheitsbericht von DC und PCI im Moro-Untersuchungsausschuß etwa mit der ungeheueren Arbeit, die die PCI-Minderheit (unter Giuseppe D'Alema) im Falle des Bankiers Sindonda ein Jahr zuvor geleistet hatte, so sieht man sofort, wie sich die Kommunisten hier unter die Fittiche der DC flüchteten. Ein Vorgehen, das den immerhin auf der PCI-Liste gewählten (linksunabhängigen) Strafrechtsprofessor Stefano Rodotà zu einem eigenen Anhang mit überaus kritischen »Betrachtungen zum Mehrheitsbericht« veranlaßte.[90]

Der Vorwurf der Hartherzigkeit, der Undankbarkeit gerade ihrem eigenen Mentor in der DC gegenüber ist natürlich schwerwiegend. Im sogenannten »Memoriale« hatte sich Moro direkt an Berlinguer gewandt und mit gewissem Sarkasmus die neue Allianz mit Andreotti mit einer Zukunftsprognose versehen - um dann um so schärfer die Haltung des PCI zur Entführung anzugreifen:

»Alles Gute auch an den Abgeordneten Berlinguer, er wird bei jeder Art von Politik einen gewandten Partner von großem Wert haben (Andreotti, W.R.). Möge er daran denken, daß er für nur einen geringen Gegenwert Gefahr gelaufen ist, eine neue politische Phase einzuleiten, indem er jenen Strategen dem Tod ausliefert, der sich (Jahre voraus) der Kommunistischen Partei zugewandt hatte, der als einziger das Verständnis zwischen Christdemokraten und Kommunisten realisiert hat, welches zur anerkannten und vertraglichen parlamentarischen Mehrheit geführt hat.«[91]

Nun wird dieses »Memoriale« in einzelnen Passagen mitunter in Zweifel gezogen; diese Sätze dürften jedoch authentisch sein. Denn Moro formuliert ganz ähnlich in seinen - in ihrer Authentizität gesicherten - Briefen. Ende April und Anfang Mai wurde er sogar noch massiver. Im Schreiben an seinen persönlichen Mitarbeiter Tullio

Ancora heißt es: »Ich empfange als Lohn von den Kommunisten nach einem langen Marsch das Todesurteil.«

Daß das Opfer selbst den PCI angeklagt hat, lastet noch mehr auf der Partei als alle anderen Vorwürfe; und daß sich bei der Obduktion überdies herausgestellt hat, daß Moro nicht unter Drogen stand, daß die Ermittlungen (und wiederum die Obduktion) belegt haben, daß er nicht gefoltert worden war, ließ auch die sorgsam (insbesondere von der »L'Unità«) aufgebaute These zusammenstürzen, daß das alles gar nicht Moros Worte gewesen seien.

Tatsächlich ist der Vorwurf der Hartherzigkeit nur zu einem sehr geringen Teil berechtigt - sieht man einmal von Pecchioli ab. Berlinguer verhielt sich weit weniger entschieden. Die Spuren des Kampfes haben ihn zweifellos schon damals gezeichnet.

Für den aus dem sardischen Sassari stammenden Adeligen Enrico Berlinguer, damals gerade 56 Jahre alt und schon sechs Jahre im Amt des Parteisekretärs, stand mit der Moro-Entführung das ganze Werk auf dem Spiel, das er als Nachfolger von Gramsci, Togliatti und Longo aufgebaut hatte. Suchte er Moro durch Verhandlungen zu retten, so hieße das, er stelle aus persönlicher Freundschaft oder politischem Opportunismus Interessen des Staates hintan; blieb er hart, so würde er sich den Vorwurf der Undankbarkeit einhandeln. Von seinen Mitarbeitern wird er als im Grunde ängstlicher - nicht um sich besorgter, wohl aber entscheidungsängstlicher - Mensch geschildert, von großer Intelligenz und Fähigkeit zur Integration auseinanderstrebender Flügel - ein skrupulöser Mensch, dem Taktieren und Doppelspiel von Grund auf zuwider sind. In der historischen Sitzung, die Andreotti am 4. April zusammengerufen hatte, und an der neben dem Innenminister Cossiga auch die Sekretäre der Mehrheitsparteien (DC, PCI, PSDI, PRI) teilnahmen, galt Berlinguers vornehmste Sorge vor allem der Vermeidung von Mehrgleisigkeiten:

»Das dringendste Problem ist die morgige Parlamentsdebatte. Morgen muß die Regierung mit großer Klarheit die eigene unverbrüchlich harte Haltung bekräftigen, ebenso wie die Parteien. Drücken wir das ganz klar aus! Was würde innerhalb der Ordnungskräfte geschehen, wenn der Eindruck eines Nachgebens entstünde?«

Und wenig später, als Craxi immerhin den Vorschlag gemacht hatte, Moros Leben um jeden Preis zu retten:

»Wir dürfen nicht den Eindruck erwecken, daß wir eine bestimmte Haltung bekräftigen und gleichzeitig bereit sind, etwas anderes zu tun. Vermeiden wir

Grundsatzdiskussionen darüber, ob ein Menschenleben mehr als die Staatsräson zählt. Wir stehen vor einer tödlichen Herausforderung.«[92]

Berlinguer wußte natürlich, daß Moros Schicksal mit der intransingenten Haltung des PCI besiegelt war. Dies zeigte vor allem eine seltsame Geste Berlinguers: kaum war das falsche »comunicato n.7« erschienen, das behauptete, Moros Leiche liege auf dem Grund des Lago di Duchessa, erklärte Berlinguer ohne weitere Prüfung der Behauptung: »Wir fühlen diese dramatische Sicherheit in unseren Herzen« - und trotz der Warnungen Pecchiolis, der darauf hingewiesen hatte, daß der See seit Monaten zugefroren sei und man Moros Leiche sicher nicht darin versenkt haben könne, machte er sich vom PCI-Sitz in der Via delle botteghe oscure zu Fuß zur Piazza di Gesù auf, zum Büro der DC, und kondolierte Andreotti und Zaccagnini. Nach zwanzig Minuten verließ er das DC-Hauptquartier wieder und erklärte den Journalisten: »Wir haben der Democrazia cristiana, Zaccagnini und der Familie Moro die Solidarität unserer Partei überbracht.«[93]

Wenig später dementierte die Familie Moro die Nachricht vom Tode des Politikers, und kurz danach wurde dann auch die von fast zehntausend Mann durchgeführte Suche am Lago di Duchessa eingestellt - schon die Helikopterüberflüge hatten geklärt, daß das Eis keine Bruchstellen aufwies.

Ein Politiker ganz anderen Zuschnitts ist Ugo Pecchioli. Er war damals 53 Jahre alt, seit Berlinguers Aufstieg zu einer Art Schatteninnenminister avanciert und in dieser Eigenschaft verantwortlich für nahezu alle Sicherheitsbereiche. Für den PCI saß er in der Parlamentskommission zur Überwachung der Geheimdienste (und zur Bestellung ihrer Leiter), war Mitglied des Verteidigungsausschusses und innerhalb seiner Partei Vorsitzender der Abteilung für Fragen des Staates. Durch seine Hände liefen alle einschlägigen Informationen - in dieser Hinsicht war die Partei ganz von dem abhängig, was Pecchioli ihr weiterberichtete. Sein Mythos in der Partei leitete sich aus seiner Partisanentätigkeit im zweiten Weltkrieg und seiner Zugehörigkeit zur Brigade Garibaldi her - jener Gruppe, die, nebenbei bemerkt, den Roten Brigaden wegen ihrer Effizienz lange Zeit als Vorbild für ihre eigene Guerillatätigkeit gedient hatte.

Für Pecchioli zählte damals, wie auch für Berlinguer, nur eines: man wollte es sich nicht mit den Christdemokraten verderben. Ganz konsequent waren denn auch weder Berlinguer, noch sein Stab, noch natürlich die Gesamtpartei imstande, die Lage nach der Entführung Moros eigenständig zu analysieren, geschweige denn eigene Vorschläge zu erarbeiten. Allzu lange hatte man sich auf das wenige verlassen, was die Regierungsparteien mitteilten. Nun stand man ohne eigene Informationskanäle da; der PCI war wohl am Ende die Partei, die von allen Gruppierungen nur noch herumgestoßen wurde.

Die Sozialisten

Die Sozialistische Partei beansprucht bis heute, während der Moro-Entführung die einzige Gruppe gewesen zu sein, die nur das Leben des Präsidenten im Sinn gehabt habe und daher auch im Ausloten anderer Möglichkeiten als der »fermezza« die richtige Vorgehensweise gesehen habe. Das Wort »Verhandlungspartei« hören die Sozialisten heute allerdings nicht mehr so gerne - immerhin 15 (von 60) Seiten ihres Moro-Abschlußberichtes widmen die PSI-Kommissare dem Nachweis, daß es »nicht eine einzige Initiative« ihrerseits gegeben habe, die »gesetzeswidrig oder gegen Verfassungsprinzipien gewesen« sei[94]; daß sie angesichts der Vorhalte aus den Reihen von DC und PCI den Mehrheitsbericht nicht mitunterschrieben haben, war konsequent. Ihr Minderheiten-Rapport, nach den harten Auseinandersetzungen in der Kommission mit Spannung erwartet, kommt jedoch auch an den entscheidenden Stellen, wo es um den Hintergrund der Affäre Moro geht, nicht über das - immerhin verdienstvolle - Aufwerfen von Problemen hinaus.

Unbestreitbar hatte die Sozialistische Partei Italiens seit jeher eine ausgeprägt humanitäre Ausrichtung, die sie immer wieder auch zum Sachwalter von Minderheiten werden ließ; damit zogen die Sozialisten eine wichtige, von den großen Parteien oft nicht zu integrierende Klientel an sich, auf die sie lange Zeit bauen konnten.

Dennoch muß man, bei genauer Analyse der Vorgänge von 1978 und danach, die Verdienste des PSI doch wesentlich niedriger veranschlagen und im wesentlichen als Bestandteil einer Strategie sehen, die keineswegs nur das Wohl Aldo Moros im Sinne hatte.

Bettino Craxi, derzeit (1984) Ministerpräsident eines Fünfparteienkabinetts, war 1978 gerade eineinhalb Jahre Chef der Sozialisten, und niemand konnte behaupten, daß er auf diesem Posten allzu sicher saß. Denn im Grunde verdankte er seine Wahl der Angst vieler Parteifreunde, man könne infolge des sich anbahnenden »Historischen Kompromisses« an den Rand und aus der Regierung gedrängt werden. Dabei waren gerade die Sozialisten es gewesen, die lange Zeit die Regierungsbeteiligung der Kommunisten gefordert hatten.

Francesco De Martino, Mitte der siebziger Jahre Parteisekretär (Craxi war damals Vize und mit seiner antikommunistischen Linie in der Minderheit), galt allenthalben als »Philokommunist«; ihm schwebte sicher auf längere Sicht eine Volksfront nach französischem Vorbild vor (wobei es allerdings um die Frage der Hegemonie sehr viel problematischer stand, denn anders als in Frankreich waren die Sozialisten in Italien die viel kleinere Partei). Die Einbindung des PCI in die Regierung sah De Martino als grundlegende Voraussetzung einer Lösung der Krise Italiens an. 1975/76 jedoch mußte er sehen, daß die DC unter Moro zwar auf ein Bündnis mit dem PCI hinarbeitete, daß der PSI darin aber gar nicht mehr so recht vorkam. Die brüske Einstellung der Unterstützung für die Regierung Moro brachte dann auch einen nicht mehr auszugleichenden Bruch zwischen dem PSI und der DC-Führung; Moro betonte immer wieder: »Mit den Sozialisten verhandle ich nicht; die fordere ich heraus.«[95]

Aber nicht nur Moros Regierung stürzte (Moro wurde in der Folge davon DC-Präsident); auch De Martino geriet in Schwierigkeiten, geschickt ausgenutzt von Bettino Craxi, der sich nun als Garant einer deutlichen Abgrenzung zum PCI präsentierte - und im Juli 1976 neuer Erster Sekretär wurde.

Aber die Abwahl De Martinos allein genügte nicht, zu stark war noch die philokommunistische Fraktion innerhalb des PSI. Zudem hatte auch Craxi seinem Gegenspieler De Martino angeboten, bei der 1978 fälligen Wahl zum Staatspräsidenten seine Kandidatur durchzusetzen - eine Zusage, die die Craxi-Strömung schon bald reute, blieb doch der Gegenspieler in der öffentlichen Diskussion.

Im April 1977 wurde der Sohn Francesco De Martinos entführt, und erst nach zwei Monaten und einer erheblichen Lösegeldzahlung wieder freigelassen. Aldo Moro kommentierte diese Entführung spontan: »Damit hat wohl der Kampf um die Präsidentenschaft der Republik begonnen« - eine Meinung, der wohl auch viele andere Italiener anhingen. Auf Demonstrationen der außerparlamentarischen Linken skandierten die Teilnehmer am 25. April und am 1. Mai mit Adresse an den damals bereits amtierenden Innenminister Cossiga (DC): »Cossiga non fare il cretino / tira fuori Guido de Martino« (Cossiga, sei nicht dumm, laß Guido de Martino heraus); wie sich zeigen sollte, war die Entführung tatsächlich keineswegs ein von linken Terrorgruppen ausgeheckter Manöver, sondern ein Zusammenspiel De Martino-feindlicher Rechter mit der neapolitanischen Camorra. Um das Lösegeld zahlen zu können, mußte De Martino (so zeigen die P2-Akten) wohl die Hilfe eines rechten Bankiers, Roberto Calvi, in Anspruch nehmen, dem wir im Rahmen der Loge P2 und der Umfunktionierung der Presse bald erneut begegnen werden.[96]

Tatsächlich war die Lösegeldforderung wohl allenfalls Ablenkung: Francesco De Martino sollte wegen seiner politischen Haltung eingeschüchtert werden - da hatte Moro völlig recht; mehr noch: aus seinen Briefen aus dem Volksgefängnis schimmert immer wieder der Verdacht durch, daß auch er einem solchen Komplott zum Opfer gefallen sei. Das Manöver »De Martino« glückte: 1978 wurde er auch von seiner eigenen Partei fallengelassen, als es ums Präsidentenamt ging; gewählt wurde der in der Moro-Affäre als Vertreter der »fermezza« hervorgetretene Sandro Pertini.

De Martinos Ausschaltung machte für Craxi den Weg zur unumstrittenen Herrschaft in dem PSI frei; innerhalb weniger Jahre gelang es ihm trotz fehlender Wahlerfolge (der PSI stagniert seither bei ca. zehn Prozent) seine »Unentbehrlichkeit« zwar nicht beim Volk, wohl aber bei den anderen Parteien durchzusetzen. 1983 erklomm er das Amt des Ministerpräsidenten einer Fünfparteienregierung - unter weitgehender Hintenanstellung aller PSI-Interessen; seine Partei erhielt nicht einmal ein einziges wichtiges Ministerium. Für das bürgerliche Lager ist Craxi allerdings unentbehrlich - war doch er es, der den »Historischen Kompromiß« endgültig scheitern ließ und den PSI auf einen entschieden antikommunistischen Kurs zurückbrachte.

Craxi war stets Taktiker; Taktik bestimmte sein »humanitäres« Engagement im Fall Moro und in den folgenden Ereignissen. Weit davon entfernt, sofort seinen »Humanismus« unter Beweis zu stellen, wartete er mehr als 14 Tage ab, ehe er aus der Phalanx der Falken scherte, und zwar auch erst, als er - am Rande des PSI-Parteitages Ende März - über einen der Verteidiger Renato Curcios, Giovanni Guiso, erfahren zu haben glaubte, daß die DC insgeheim an Verhandlungen dachte. Trotzdem ließ er den »Avanti«, die Tageszeitung des PSI, weiterhin den offiziellen Kurs vertreten; die Parteizeitung erklärte, vor allem durch ihren Chefredakteur Vitorelli, bis in den Mai hinein: »Der Staat kann nicht, er darf nicht weich werden«; und wie die DC-Zeitung berichtete er: »Wir teilen die Meinung von ›Il popolo‹, daß man die Briefe Moros diesem moralisch nicht zurechen kann«.[97]

Am 3. April, beim zweiten Gipfelgespräch der Parteichefs mit Andreotti und Cossiga, machte Craxi den ersten, eher vorsichtigen Einwand gegen die harte Linie und erklärte, daß Verhandeln nicht identisch sei mit Nachgeben.[98] Von einem öffentlichen Ausscheren war noch immer keine Rede. Zwar traf er sich mit Sereno Freato, dem Vertrauten der Familie Moro, und wohl auch mit dem hellhörigen Fanfani - aber erst am 20. April, nachdem die Roten Brigaden ihr Ultimatum von 48 Stunden verkündet hatten, ging er zur offenen Forderung nach einer »staatlichen Initiative« in der Öffentlichkeit über - immerhin mehr als einen Monat nach der Entführung.

Ein PSI-Krisenstab zur Ausarbeitung eines für den Staat wie die BR akzeptablen Austauschangebots wurde wiederum erst fünf Tage später eingerichtet. Am 30. April beklagte sich Craxi gegenüber dem französischen Sozialistenchef François Mitterrand, daß die DC ihm unterstelle, er wolle mit seinem Verhandlungsvorschlag die Stimmen der Katholiken gewinnen.[99]

Daß es innerhalb des PSI eine breite Strömung für Verhandlungen gab, ist unleugbar; Personen wie etwa Giuliano Vasalli, der am Krisenstab der Sozialisten führend beteiligt war, dokumentieren dies: Vasalli war selbst auf Initiative des Heiligen Stuhles durch Austausch 1944 vor der Exekution durch die Deutschen gerettet worden (Moro brachte diesen Fall im Brief vom 7. 4. 1978 an seine Frau ausdrücklich ins Spiel).

Doch es gab auch Gegenstimmen; am deutlichsten die von Sandro Pertini. Der alte Widerstandskämpfer sah in jedem Verhandlungsansatz bereits den Beginn der Liquidierung der Demokratie Italiens: »Ich habe nicht die leiseste Absicht, zum zweiten Mal bei dem Begräbnis der Demokratie dabei zu sein«, erklärte er am 3. 5. 1978 im »Paese sera«.

Das wurde nicht vergessen. Wenige Wochen nach Moros Ermordung trat Staatspräsident Leone wegen der Lockheed-Verdächtigungen zurück. Nach vielen DC- und einem PSDI-Präsidenten schien niemand etwas gegen einen geeigneten PSI-Kandidaten zu haben. Aus der Sozialistischen Partei heraus wurde Giovanni Vasalli vorgeschlagen, der den Gefangenenaustausch vorangetrieben hatte. Vor allem die Kommunisten wandten sich dagegen: Berlinguer beklagte sich bei Zaccagnini über die Anmaßung, einen Mann mit solcher Rolle in der Moro-Affäre zu präsentieren[100]; und gerade rechtzeitig wurde dann auch bekannt, daß Vasalli einen der Hauptangeklagten im Lockheed-Prozeß vertrat - man konnte ihm nun leicht eine irgendwie geartete Komplizenschaft unterstellen. Der PSI zog Vasalli zurück.

Pertini, 82 Jahre alt und schon seit einiger Zeit nicht mehr mit Ämtern betraut, wurde für sieben Jahre zum Staatspräsidenten gewählt.

Der Vatikan

Enge Verwicklungen des Vatikans in die Unterwanderung und Aushöhlung der italienischen Ämter und der öffentlichen Meinungsträger wurden erst in den Skandalen Anfang der achtziger Jahre bekannt. Dennoch war schon 1978 erkennbar, daß der Vatikan im Fall Moro durchaus eine zwiespältige Rolle spielte.

So recht verstanden hat sich Moro mit der dominierenden Strömung im Vatikan eigentlich nur während der kurzen Amtszeit von Johannes XXIII., 1958-63, und auch da offenbar erst gegen Ende dieser Periode. Noch 1960/61, bei Moros ersten behutsamen Schritten auf eine Öffnung zu den Sozialisten hin, hatten die Kirchenoberen dies mit »großer Zurückhaltung« (so das Mailänder Kirchenblatt »L'Italia«, dem späteren Papst Montini-Paul VI. nahestehend), als »Verrat« (Genuas »Nuovo Cittadino«), mit »großer Bestürzung« (Siziliens oberster Kardinal Ruffini) wahrgenommen. Erst eine Reihe persönlicher Interventionen Moros beim päpstlichen Sekretariat sowie ein Handschreiben an Johannes XXIII. konnte hier offenbar eine Veränderung bewirken. Kurz vor dem »Öffnungs«-Kongreß in Neapel 1962 ließ der Papst Moro wissen, daß es keine Einwände seitens der Kirchenführung gegen die Einbeziehung der Sozialisten in die italienische Regierung gebe. Moros siebenstündige Rede auf diesem Kongreß wertete der Papst gemeinsam mit einem Zehnmännerkollegium als voll übereinstimmend mit den jüngsten Enzykliken »Rerum novarum« und »Mater et Magistra«.

Aber dieses Tauwetter dauerte nur kurz; immerhin gelang es Moro dabei erstmals, eine gewisse Autonomie der DC von ständiger Beeinflussung durch den Klerus durchzusetzen. Ein Vorgang, der dem Nachfolger des Johannes XXIII. sehr suspekt war - Montini, in unzähligen Kämpfen mit den »Roten« in Mailand erprobt, sah in Moro eher einen lästigen Demokraten als einen treuen Katholiken. Giuseppe Saragat, ehemaliger Staatspräsident, überlieferte, wie Paul VI. über Moro urteilte: »Das Denken hat er. Aber in seinen Handlungen fehlt es.«[101]

Daß die Öffnung zum PCI vom Vatikan mit größter Sorge betrachtet wurde, war niemandem ein Geheimnis. Zu diesem Zeitpunkt aber hatte sich Moro wohl schon weitgehend von der traditionellen Abhängigkeit der Christdemokraten gegenüber der Kirche emanzipiert. Anders als z. B. Andreotti oder Fanfani, der auch heute noch zum Flughafen eilt, um den heimkehrenden Papst zu begrüßen, suchte Moro nie das Gespräch in den Heiligen Hallen, antichambrierte er niemals bei den Kardinälen. Moros Suche nach italienischer Autonomie richtete sich auch gegen die hegemoniale Macht der katholischen Kirche.

Während der Entführung Moros verhielt sich der Heilige Stuhl einmal mehr unentschieden. Zwar bezog Paul VI. am Palmsonntag, dem 19. März, Moro bei seiner Predigt auf dem Petersplatz in sein Gebet ein - als »einen Menschen, der mir lieb ist«. Weiter aber geschah zunächst nichts. Auch aus privaten Gesprächen wird allenfalls berichtet, daß der Papst einmal gefragt habe: »Was können wir für Aldo Moro tun?«[102] Aber es dauerte noch bis in den April hinein, ehe sich der »Osservatore Romano« etwas klarer äußerte. Bis dahin waren seine diversen Kommentatoren vor allem gegen die »Prediger des Hasses«, die Intellektuellen und nihilistischen Lehrer der Linken, zu Felde gezogen. Nun spürte der Vatikan, daß - im Gefolge von Craxis vorsichtigem Schwenk - im Volk die Verhandlungsbereitschaft doch immer mehr befürwortet wurde; insbesondere tat aber der - dem Papst-Sekretariat zur Kenntnis gebrachte - Brief von Ende März wohl auch seine Wirkung, in dem Moro um »Ermunterung des Heiligen Stuhles« bittet und außerdem den Fall des Professors Vasalli erwähnt. Da überdies der Papst schon 1974 im Falle Sossi seine Vermittlung angeboten hatte, hatte der Vatikan wohl kaum eine andere Wahl, als sich jetzt ähnlich zu verhalten.

Es war bezeichnend, wie vorsichtig dies dann geschah. Zunächst umschrieb der »Osservatore Romano« die Lage am 31. März so: »Die Forderung nach einer Vorleistung mit dem Ziel, die Lösung des schmerzlichen Falles des Abgeordneten Moro zu erleichtern, kann sicherlich den Heiligen Stuhl nicht gleichgültig lassen.« Am 2. April sagte Paul VI. in seiner Eigenschaft als Bischof von Rom: »Seien wir uns dieser dramatischen Ereignisse bewußt, die die geliebte Stadt Rom, meine Diözese, und das ganze Land in Atem halten.«

Wenige Tage später schien es, als hätten sich im Vatikan die Nichtverhandler durchgesetzt. Virgilio Levi, Vertreter der »fermezza«, schrieb am 7. April einen Artikel, in dem er nicht nur die Roten Brigaden dämonisierte (»finsterer Feind«), sondern sich noch härter als die Regierung gegen alle Verhandlungen aussprach.

Aber nicht nur die Politiker und die Kurialen hatten den Papst als Schwachstelle erkannt - auch Moro wußte um die Wankelmütigkeit des Oberhirten. Aus dem Gefängnis heraus nahm er nun den Artikel Levis zum Anlaß, um sich beim Papst persönlich zu beklagen. Montini, der sich seit seiner Predigt jeglicher Stellungnahme enthalten und selbst nach dem Bekanntwerden des Todesurteils kein Wort seiner Sonntagspredigt darauf verwandt hatte, hielt plötzlich einen

Brief in der Hand, in dem Moro scharf und unzweideutig formulierte:

»Hier im Gefängnis habe ich einen strengen Artikel des ›Osservatore Romano‹ zu sehen bekommen, und das hat mich in äußerste Besorgnis gestürzt. Denn diese Stimme, die nicht die der Kirche sein kann, diese andere Stimme ist imstande, jene eben herausgebildeten Kristallisationspunkte zu zerstören - und welch höheren Humanismus gibt es denn als den christlichen? Daher an Eure Heiligkeit - die uns vor einigen Jahren gütigst zu empfangen geruhte - mein und meiner Familie Flehen: Sie sind die einzige Macht, die die italienische Regierung zu einer Geste der Weisheit veranlassen könnte.«

Paul VI. schrieb, wohl gegen den Rat seiner Mitarbeiter, von Hand einen Appell, der von Radio Vatikan in 26 Sprachen verlesen wurde:

»Ich schreibe an euch, Männer der Roten Brigaden: gebt den Abgeordneten Aldo Moro der Freiheit wieder, seiner Familie, dem normalen Leben. Ich kenne Euch nicht, habe keine Möglichkeit zum Kontakt mit Euch. Deshalb schreibe ich öffentlich. ... Ich habe keinerlei Auftrag von ihm, bin an kein privates Interesse ihm gegenüber gebunden. Aber ich liebe ihn als Mitglied der großen Menschheitsfamilie, als Freund im Studium und insbesondere als Bruder im Glauben und als Sohn der Kirche in Christo.
In diesem höchsten Namen Christi wende ich mich an Euch, und Ihr werdet diesen Namen sicher nicht ignorieren, Ihr unbekannten und unversöhnlichen Feinde dieses würdigen und unschuldigen Mannes; ich flehe Euch auf Knien an: Gebt Aldo Moro frei, ohne Bedingungen!«

Die Reaktion der Politiker war eindeutige Ablehnung. Der Brief konnte zudem - der Papst ist ein Staatsoberhaupt - als völkerrechtliche Anerkennung einer Art Bürgerkriegspartei-Status (ähnlich der PLO) für die BR gewertet werden!

Auch das Verhalten innerhalb des Vatikans zeigt, daß der Papst hier wohl einen Alleingang gewagt hatte. Sein persönlicher Emissär, Padre Curione, spielte das Ganze schnell herunter: »Sehen Sie, der Papst ist eben schon sehr alt.«[103] Von nun an schwieg der Heilige Vater. Am 30. April verkündete der »Osservatore Romano«: »Ganz sicher wünscht Moro seine Befreiung nicht, wenn dafür der Staat, die Nation, seine Mitbürger aufs Spiel gesetzt werden.« Und Aldo Moro schrieb als allerletzten Satz vor seiner Ermordung in dem - unvollendeten - Brief an seine Frau: »Der Papst hat wenig getan. Vielleicht hatte er Skrupel.«

Zum Gedächtnis an die Opfer des Überfalls in der Via Fani angebrachte Fotos

Am 24. Januar 1983 verurteilte der römische Schwurgerichtshof (Corte d'assise) 59 von insgesamt 63 Angeklagten im Mammutverfahren gegen die »2. Generation« der Roten Brigaden zu hohen Freiheitsstrafen: 32mal lebenslänglich und über 300 Jahre Zuchthaus für die anderen. Es war der zweite von bisher insgesamt drei Prozessen (die in der Presse als Moro, Moro-bis und Moro-ter numeriert werden); der vorläufig letzte, der 1984 durchgeführt werden soll, sieht sogar 240 Angeklagte in den Gitterkäfigen der festungsartigen Gerichtssäle vor. Daneben wurden und werden vor allem in Oberitalien - u. a. in Turin, Mailand, Genua - Prozesse gegen andere bewaffnete Gruppen wie die »Prima linea« oder die »Communisti combattenti« durchgeführt.

Im eigentlichen, als »Moro-bis« bezeichneten Verfahren ging es um Verbrechen aus der Zeit zwischen 1977 und 1980: insgesamt wurden 17 Morde (darunter der an Moro und seiner fünfköpfigen Eskorte), elf Mordversuche, vier Körperverletzungen, vier Entführungen, vier Attentate auf Sachwerte sowie vier Raubüberfälle verhandelt. Der Entführung, Bewachung und Ermordung Aldo Moros waren dabei 23 Personen direkt angeklagt; davon erhielten 18 lebenslänglich (die meisten davon zur Verschärfung ein Jahr Isolationshaft), einer 30 Jahre, einer 16½, zwei bekamen 16 und einer 13 Jahre.[104]

Die Begründung für die Strafen lieferte der Gerichtshof knapp neun Monate später am 3. Oktober 1983, in einer 1415 Seiten umfassenden Schrift. Sie ist Seite für Seite lesenswert, dokumentiert sie doch die Unfähigkeit, sowohl das Phänomen »Rote Brigaden« auch nur einigermaßen adäquat zu begreifen und zu werten, als auch eine juristisch geradezu unbegreifliche Eilfertigkeit, was die konkrete Zurechnung der Verbrechen zu einzelnen Personen angeht. Statt jedem einzelnen seine Tatbeteiligung im konkreten Fall nachzuweisen, wird die Strafe aufgrund summarischer und kollektiver Zurechnungen erteilt; bei manchen Lebenslänglichen brauchte der Gerichtshof kaum zehn Seiten[105], um die Tatbeiträge samt strafrechtlicher Würdigung darzulegen.

Daß ein Schwurgericht - zwei Berufs- und fünf Laienrichter - völlig überfordert ist, wenn es eine solche Unmenge von Kapitalverbrechen in Verbindung mit dutzenden von Nebendelikten einer derart großen Zahl möglicher oder tatsächlicher Täter zurechnen soll, liegt auf der Hand. Das aber hätte nicht daran hindern müssen, daß der Gerichtshof der Sache wirklich nachgeht. Tatsächlich blockte das Gericht aber nahezu sämtliche Chancen, Hintermänner, Drahtzieher, äußere Einmischungen etc. herauszufinden, nahezu systematisch ab. Selbst die von einzelnen Rotbrigadisten oder Gruppen verfaßten Erklärungen und Rechtfertigungen wurden vorher vom Vorsitzenden oder vom gesamten Gerichtshof zensiert: gerade sie aber hätten, bei eingehender Analyse, an vielen Stellen wichtige Aufschlüsse geben können - mitunter gerade auf das, was durch die Manifeste verdeckt werden sollte.

Ähnlich inkompetent verhielten sich die meisten Mitglieder der Parlamentarischen Untersuchungskommission, die etwa zur selben Zeit ihre Recherchen durchführten und Abschlußberichte (29. Juni 1983) formulierten.

Wie für den Gerichtshof sind zumindest für die Mehrheitsberichterstatter der Kommission der italienische Terrorismus und vor allem die Roten Brigaden ein italienisches und autonomes Phänomen, das auch über die Jahre keinen besonderen Wandlungen unterlag; wie das Gericht findet die Ausschußmajorität zwar einige Verbindungen der BR ins Ausland, dies aber allenfalls auf logistischer Ebene und nur im Zusammenhang mit anderen Untergrundorganisationen (wie der Roten Armee Fraktion der Bundesrepublik und der Palästinensischen Befreiungsfront PLO) oder allenfalls als vorübergehende Infiltrationsversuche ausländischer Geheimdienste vorwiegend in der ersten Hälfte der siebziger Jahre; wie das Gericht verlassen sich die PCI-DC-Kommissare auf mitunter widersprüchliche, unsichere, aus Hoffnung auf Straferlaß gemachte Aussagen »reuiger« Terroristen; und am Ende wird noch eine direkte Verbindung zwischen den Brigaden und anderen außerparlamentarischen Linksgruppen hergestellt.

Wie verworren die Situation innerhalb der Untersuchungskommission insgesamt war, zeigt schon die Tatsache, daß es am Ende nicht weniger als sieben Abschlußberichte gab; neben dem von DC-PCI noch den der Sozialisten (Berichterstatter: Luigi Covatta), der Liberalen (Egidio Sterpa), der Radikalen (Leonardo Sciascia)[106], der Neofaschisten (Franco Franchi), der Linksunabhängigen Senatoren (La Valle) sowie die »Betrachtungen zum Mehrheitsbericht« des ebenfalls linksunabhängigen Abgeordneten Stefano Rodotà.

Sieht man einmal vom Rapport der Neofaschisten ab, die natürlich Moskau für die Zentrale halten, so suchen lediglich die linksunabhängigen Kommissare die damaligen Ereignisse in einen größeren und komplexeren Zusammenhang zu stellen; freilich ist das alles zu knapp geraten und stellt im Grunde auch nur auf einen - allerdings aufschlußreichen - Vergleich mit dem Verhalten amerikanischer Geheimdienste und Politiker ab. Dem Einzelgänger Stefano Rodotà gebührt mit seinen »Betrachtungen« das große Verdienst, den Mehrheitsbericht so konsequent kritisiert zu haben, daß am Ende kaum etwas von ihm übrigbleibt.

Der mit Spannung erwartete Bericht der PSI-Minderheit stellt sich zwar an manchen Punkten scharf gegen die Meinung der Mehrheit; aber es geht in diesem Bericht vor allem darum, die von DC und PCI immer wieder vorgebrachten Anschuldigungen zu entkräften, Craxi und sein Krisenstab seien entschlossen gewesen, durch Verhandlungen Gesetze des Staates oder gar die Verfassung zu verletzen. Ansonsten aber beschränkt sich der PSI-Bericht vorwiegend darauf, unbequeme Fragen auszusprechen, einige Linien der Vorgänge im Umfeld der Entführung ausführlicher darzustellen und die These von der Identität oder auch nur Parallelität von Roten Brigaden und Linksintellektuellenbewegungen (wie der »Autonomia operaia«) zurückzuweisen. Luigi Covatta, PSI-Berichterstatter, hat immerhin eine Erklärung, warum man den Dingen nicht auf den Grund gekommen ist: »Was wollen Sie machen - wir waren in der Minderheit. Weitergehende Beweisanträge wurden sogar schon im Vorfeld der Kommission abgeschmettert.«[107]

Das Ende der Gründergeneration

Eine exakte soziologische und soziographische Analyse des italienischen Terrorismus steht noch aus. Deutlich zu beobachten ist jedoch, daß der Großteil aktiver Kämpfer zumindest in der ersten Phase eher aus dem Bürgertum und engagierten katholischen Bewegungen kommt als aus eigentlich linken oder dem PCI nahestehenden Elternhäusern. Die später besonders radikalen Studenten und Arbeiter standen früher eher den Sozialisten und nicht den Kommunisten nahe: der PSI bot lange Zeit eher Raum für unorthodoxe Diskussionszirkel und breiter angelegte Auseinandersetzungen als der hierarchische und kadermäßig organisierte PCI. Auch heute ist das differenzierte Einschätzungsvermögen vieler Aktionen der außerparlamentarischen Linken bei den Sozialisten wesentlich stärker ausgeprägt als in allen anderen Parteien, sieht man einmal von der kleinen (aber sehr aktiven) pazifistischen Radikalen Partei ab.

Traditionell wird die Entstehung der Roten Brigaden mit einer Gründerfigur und einem Gründungsort versehen: erster Organisator war danach Renato Curcio, der sein Tätigkeitsfeld in der Universität Trient hatte (die aus dem 1962 errichteten »Instituto Superiore di Scienze Sociali« hervorgegangen ist).[108] Curcio, 1941 in Monterotondo bei Rom geboren, Soziologiestudent mit hervorragenden Zeugnissen, seit 1969 mit der ebenfalls zur ersten BR-Generation gerechneten Margherita (Mara) Cagol verheiratet (sie kam 1975 bei einem Feuergefecht mit der Polizei um), entwickelte Mitte der sechziger Jahre zuerst die Idee der »Negativen Universität«, in der vor allem die Theorie des revolutionären Umsturzes betrieben wurde. Nach dem Scheitern dieses Projekts und den ersten harten Auseinandersetzungen im Rahmen von Arbeitskämpfen und Studentenunruhen führte Curcio den Gedanken des bewaffneten Kampfes in die Diskussion ein - und wurde, nun schon aus dem Untergrund heraus, einer seiner ersten »Praktiker«. 1970 soll er seiner Gruppe den Namen »Brigate rosse« gegeben haben. Auf das Konto der Gruppe ging, von ihr reklamiert oder von Fahndern zugerechnet, Mitte der siebziger Jahre bereits eine ganze Reihe von Anschlägen: die Entführung des Direktors von SIT-Siemens in Mailand, Idalgo Maschiarini, des Gewerkschafters Bruno Labate in Turin, des FIAT-Personalchefs Ettore Americo (hierbei wurde erstmals ein »Prozeß« veranstaltet), des Staatsanwaltes Mario Sossi in Genua (der in einem »Volksgefängnis« ebenfalls verhört wurde) - sowie die Ermordung zweier junger Neofaschisten in Padua, kurz nachdem in Brescia eine von Faschisten gelegte Bombe bei einer antifaschistischen Kundgebung sieben Menschen getötet hatte. Knapp ein halbes Jahr nach seiner ersten Inhaftierung (1974) wurde Curcio von einem BR-Kommando aus dem Gefängnis in Monferrato Casale befreit, elf Monate danach jedoch wieder festgenommen. Während der Moro-Entführung war schließlich der Prozeß gegen die »capi storici« der Roten Brigaden in Turin gerade wieder in Gang gekommen - nachdem eine Einschüchterungs- und Attentatswelle den Fortgang monatelang verschleppt hatte.

Trotz der zweifellos engen Verbindung Curcios mit den ersten spektakulären Aktionen der siebziger Jahre hat der italienische Terrorismus natürlich viel weiter zurückliegende Wurzeln; wenn man will bis weit ins vorige Jahrhundert hinein: schon Marx und Engels mußten verwundert zur Kenntnis nehmen, daß der wissenschaftliche Sozialismus in Italien (und den meisten romanischen Ländern) kaum eine Chance hatte und stattdessen der Bakuninische militante Anarchismus Triumphe feierte. Der Terrorismus der siebziger Jahre unseres Jahrhunderts wiederum gründete teilweise in einer sehr lebendig gehaltenen Erinnerung an die »resistenza« gegen den Faschismus (und die deutsche Besetzung), zum anderen aber auch in der Neigung vieler Italiener, sich staatliche und gesellschaftliche Ungerechtigkeiten nicht einfach gefallen zu lassen.

Zudem wurden terroristische Ansätze zusätzlich durch die spezifische Form des ausbeuterischen Kapitalismus in Italien der Nachkriegszeit enorm gefördert; so schreiben einige Angeklagte des »Prozesses 7. April« (Mario Dalmaviva, Luciano Ferrari Bravo, Toni Negri, Oreste Scalzone, Emilio Vesce, Lauso Zagato) 1979 aus dem Gefängnis von Rebibbia:

»In anderen Ländern, wie in den USA oder in der BRD, ist das Problem der gesellschaftlichen Kontrolle auftauchender proletarischer Schichten, neuer Formen proletarischen Kampfes und neuer Bedürfnisse seit Jahren ins Zentrum der Gesellschaftspolitik jener Regierungen aufgerückt worden: riesige finanzielle Mittel sind aufgewendet worden, und große Initiativen sind zustande gekommen. In der Unmöglichkeit einer *politischen* Lösung ist eine *gesellschaftliche* zur Anwendung gelangt. Dem knauserigen und kurzsichtigen Machtblock in Italien ist es dagegen nicht einmal gelungen, das Problem auf die Tagesordnung zu setzen: man muß sagen, daß er es mit einem Jahrzehnt Verspätung entdeckt hat, als die Dynamik der sozialen Opposition eine enorm starke Intensität erreicht hatte und das Gefüge der sozialen und institutionellen Krise in Bürgerkriegsterrain umzuwandeln drohte.«[109]

Bereits Mitte der sechziger Jahre wurden in Italien Widerstandsformen diskutiert, die sich an Erfahrungen in der Dritten Welt, vor allem in Südamerika orientierten; der Mailänder Fabrikantensohn, Verleger und einstige Widerstandskämpfer Giangiacomo Feltrinelli förderte derartige Bestrebungen (1972 kam er unter ungeklärten Umständen bei einer Bombenexplosion ums Leben). In einer mehrjährigen Entwicklung wurde nach und nach neben der Gewalt gegen Sachen (Sabotage in Betrieben, Unbrauchbarmachen öffentlicher Einrichtungen, Angriffe auf den Privatbesitz von Managern, etc.)

auch die Gewalt gegen Menschen diskutiert und praktiziert. Zu den wichtigsten Auslösern dafür gehörten (und das wird gern vergessen) die Erfahrungen, die Italien Ende der sechziger Jahre mit dem terroristischen Neofaschismus machte - mit der Nachsicht, die die Behörden gegen diesen übten.

1969 nennt die landesweite Statistik nur ein einziges Attentat (ohne großen Schaden noch dazu), das auf das Konto einer linken Gruppe geht (die sich »Internazionale anarchica gruppo Marius Jacop« nannte); auf der anderen Seite gab es jedoch im gleichen Jahr 164 eindeutig neofaschistische Gewalttaten, die insgesamt 21 Todesopfer forderten.[110]

Auch 1970 (204 gegen 12), 1971 (274 gegen 9), 1972 (226 gegen 49), 1973 (219 gegen 31) und 1974 (254 gegen 81) überwiegen die Anschläge der Rechten. Zu dieser Zeit läßt sich noch kein Mord linker Gruppen nachweisen, wohl aber wurden mindestens 40 Menschen durch die neofaschistischen Anschläge getötet. Verurteilt wurde dafür bis heute aber faktisch niemand.

Erst im Herbst 1974 kommt es zum ersten tödlichen Anschlag linker Terroristen: die erwähnte Ermordung der beiden jungen Neofaschisten, die den Roten Brigaden zugeschrieben wird. 1972 buchten die Fahnder auf das Konto der BR 28 Attentate, 1973 dagegen nur sieben, 1974 aber erneut 25, und trotz der Festsetzung des »historischen Kerns« (Curcio, Franceschini u. a.) verstärkte sich die Aktivität 1975 auf 30, 1976 auf 53 Anschläge. Zu dieser Zeit begann sich die Zahl der linken Anschläge derjenigen der rechten anzunähern: 1975 wurden 131 neofaschistische Aktionen gegenüber 124 linksextremen gezählt; 1976 waren es bereits 263 linke gegen 159 rechte Anschläge.[111] Dieser Anstieg ging allerdings keineswegs allein auf die Roten Brigaden zurück, sondern auf die geradezu sprunghaft steigende Anzahl kleiner und kleinster bewaffneter Grüppchen. 1976 weist die Statistik schon mehr als 400 namentlich benennbare von den BR unabhängige bewaffnete Gruppen aus, und immerhin zwei Dutzend von ihnen konnten in mehr als zehn Attentaten wiedererkannt werden.[112]

Zu dieser Zeit saß der »historische Kern« der RB längst im Gefängnis, etwa Alberto Franceschini, Mario Rossi, Giuseppe Battaglia, Augusto Viel, Rinaldo Fiorani, Aldo De Scisciolo, Cesare Maino, Gino Pacciardo, Silvio Malagoli, Adolfo Sanguineti, Paolo Maurizio Ferrari, Massimo Maraschi, Alfredo Buonavita, Roberto Ognibene und natürlich Renato Curcio; Prospero Gallinari, ebenfalls 1975 festgesetzt, konnte 1977 ausbrechen - er wurde erst 1980 wieder inhaftiert und 1983 als angeblicher Moro-Mörder verurteilt.

Trotz dieser Zerschlagung des historischen Kerns gingen die Attentate weiter - 1977 rechneten die Fahnder dem Linksterrorismus 777 Anschläge zu, wovon auf die Roten Brigaden 56 entfallen sollen, 1978, dem Jahr der Moro-Entführung, waren es, bezogen auf den Linksextremismus, 1118, davon den BR zugeschrieben 106.[113]

Dennoch: Waren die Militanten, die sich da jeweils im Namen der Roten Brigaden zu Anschlägen bekannten, noch in organisatorischer wie inhaltlicher Verbindung zu denen, die diesen Namen einst erfunden und für sich beansprucht hatten?

Infiltration

Sicher ist: Schon früh gelang es den italienischen Fahndern, im »inneren Kern« des Linksterrorismus Spitzel zu plazieren sowie einzelne Mitglieder für ihre Zwecke dienstbar zu machen.

Drei Fälle wurden dabei besonders bekannt und heftig diskutiert: Marco Pisetta, Silvano Girotto und Carlo Fioroni.[114] Sie waren keineswegs die einzigen: spätestens seit 1970, und vermehrt seit der für die Region Turin zuständige Carabinieri-General Carlo Alberto Dalla Chiesa 1974 die Leitung des Antiterrorkampfes übernahm, wurden die Roten Brigaden von V-Leuten der Polizei geradezu durchsetzt.

Marco Pisetta wurde der erste landesweit bekannte »Fall«. Pisetta, 1945 in Gardolo bei Trient geboren, wurde 1968 Mitglied in dem marxistisch-leninistischen »Partito communista d'Italia« (nicht zu verwechseln mit dem PCI), in der damals auch Renato Curcio arbeitete. Die eigentliche Politisierung erfolgte, laut Pisetta, nach den neofaschistischen Straßenschlachten in Unteritalien (Battipaglia 1970, zwei Tote, 200 Verletzte), wonach er Briefbomben verschickte und weitere Attentate ankündigte, um »eine Antwort auf Battipaglia zu geben«.[115]

Aber schon am 14. Mai 1970 stellte er sich in Verona der Polizei, wurde einige Monate inhaftiert, dann auf Bewährung freigelassen, schloß sich der außerparlamentarischen Opposition in Trient an, suchte Kontakt zu den illegalen (damals aber noch weitgehend auf unerlaubte Radiosendungen beschränkten) »Gruppi armati proletari« (GAP), die mit Feltrinelli in Verbindung gebracht wurden, verschwand nach dem Tod Feltrinellis für einige Zeit, wurde dann Mitte 1972 wieder verhaftet, als er gerade mit einem Originalschlüssel die als konspirativ enttarnte Wohnung des Rotbrigadisten Giorgio Semeria öffnen wollte: erstaunlicherweise dauerte die Haft nur vier

Tage; vor dem Untersuchungsrichter Ciro de Vincenzo gab Pisetta eine »spontane« Aussage zu Protokoll, 22 Seiten, mit konkreten Namensangaben von Gruppenmitgliedern linker Zellen sowie von Leuten, die ihn auf seinen Kreuz- und Querfahrten durch die italienische linke Szene beherbergt und betreut hatten. Danach verschwand er aus Italien, Spuren fanden sich u. a. in Österreich und der Bundesrepublik - dort hinterlegte er beim Münchner Notar Oberacher ein 93-seitiges »Memoriale«, das einer Geschichte der ersten Jahre der Roten Brigaden gleichkommt und zahlreiche linke Studenten, Arbeiter, Professoren mit kriminellen Aktivitäten zu belasten suchte. Danach reiste er durch die Schweiz, durch Portugal, Spanien und die Bundesrepublik (wo er bis Oktober 1974 blieb).

Inzwischen waren auch die Rotbrigadisten auf der Suche nach Pisetta; nach Aussage eines Mitgründers der Roten Brigaden, Alfredo Buonavita, reisten Killerkommandos (darunter Buonavita selbst)[116] dem redseligen Genossen quer durch Europa nach, ohne ihn allerdings ausschalten zu können. Vorzüglicher Grund für die Wut der Brigaden: offensichtlich hatte Pisetta bei Inhaftierungen Renato Curcios die entscheidenden Hinweise gegeben. Mitunter meldete er sich und rechtfertigte seine indiskreten Aussagen. (Z. B. so: »Beim ersten Mal habe ich der Polizei einige Informationen gegeben, weil ich aus dem Gefängnis rauswollte. Beim zweiten Mal habe ich aus Angst mit denen zusammengearbeitet.«) Außerdem sei das »Memoriale« vom Staatssicherheitsdienst SID geschrieben worden, »um ein paar hundert Linke in die Sache zu verwickeln«.[117] Tatsache ist, daß die Geheimdienste jederzeit wußten, wo Pisetta sich aufhielt, ihn aber nicht festnahmen, daß die meisten Passagen des »Memoriale« ausschließlich auf seinen Angaben beruhten - und daß er sich in den späten siebziger Jahren mit polizeilicher Hilfe verborgen halten konnte, um sich dann nach Verabschiedung der Gesetze über die »pentiti« gerade rechtzeitig zu stellen und entscheidend auszusagen.

Auch der zweite V-Mann in den BR, Silvano Girotto, hat bei der Festnahme von Brigadisten - u. a. Franceschinis und Curcios - mitgeholfen.[118] Er war allerdings von Anfang an niemals Sympathisant der BR, sondern ausschließlich als Agent provocateur in die Brigaden eingeschleust worden. Girotto, 1939 in Caselle geboren, hatte schon bei seiner Infiltration in die Brigaden eine bewegte Laufbahn hinter sich: Neben kriminellen Delikten von Diebstahl bis Raub hatte er sich auch legal versucht, vor allem als Missionar - mal als Franziskaner (weshalb er später den Beinamen »frate mitra«, Bruder Maschinenpistole, bekam), mal als Laienprediger, mal als Heidenbekehrer in Lateinamerika; dann war er bei der Fremdenlegion in Algerien, desertierte und wurde deswegen eingesperrt; dazwischen versuchte er sich als Schriftsteller - woraus zwei Bücher entstanden, die wegen darin enthaltener Schilderungen von Beziehungen zu Sondereinheiten der Turiner Polizei bei den Ermittlern nicht gerne gesehen wurden. Vor allem aber hatte er sich dem Kampf gegen alles Linke verschrieben. Er schrieb: »Ich glaube, daß ich durch meine Initiativen viele Menschen gerettet habe; ich denke an die vielen jungen Menschen, die jetzt nicht mehr zu Mördern werden . . .« Mitunter dankte er dann »Gott, daß ich so bin, wie ich bin«, auch »wenn die Menschen das alles nicht verstehen . . .«.[119] Für die Polizei war er jedenfalls in den frühen siebziger Jahren beim Zerschlagen der ersten Generation der Roten Brigaden wie anderer linker Gruppen der wichtigste Agent.

War die Nützlichkeit polizeinaher »Brigadisten« in den Terrorgruppen meist auf relativ wenige Monate oder Jahre beschränkt, so war die Tätigkeit von Carlo Fioroni von geradezu unglaublicher Dauer. Er steht noch heute im Mittelpunkt zahlreicher Zeugenaussagen gegen linke Gruppen.

Fioroni, 1943 in Cittiglio (Varese) geboren, betätigte sich zunächst in den GAP. Nach dem Tode Feltrinellis verschwand er - es entstand der Verdacht, daß er bei der tödlichen Explosion unter dem Mailänder Hochspannungsmast die Hand im Spiel gehabt habe. Später stellte sich heraus, daß er wohl in die Schweiz entwichen war. 1974 unternahm er mit einer Handvoll Freunden die Entführung des Ingenieurs Carlo Saronio, mit dem er befreundet war, verlangte und bekam 470 Millionen Lire (damals ca. 1,3 Millionen DM) Lösegeld - und brachte seinen Freund um.[120] Genossen aus der Szene der »Autonomia operaia« wurden von Fioroni, z. T. aus dem Untergrund, mit wichtigen Dokumenten versorgt.

Ende 1974 wurde er, mit Geld aus der Erpressung in der Tasche, in der Schweiz festgesetzt, später dann in Italien wegen des Mordes zu 27 Jahren Zuchthaus verurteilt. Danach wurde es still um ihn - bis im Jahr 1979 nach der spektakulären Polizeiaktion gegen die Mitglieder der »Autonomia operaia« schnell alle die Anfangsbeschuldigungen zusammenbrachen, die Justiz in große Beweisnot geriet und Ministerpräsident Cossiga Ende 1979 eiligst das Amnestie-Gesetz für »Geständige« durchsetzte: Fioroni war plötzlich wieder im Gespräch. Am Tag nach dem Inkrafttreten des Gesetzes präsentierten die Staatsanwälte ihn als Kronzeugen gegen die »Autonomia operaia«. Zum Dank für seine - teils wirren, teils von anderer Seite bald widerlegten, sogar von General Dalla Chiesa in Zweifel gezogenen - Aussagen wurde er 1983 entlassen, nach Verbüßung von nicht einmal einem Drittel der für seinen Mord an Saronio ausgesprochenen Strafe.

Diese Durchdringung der terroristischen Szene und der legalen linken Gruppen durch italienische Polizeispitzel, Provokateure und Agenten der Fahndungsorgane ist aber nur die eine Seite des Umgangs mit extremen Gruppen. Die andere: das ist die Infiltration durch verschiedene politische Geheimdienste - vor allem ausländischer Provenienz.

Daß der italienische Terrorismus der frühen siebziger Jahre ein autonom italienisches Phänomen ist, kann als sicher gelten. Darin stimmen auch alle Kommentatoren überein. Erstaunlich jedoch, wie die Frage einer möglichen Transformation der Roten Brigaden und ihre Instrumentalisierung von außen heute behandelt wird. Da besinnen sich plötzlich alle (Politiker, Richter, Journalisten) darauf, daß man selbst Vermutungen diesbezüglicher Art nur aufgrund ganz, ganz sicherer Beweise äußern dürfe - nach denen dann aber, kurioserweise, niemand sucht.

Ganz anders jedoch, wenn es gilt, möglichst viele Linke als Komplottschmiede zu denunzieren. So werden im Vorwort Ugo Pecchiolis zu Mauro Gallenis Auflistung aller terroristischen Gewalttaten von 1969 bis 1980 zwar die 1979 verhafteten Mitglieder der »Autonomia operaia« wie bereits rechtskräftig Verurteilte abqualifiziert (»Im Laufe des Jahres 1979 erlitt der Terrorismus, wie die folgende Entwicklung zeigen sollte, einen ersten schweren Schlag durch die Initiative des 7. April seitens der Paduaner Justiz«)[121], obwohl die Beweise so dürftig sind, daß erst vier Jahre später ein wackeliger Prozeß beginnen konnte. Aber die bei Drucklegung des Buches 1980 zumindest in Umrissen bekannten Verwicklungen ausländischer und inländischer Geheimdienste und obskurer Zirkel werden mit wenigen Sätzen unter dem Deckmantel der »vorsichtigen Behandlung« faktisch übergangen und nicht weiterverfolgt:

»Es ist hinreichend gesicherte Tatsache, daß der italienische Terrorismus seine Wurzeln hier, in Italien, hat. Dennoch darf man die Hypothesen ausländischer Einmischungen in den Terrorismus, seine Nutzung zur Bestimmung der italienischen Politik nicht völlig von der Hand weisen. Die zeitgenössische Weltgeschichte ist voller Beispiele davon. Aber dafür sind Belege notwendig, Nachforschungen nach Beweisen. Das haben die Kommunisten immer gefordert; sie haben die Regierung aufgefordert, eine ständige und wirkungsvolle Betätigung der Nachrichtendienste im Gesamtkreis von 360 Grad zu garantieren. Anspielungen dienen dazu aber nicht, sondern sind - auf einem derart delikaten Gebiet - eher schädlich und führen auf Abwege.«[122]

Auch die Moro-Kommission hat sich nicht weiter vorgewagt. Die

Majorität (DC-PCI) listet akribisch, aber völlig ohne Auswertung die in den Hearings zutagegekommenen Behauptungen auf - und kommt dann zu dem mageren Ergebnis:

»Trotz der Überzeugung, daß man die Frage weiter vertiefen muß (!), meint die Kommission, genügend Aspekte aufgegriffen zu haben, um ein erstes begründetes Urteil über die internationalen Verbindungen der italienischen Terrororganisationen zum Ausdruck bringen zu können. . . . Der Terrorismus ist ohne Zweifel ein autochthones Phänomen, das in Italien entstanden und organisiert und durchgehend von italienischen Planern geleitet wurde, allem voran vom sogenannten ›historischen Kern‹ der BR, der noch lange Zeit aus dem Gefängnis heraus seine hegemoniale Rolle ausgeübt hat. Die BR stützten sich auf die Hilfe italienischer und auswärtiger Sympathisanten in anderen europäischen Ländern, so daß ihre Kämpfer Unterkunft und Schutz in Zeiten größerer Gefahr finden konnten. Unter diesem besonderen Aspekt waren den terroristischen Organisationen die logistischen Netze von Nutzen, die in Frankreich bestanden. Es gab Kontakte und den Austausch von Erfahrungen, Waffen und Verstecken mit anderen Terrororganisationen, aber nur die mit der deutschen RAF hatten eine gewisse Kontinuität. . . . Seitens ausländischer Geheimdienste gab es Versuche, Kontakte mit den BR anzuknüpfen und zwar vermittels von Angeboten von Waffen und Geld, zum Zwecke einer Dienstbarmachung. Derartige Angebote wurden nicht weiterverfolgt aufgrund des äußersten Mißtrauens der BR gegenüber allen Geheimdiensten.«[123]

Genau das, wir werden es sehen, ist die Frage.

Die PSI-Minderheit erweckt zwar an mehreren Stellen den Eindruck, als wolle sie der Sache auf den Grund gehen, ringt sich dann aber nur zu einigen mehr oder weniger undeutlichen Anmerkungen durch, die in folgender Konklusion enden:

»Wenn diese Verbindungen im Fall Moro eng waren, kann der vorliegende Bericht das nicht beweisen, genauso wie die Kommissionsmehrheit das Gegenteil nicht beweisen kann.«[124]

Dann folgt eine Klage über die mangelnde Zusammenarbeit mit den Sicherheitsbehörden. Wichtigstes Zeugnis zur Bestätigung internationaler Zusammenhänge indes:

»Übrigens wurde die Überzeugung von der Existenz internationaler Verbindungen des italienischen Terrorismus bereits oftmals von berufener Stelle aus durch Staatspräsident Pertini geäußert, der sich implizit auch auf die Erfahrungen in der Türkei berufen hat, dessen geopolitische Lage in vieler Hinsicht ähnlich der unseren ist.«[125]

Wenigstens einen kleinen Ansatz zu einer Erhellung bietet, wie erwähnt, der Bericht der Linksunabhängigen - aber auch sie stützen sich lediglich auf gewisse, wenn auch sinnvolle Analogien, etwa die CIA-Aktionen in Chile, Reagans Interventionspläne in Lateinamerika, den Bericht des ehemaligen CIA-Direktors William Colby (der jedoch, was Italien angeht, allenfalls die fünfziger und sechziger Jahre behandelt): den konkreten Einflüssen ausländischer Mächte in Italien auf den Grund zu gehen, war offenbar auch diesen Berichterstattern unmöglich.

Schließlich: Das Urteil des römischen Schwurgerichts im Prozeß »Moro-bis« gegen die Roten Brigaden. Können sich zumindest die Minderheiten-Berichterstatter der Moro-Kommission auf den Widerstand der Mehrheit, kann sich der Ausschuß insgesamt u. U. auf gewisse rechtliche Einschränkungen seiner Kompetenzen berufen, so hatte der Gerichtshof alle nur denkbaren Möglichkeiten, der Sache auf den Grund zu gehen. Doch kaum etwas dergleichen geschah: weder wurden ausländische Botschaftsangehörige geladen und über die Tätigkeit ihrer Nachrichten- und Manipulationsdienste gehört, noch wurden die von einer Reihe von Zeugen (u. a. der Familie Moro), von geständigen Terroristen und von Verteidigern und Nebenklägern berichteten oder gemutmaßten Zusammenhänge ausreichend vertieft. Im Gegenteil, in dem Urteil heißt es:

»Es gibt nicht einen Beweis, nicht ein einziges Indiz, nicht eine einzige Seite im gesamten Prozeß, die zur Hypothese berechtigen würde, beim Fall Moro handle es sich um eine Verschwörung des ›palazzo‹ (der ausübenden Machtträger, W.R.). . . . Das Regiebuch der Untaten im Fall Moro wurde von den BR angeordnet, und nichts kann andere Mutmaßungen rechtfertigen.«[126]

Sicher, da gibt es »einen alarmierenden Zusammenhang mit ausländischer Komplizenschaft« - der im Urteil aber nur ganz allgemein erwähnt wird: vor allem Verbindungen zu den auswärtigen bewaffneten Gruppen, zur RAF in der Bundesrepublik, zur ETA in Spanien, zur IRA in Irland, zur PLO im Orient werden angeführt, dazu einige, aber nicht erfolgreiche Versuche israelischer Stellen, einige natürlich nichtautorisierte Ansätze der CIA, ein paar KGB-Anhänger möglicherweise. Jedenfalls gilt, so der Gerichtshof:

»Die Entstehung des Terrorismus kann auf keinen Fall Initiativen angelastet werden, die von außerhalb der Landesgrenze Beschlüsse fassen und Planungen durchführen.«[127]

Den Gerichtshof kümmern die Ungereimtheiten des Falles überhaupt nicht. Stattdessen wendet er sein Mitgefühl den italienischen Geheimdiensten zu, die (was aber keineswegs eine Verschwörung des ›palazzo‹ ist!) damals offenbar ganz besonders bedauernswert waren. Denn:

»Sie waren zerstückelt, psychologisch blockiert, desorganisiert, gar mit Angelegenheiten beschäftigt, die außerhalb ihrer institutionellen Aufgaben liegen.«[128]

Möchte sein - nur mit welchen Angelegenheiten? Auch hier gibt der Gerichtshof keine Antwort. Das Gericht - respektive der autoritär herrschende Vorsitzende Severino Santiapichi - achtete streng darauf, daß nichts in den Prozeß eingeführt wurde, das den Rahmen der Betrachtungen über die konkreten Morde und Gewalttaten hinaus erweitert hätte. Das, so der Gerichtshof, sei wohl auch eher Aufgabe der »nützlichen« Arbeit der Parlamentskommission[129], die einen weiteren Rahmen ziehen und vor allem die politischen Aspekte beleuchten könne - als ob hier Kriminelles von Politischem zu trennen wäre. Konsequenterweise verweist umgekehrt die Moro-Kommission immer wieder auf ihre beschränkten Vollmachten, die eben enger seien als die eines regulären Strafgerichts.[130]

In Wirklichkeit verweisen all diese kunstvollen Formeln auf nichts anderes als auf die fast manische Angst, sich der Frage nach einer Umfunktionierung der Roten Brigaden durch Geheimdienste und andere obskure Mächte zu stellen. Es ist genau der Punkt, an dem z. B. die Familie Moro nach mehr als fünfjährigem Kampf faktisch resigniert hat - dutzende und aberdutzende ihrer Hinweise auf die ständige Bedrohung Aldo Moros (keineswegs nur durch Desperados oder die Terrororganisationen!) wurden beiseitegeschoben.

Die von Eleonora Moro ständig wiederholte These, daß die Roten Brigaden allenfalls Handlanger für andere waren, fand höchstens mildes Kopfschütteln, meist jedoch ärgerliche und aggressive Zurückweisung.

Moros Würde und das Interesse an seinem Tod

Sindona-Kommissar D'Alema   P 2-Kommissar Bellocchio

Moro-Ausschuß-Initiator Cervone

P 2-Ausschuß-Vorsitzende Anselmi

Sindona-, P 2-Kommissar Teodori

Moro-Kommissar Covatta

Affären-Bearbeiter

Die ersten Interpretationen, meist schon wenige Stunden oder Tage nach der Entführung formuliert und lange Zeit zäh verteidigt, bekamen in den Monaten und Jahren nach der Ermordung zunehmend Risse - eine erstaunte Öffentlichkeit erfuhr immer mehr Einzelheiten, die so gar nicht zu dem passen wollten, was die Politiker und Ermittlungsbehörden und die von Selbstzensur geprägte Presse seinerzeit berichtet hatten.

Da stellte sich schon bald nach der Entdeckung von Moros Leiche heraus, daß die nach der Entführung verbreiteten Gerüchte völlig haltlos waren, wonach der DC-Präsident sowieso schwer krank sei; da erwiesen sich Berichte als frei erfunden, eine der Frauen, deren Mann als Eskortenpolizist in der Via Fani getötet worden war, habe mit Selbstmord gedroht, falls man mit den Terroristen verhandle, respektive auch nur einen der ihren freilasse; da kam, im Verlaufe eines halben Jahres, zutage, daß nicht nur die neun *veröffentlichten* Briefe von Moro aus dem Gefängnis hinausgegangen waren, sondern mindestens 25 - die meisten davon an Politiker und mit brisantem Inhalt. Da konnten die Italiener auch erfahren, daß und wie (nämlich mit Straßensperren) man die Familie Moro an Außenkontakten zu hindern gesucht hatte, und da hörte man plötzlich, daß trotz angeblich geschlossener Linie spätestens seit Anfang Mai auch hohe DC-Leute (u. a. Fanfani) und Fahnder (Staatsanwalt Vitalone) auf dem Verhandlungspfad waren. Da erkannte man plötzlich, daß die Verstecke der Rotbrigadisten in Rom z. T. wesentlich früher hätten entdeckt werden können, wenn der römische Vizequästor Elio Cioppa den Hinweis einer Freundin auf die Via Gradoli (wo die logistische Basis des Rotbrigadisten Mario Moretti war) ernstgenommen und die Polizei die erstaunlicherweise in einer spiritistischen Sitzung bei einem gewissen Professor Clò in der Nähe Bologna erfolgte Nennung des Namens »Gradoli« nicht nur oberflächlich weiterverfolgt hätte: zuerst hatte es geheißen, es gebe gar keine Via Gradoli in Rom - was Eleonora Moro anhand des Straßenverzeichnisses widerlegte -, dann, daß man da längst durchsucht hätte: wie sich herausstellte, war jedoch ausgerechnet die Nummer 96, Morettis Versteck, ausgelassen worden - »weil gerade niemand zu Hause war und der junge Mann auf die Nachbarn einen ruhigen Eindruck machte«, wie Cioppa in seiner Aussage treuherzig erklärte. Dann zeigte sich, daß man die Druckerei, in der die Manifeste der Roten Brigaden gedruckt wurden (Via Pio Foà) erst am 17. Mai 1978 durchsucht hatte, obwohl die darin arbeitenden Personen schon seit Ende März 1978 durch Hinweise aus der Bevölkerung als verdächtig angezeigt und nach angeblich langer - allerdings nur sporadischer - Beschattung am 7. Mai die richterliche Durchsuchungserlaubnis begehrt worden war (weil man, nach Aussage der Fahnder, zuerst noch weitere Verdächtige beobachten wollte und dann, nach dem Tod Moros, sowieso nicht mehr so in Eile war).[131]

Besonders eindrucksvoll widerlegt wurde die anfangs vertretene These, daß Moros Briefe nicht ihm selbst zuzurechnen seien, daß er unter Zwang schreibe; ja, daß er unter dem »Stockholm-Syndrom« leide (einer Verhaltensweise, die angeblich während der Besetzung der Stockholmer Botschaft durch deutsche Terroristen zu beobachten war und durch den engen Kontakt von Geisel und Geiselnehmer geschieht: der Entführte oder Gefangengehaltene nähert sich seinem Wärter an, sucht gar eine Art Zusammenarbeit mit ihm). Ober-Fahnder Claudio Vitalone, der gemeinsam mit dem Andreotti-Flügel diese These besonders eifrig vertreten hatte, heute dazu: »Wir wissen jetzt, daß Moro immer seine Würde bewahrt hat.«[132]

Wie eine ganze Reihe aufgefundener Dokumente zeigt, unter anderem das sogenannte »Memoriale«, die mutmaßliche Niederschrift des »Verhörs« während seiner Entführung, ließ sich Moro nie auf eine Zusammenarbeit mit den Roten Brigaden ein; wahrscheinlich wurde diese auch nicht gefordert. Für die BR hätte das nämlich bedeutet, daß sie genau das getan hätten, was sie ihrerseits dem Machtkartell - und damit Moro - vorgeworfen hatten: die Persönlichkeit ihrer Gefangenen zu zerstören. Lediglich hinsichtlich der nach draußen transportierten Lösungsvorschläge - die möglicherweise von Moro selbst ersonnen wurden - gab es offenbar eine Abstimmung; schließlich sollten sie ja, aus der Sicht Moros, der Rettung seines Lebens dienen.

Wie groß die Abwehr gegen solche Erkenntnisse war, zeigt das Verhalten der DC-Spitze gegen jene, die Moros Integrität bestätigten. Vittorio Cervone, DC-Senator in Latina, einer von Moros engsten Freunden (und von ihm aus dem Gefängnis heraus als besonders wichtiger Helfer für eine Lösung benannt), erklärte bereits bei Bekanntwerden der Briefe, daß diese authentisch seien - »als ich sie las, dachte ich, ihn reden zu hören: er schrieb genauso, wie er auf Kongressen seine Ansprachen hielt«[133]; und als die immer haarsträubenderen Erkenntnisse im Laufe des Jahres 1978 bekannt wurden, forderte der Senator - konsequent, aber als einziger DC-Politiker von Rang - die Einsetzung einer parlamentarischen Untersuchungskommission. Die Rache für solche Unbotmäßigkeit folgte auf dem Fuß: innerhalb weniger Monate wurde Cervone innerhalb der Partei isoliert und seiner Ämter beraubt.

In der zweiten Hälfte des Jahres 1978 wurde Italiens Öffentlichkeit durch all diese Vorgänge immer deutlicher sensibilisiert: man wurde sich klar, daß die Verantwortlichen während der Entführung nicht nur mit illegalen Mitteln (z. B. der Nichteinberufung des von Moro aus dem Gefängnis heraus befohlenen Sonderparteitages der DC) und Druck (z. B. auf den Papst gegen dessen Initiative zur Vermittlung, oder auf den Staatspräsidenten Leone gegen dessen Absicht eines Gnadenerlasses für einen Häftling) gearbeitet, sondern vor allem durch Verhinderung selbst ganz legaler Möglichkeiten einer Lösung (wie eben humanitärer Erleichterungen in Gefängnissen) den Tod Moros nicht nur in Kauf genommen, sondern möglicherweise sogar provoziert hatten.

Spätestens seit der 2. Hälfte 1978 kam niemand mehr daran vorbei: man hatte die Öffentlichkeit belogen. Und man versuchte es weiter. Als am 1. und 2. Oktober 1978 in Mailand aufgrund der Aktivitäten des neuernannten Oberfahnders Carlo Alberto Dalla Chiesa plötzlich zahlreiche konspirative Wohnungen entdeckt und in der Via Montenevoso eine Menge Unterlagen aus der Moro-Entführung gefunden wurden - darunter nicht abgesandte Briefe und das »Memoriale« -, nahm die Regierung erst einmal alles unter Verschluß, dementierte den brisanten Fund und erklärte sich erst nach massiven Presseinterventionen und parlamentarischer Unruhe zur Veröffentlichung der Dokumente bereit (was dann auszugsweise am 17. Oktober 1978 geschah). Das Gerücht, daß trotzdem einzelne Teile des Fundes noch immer nicht veröffentlicht sind, hält sich bis heute hartnäckig.

Bereits 1980, massiv dann 1981, braute sich ein Unwetter über Italiens »palazzo« zusammen, das Regierungen stürzen, höchste Beamte und Militärs in frühzeitige Pension gehen lassen, vor allem aber den Fall Moro in ganz neues Licht setzen sollte: die Entdeckung der Geheimloge »Propaganda 2«, kurz P2 genannt.[134] Plötzlich war alles ganz anders.

Es begann mit einer auf den ersten Blick vom Fall Moro ganz unabhängigen Affäre: In Italien war Mitte der siebziger Jahre das Finanzimperium des Michele Sindona, weltweit lange Zeit eine der ersten Adressen im Privatbankgewerbe, zusammengebrochen. Der Kollaps löste im In- und Ausland erhebliche Unruhe über die Qualität italienischer Bankaufsicht aus (in Hamburg schloß darob z. B. die renommierte Wolff-Bank ihre Schalter, die sich auf die guten Auskünfte über Sindona verlassen und den Bankier als Teilhaber akzeptiert hatte). Erste Nachforschungen nährten tatsächlich den Verdacht, die italienischen Währungshüter hätten sehr nachsichtig gehandelt - und dann wurde 1979 auch noch der Konkursverwalter

Giorgio Ambrosoli erschossen. Das italienische Parlament setzte einen Untersuchungsausschuß ein mit dem schönen Titel »Commissione parlamentare d'inchiesta sul caso Sindona e sulle responsabilità politiche ed amministrative ad esso eventualmente connesse« (Parlamentskommission zur Untersuchung des Falles Sindona und der damit möglicherweise verbundenen politischen und administrativen Verantwortlichkeiten).[135] Die Kommission arbeitete sich in die Geheimnisse legalen und illegalen internationalen Kapitaltransfers ein, entdeckte Briefkasten-Geschäfte, Über-Kreuz-Kredite usw.; Anfang 1981 gelangte sie auch an die durch mehrere Briefe und geheimnisvolle Andeutungen in Dokumenten belegte Verbindungen des - inzwischen in Amerika festgesetzten und dort wegen Betrugs zu 25 Jahren Haft verurteilten - Michele Sindona zu einem gewissen Licio Gelli, wohnhaft in Arezzo, von Beruf Matratzenfabrikant (»Permaflex«). Vorwiegend aufgrund der hartnäckigen Nachforschungen der oppositionellen Ausschußmitglieder (PCI und Radikale) sowie des zur Aufklärung entschlossenen ehemaligen PSI-Chefs De Martino als Kommissions-Präsident erging im März 1981 der Durchsuchungsbefehl an die zuständige Guardia di finanza, die für Geldvergehen zuständig ist. Gelli, so stellte sich heraus, hatte sich eilends abgesetzt, aber sein Privathaus (»Villa Wanda«) in Arezzo barg eine Reihe bedeutsamer Überraschungen. Da fanden sich zahlreiche Dokumente mit dem Stempel »streng geheim« aus den Schreibtischen der zivilen und militärischen Sicherheitsorgane, da wurden aber auch enge Verbindungen zu ausländischen Geheimdiensten sichtbar, und da zog man Reste von Dossiers über zahlreiche Persönlichkeiten des öffentlichen Lebens aus den Schubladen. Vor allem aber entdeckten die Fahnder ein umfangreiches Verzeichnis von Namen, mal nach gewissen Daten, mal nach Nummern, mal alphabetisch, mal nach Berufssparten geordnet, und schließlich ergab sich auch der Schlüssel zu dieser Liste: es war eine Zusammenstellung von Mitgliedern einer Geheimloge mit dem Namen »Propaganda 2«, kurz P2; Gelli selbst war ihr Logenchef (Maestro Venerabile). Was die Sache so brisant machte: die verzeichneten Namen gehörten allesamt zu hohen und höchsten Repräsentanten von Staat und Parteien, Finanzwelt, Militär, Justiz und Publizistik. Gemeinsam war diesen Honoratioren vor allem eins: sie waren durchgehend erprobte Antikommunisten, bewährte Kämpfer gegen die Öffnung der DC zum PCI, und mancher von ihnen war bereits aktiv in Rechtsputsche verwickelt gewesen.[136]

Aufgeschreckt aber wurde die Öffentlichkeit vor allem durch die Erkenntnis, in welch hohe Ämter die P2-Leute einzudringen vermocht hatten. Minister der gerade amtierenden Regierung Forlani waren dabei (Foschi und Manca), Staatssekretäre, hohe Parteifunktionäre (z. B. PSDI-Chef Pietro Longo) - vor allem aber, und das brachte dann schließlich auch Turbulenzen in die Moro-Deutungen: der gesamte Fahndungsapparat während der »55 Tage« war von P2-Leuten geführt bzw. durchsetzt. Sogar an Andreottis Kabinettstisch hatte sich mindestens ein Logenbruder etabliert: Erziehungsminister Mario Pedini.

P2-Männer waren seit Anfang 1978 die Chefs aller drei Geheimdienste - General Giuliano Grassini (SISDE, ziviler Geheimdienst), General Giuseppe Santovito (SISMI, militärischer Geheimdienst), sowie nach dem Rücktritt des CESIS-Chefs Gaetano Napolitano (23. April 1978) auch der Leiter dieses Koordinationsdienstes, Walter Pelosi. Hohe Polizeioffiziere gehörten dazu, wie etwa der Vizequästor Roms Elio Cioppa (der nämliche, der die Hinweise auf die Via Gradoli »übersehen« hatte); auch die Guardia di finanza war mit von der P2-Partie, ebenso die später wegen des Petroleumskandals verhafteten und verurteilten Generäle Raffaele Giudice und Donato Lo Prete (die allerdings offenbar nicht in die Moro-Affäre verwickelt waren). Über eine Reihe dieser Sicherheitskräfte ergaben sich dann bald weitere Querverbindungen - vor allem ins Ausland.

Die Nachricht, daß der gesamte Fahndungsapparat von der P2 vereinnahmt worden war, und dies wenige Wochen vor Moros Entführung, gab zu denken. Aber bald weitete sich die Affäre noch weiter aus und nahm Dimensionen an, wie sie Italien seit Kriegsende nicht erlebt hatte.

Kaum war nämlich die Loge P2 enttarnt, kam es zu einer ganzen Reihe von Folgeskandalen. Da weigerte sich z. B. die Regierung Forlani, die entdeckten Logen-Listen zu publizieren - was schließlich den Sturz des Kabinetts zur Folge hatte. Dann ging unvermittelt die renommierte katholische Privatbank Banco Ambrosiano in Mailand bankrott (Direktor: das P2-Mitglied Roberto Calvi, der wenig später erhängt unter einer Themsebrücke aufgefunden wurde).[137] Kurz darauf stürzte das größte Zeitungs- und Zeitschriftenimperium Italiens, die Rizzoli-Gruppe (Leiter: Angelo Rizzoli, P2-Mitglied, Geschäftsführer: Bruno Tassan Din, P2-Mitglied; beide 1983 wegen Verdachts betrügerischer Machenschaften verhaftet). Unmittelbar betroffen zeigte sich alsbald auch noch eine weitere honorige Anstalt: die Vatikanbank IOR. Was die DC-Mehrheit der Sindona-Kommission vornehm übergangen, die PCI-Minderheit (Berichterstatter Giuseppe D'Alema) jedoch in großen Umrissen bereits durch eigene Recherchen festgestellt hatte[138], erwies sich nun als richtig:

mit Hilfe des mafiosen Bankiers Sindona und nach dessen Sturz mit Hilfe Roberto Calvis hatte das »Istituto per le Opere di Religione« unentwegt illegale Geldgeschäfte getätigt; mehr noch: Über Anteile am Mailänder Banco Ambrosiano und dessen auswärtige Tochtergesellschaften hatte der Vatikan die italienische Medienlandschaft massiv zu vereinnahmen gesucht - mindestens seit 1977 gehörten so wichtige Zeitungen wie der »Corriere della sera« faktisch dem Vatikan. Leiter des religiösen Bankinstituts IOR ist, bis heute, der aus dem amerikanischen Bankparadies Illinois stammende Erzbischof Paul Marcinkus (der von so einflußreichen Persönlichkeiten wie den ehemaligen Nixon-Finanzministern John Connally und David Kennedy seine Empfehlungsschreiben erhielt).[139]

Was den Fall Moro angeht, erschienen nun die angebliche Ineffizienz der Geheimdienste, die erstaunlichen »Pannen« bei den Nachforschungen, aber auch der merkwürdige Gleichschritt vieler Presseorgane in einem ganz anderen Licht. Sah man sich die Programme der Loge »Propaganda 2« an, so zeichnete sich hier unvermittelt ein einigendes Band ab.

Und das führte denn auch bald zu neuen Deutungen der »Staatsräson«, die angeblich die »fermezza« automatisch diktiert haben sollte. »Wie viele wollten eigentlich Aldo Moros Tod?«, fragte der Strafrechtsprofessor Stefano Rodotà am Tag der Urteilsverkündung gegen die Roten Brigaden und listete all diejenigen auf, die seither ins Zwielicht geraten waren[140] - und das war ein beträchtlicher Teil der italienischen Machtinhaber.

In der Tat: Verwundert vernahmen 1981 die Italiener, daß nicht nur der Fahndungs- und Beamtenapparat von P2-Leuten durchsetzt war - es zeigten sich auch engste Verbindungen von Spitzenpolitikern und Logenbrüdern. Fotos kamen zutage, die Andreotti Seite an Seite mit Licio Gelli zeigen (woran sich Andreotti gar nicht erinnern konnte); da gab es Bilder vom derzeitigen DC-Chef Ciriaco De Mita Arm in Arm mit Flavio Carboni, einem mit mafiosen Firmen eng liierten Vertrauten Gellis; da wurden Empfehlungsschreiben des Moro-Nachfolgers Flaminio Piccoli für einen Mitarbeiter Gellis, Francesco Pazienza, bekannt; da berichtete die Witwe Calvis von engen Kontakten des PSI-Chefs Craxi zum P2-Finanzier; und PSDI-Chef Pietro Longo war gar eingeschriebener P2-Bruder.

Dem PCI erging es da besser - keines seiner Mitglieder war im Bunde. Aber auch die Kommunisten mußten sich vorhalten lassen, daß sie wegen fehlender oder zu laxer Kontrolle den Aufstieg der P2-Leute zu Geheimdienstchefs ermöglicht hatten. Tatsächlich konnte der PCI auch nur auf wenige Aktionen gegen Logenbrüder verweisen - so z. B. die ständigen Versuche des Finanzausschußvorsitzenden Giuseppe D'Alema, Roberto Calvi zu blockieren, dessen Rolle er durchschaut und dem er ein ähnliches Ende wie Sindona prophezeit hatte.

1982 war die öffentliche Erregung so weit gediehen, daß ein Untersuchungsausschuß eingerichtet wurde - der dann noch Haarsträubenderes zutageförderte: nicht nur, daß zur Zeit des Falles Moro alle Geheimdienstchefs P2-Brüder waren - auch Gelli selbst wurde seit langer Zeit als Mitarbeiter geführt; und dies, obwohl er seit langem im Verdacht stand, Drahtzieher neofaschistischer Anschläge (auf den Italcus-Zug 1974 und den Bahnhof von Bologna 1980) zu sein.

Zu viele »Zufälle« waren da im Spiel - viele davon bündelten sich im Fall Moro. Konnte es sein, daß höchste Staatsrepräsentanten Moro sterben ließen, weil er, der einen Weg zur Sanierung des Staates gefunden zu haben schien, den Machthabern im Wege stand?

Verborgene Akteure

Freimaurer-Initiation

Standen in den ersten Interpretationen des Falles Moro vor allem bestimmte Einzelpersonen im Vordergrund, so sah die nachfolgende Zeit dann mehr und mehr Gruppen und Organisationen im Zentrum. Mitunter konnte es gelingen, auch hier innerhalb der Gruppen bestimmte Personen auszumachen, die wohl die Drähte zogen - wie etwa Licio Gelli bei der Loge »Propaganda 2« -: aber schon bei den ersten intensiveren Nachforschungen zeigte es sich, daß selbst die in der Hierarchie weit oben angesiedelten Personen nicht unabhängig handelten, sondern daß ihr ganzes Verhalten entweder auf umfangreiches Zusammenspiel mit anderen Gruppen oder Personen oder aber gar auf Befehlsnahme durch Dritte schließen ließ. So zeigten z. B. die Aktivitäten Licio Gellis durchgehend gewisse augenfällige Ziele und taktische Manöver, die immer wieder einzelne Strömungen innerhalb der DC in den Verdacht der Zusammenarbeit mit Gellis Geheimbund geraten, mitunter Andreotti selbst als den »wahren Chef der Propaganda 2« erscheinen ließen - was dieser freilich dementierte.[141]

Auch bei den in die Affäre Moro eingeschalteten Geheimdiensten lassen sich oft gewisse besonders aktive Einzelpersonen feststellen, ohne daß daraus schon hervorgeht, wie weit das gesamte Unternehmen in die Sache verwickelt war; mitunter muß man auch innerhalb der Geheimdienste gegenläufige Strömungen in Rechnung ziehen. Das gilt insbesondere für die Zusammenarbeit italienischer »servizi« mit befreundeten ausländischen Agenten. Ein Musterbeispiel ist der israelische Mossad: »Italiens Geheimdienste«, so der Abgeordnete der Radikalen Partei und Mitglied des P2-Untersuchungsausschusses, Massimo Teodori, »sind hinsichtlich der Kooperation mit den Israelis ständig in zwei Richtungen gespalten - eine proisraelische und damit antipalästinensische, und in eine proarabische und damit antiisraelische.« Einmischungen von dieser Seite z. B. konnten also stets nur auf die Zustimmung oder das Stillehalten eines bestimmten Flügels der »servizi segreti« und der Polizeiorgane zählen.

Aber auch die ausländischen Agenturen unterlagen teilweise internen Differenzen. So war trotz ihrer massiven Einmischung die amerikanische CIA während der Affäre Moro sicherlich nicht insgesamt disponibel für eine Aktion dieser Dimension. Nach dem Watergate-Skandal und den Enthüllungen über die Verstrickungen der letzten Jahre in der Türkei, in Griechenland, im Kongo, in Kuba, in Chile usw. waren den Agenten engere Grenzen gesetzt worden, einzelne Aufgaben waren ganz neu definiert und bestimmte Abteilungen geschlossen worden. Das aber verhinderte nicht, daß sich mächtige Seilschaften erhalten hatten, die durchaus in der Lage waren, die in der ersten Hälfte der siebziger Jahre gefaßten Pläne weiterzuverfolgen. Der von den Verteidigern Kissingers gern vorgebrachte Hinweis, daß die nachweislichen Angriffe auf Moro und die möglichen Drohungen doch schon aus dem Jahre 1974 stammten und daß Kissinger 1978 längst nicht mehr im Amt gewesen sei, hat daher keine Relevanz; die Leute des damaligen Außenministers sind der CIA bis heute erhalten geblieben.[142]

Zu fragen ist also nicht nur, welche Ziele die im Fall Moro als Drahtzieher oder Mittäter aufgetretenen Gruppen hatten, sondern auch, welche Bewegungs- und Aktionsmöglichkeiten sie besaßen, und welches Verhalten sie und ihre Auftraggeber offiziell oder verdeckt an den Tag legten.

Die Loge Propaganda 2

Nominell ist die Loge »Propaganda 2« eine Freimaurerloge; nach allem, was wir wissen, hatte sie ganz ähnliche Aufnahme- und Initiationsriten wie die meisten anderen Logen dieser Art. Schwurformeln wurden bei der Durchsuchung von Gellis Wohnung gefunden, ebenso offizielle Satzungen, die sich auf die alten, schon im 17., 18., und vor allem 19. Jahrhundert üblichen Ziele wie Freiheit, Gleichheit, Brüderlichkeit bezogen und ansonsten den unbedingten Beistand der Logenbrüder untereinander, Verschwiegenheit nach außen und das jederzeitige Eintreten für die Ziele der Loge forderten.

Verboten sind solche Logen in den meisten Diktaturen; die Demokratien lassen sie grundsätzlich zu - meist jedoch mit Einschränkungen. Deren wichtigste ist, daß keine ungesetzlichen Ziele verfolgt werden dürfen; in manchen Ländern ist auch Vorschrift, daß die Logenmitglieder nicht einander geheim sein dürfen, daß man seine Vorgesetzten und Meister persönlich kennen können muß. In Italien ist die Gründung von Logen überdies an die Voraussetzung gebunden, daß »bedeckte«, also nicht öffentlich bekannte Logen keine politischen Ziele verfolgen dürfen.

Genau dies aber war bei Gellis Geheimbund der Fall. Sein einziger Zweck bestand in politischer Manipulation - die ausschließlich den karrieristischen, ökonomischen und machtorientierten Eigeninteressen der Mitglieder dienten. Er war insofern von Anfang an kriminell.

Gegründet wurde die Loge wohl Ende der sechziger oder Anfang der siebziger Jahre, und zwar im Rahmen des - legalen - Dachverbandes »Grande Oriente d'Italia«. Wiederbelebt wurde dabei der Gedanke einer Elite-Loge, wie sie, ebenfalls unter dem Namen »Propaganda«, bereits vor hundert Jahren nachweisbar ist: hierin sollten vor allem Männer zusammengeschlossen sein, die in besonders hohen Stellen arbeiteten. Licio Gelli, 1919 in Pistoia geboren, seit den frühen sechziger Jahren Freimaurer, hatte sich in wenigen Jahren das Vertrauen der Großmeister des »Großen Orient« erworben und sogar einige Sprossen auf der Leiter (von insgesamt 33 Graden) übersprungen; er wurde mit der Reaktivierung der Loge »Propaganda« beauftragt - aufgrund seiner schon damals bekannten Verbindungen zu Persönlichkeiten des öffentlichen und weniger öffentlichen Lebens (z. B. der Geheimdienste, bei denen er seit dem Zweiten Weltkrieg mitarbeitete). Anfangs hieß die Abteilung »Raggruppamento Gelli«, dann kam der Zusatz »P2«: die Loge nahm Gestalt an. Innerhalb weniger Monate hatte Gelli einige hundert Politiker, Richter, Militärs und Journalisten gewonnen.

Schon aus der ersten Zeit dieser neuen Loge stammt ein Dokument, das klar die Richtung zeigt, in der sich der Geheimbund weiterbewegen wollte: So heißt es in dem geheimen Protokoll einer Sitzung vom 5. März 1971, in dem unter dem Tagesordnungspunkt b)

SEGRETO

RAGGRUPPAMENTO GELLI - P2

VERBALE DELLA RIUNIONE DEL 5 MARZO 1971

Luogo di riunione: Roma
Gruppo invitati n° 40
Assenti giustificati n° 3
Assenti ingiustificati n°1

ARGOMENTI TRATTATI

a) situazione politica ed economica dell'Italia;
b) minaccia del Partito Comunista Italiano, in accordo con il clericalismo, volta alla conquista del potere;
c) carenza di potere delle Forze dell'Ordine;
d) mancanza di una classe dirigente ed assoluta incapacità del Governo nel procedere alle riforme necessarie per lo sviluppo civile e sociale del Paese;
e) dilagare del malcostume, della sregolatezza e di tutti i più deteriori aspetti della moralità e del civismo;
f) nostra posizione in caso di ascesa al potere dei clerico-comunisti;
g) rapporti con lo Stato italiano.

(...) Questa sensibile e continua svalutazione della Lira è da ascriversi principalmente all'enorme strapotere assunto dai sindacati i quali, da entità appena tollerate, sono riusciti oggi ad assoggettare completamente al loro volere tutti gli Organi governativi. (...)

Per quanto riguarda la minaccia portata dal comunismo all'Ordine costituito, è stato fatto rilevare come sia notorio che il Partito Comunista Russo, in accordo con quello italiano, stia esperimentando un nuovo tipo di tattica per il "colpo di stato" (...)

La discussione si è spostata sullo scottante argomento relativo al sempre crescente disprezzo nei confronti delle forze dell'Ordine Pubblico, delle Forze Armate e della Magistratura.

È stato messo in rilievo come le forze dell'Ordine sono impedite nello svolgimento dei loro doveri e sono costrette a subire ogni sorta di violenze e di umiliazioni — alle quali devono sottostare passivamente senza poter accennare la benché minima reazione — perché prive di precisi ordini scritti, in quanto il Vertice — dove non ci si vogliono assumere responsabilità — impartisce solo ordini generici e verbali che, in caso di complicazioni, possono essere agevolmente sconfessati.

È evidente che questo Vertice è strettamente legato e diretto dai politici i quali non desiderano assolutamente rendersi impopolari con azioni di forza — anche dove e quando indispensabili — perché ne temono le ripercussioni che potrebbero insorgere nell'ambito dei loro partiti. (...)

Sitzungsprotokoll der Geheimloge »Propaganda 2«

»Bedrohung durch die Kommunistische Partei Italiens, in Abstimmung mit dem Klerikalismus, hinsichtlich der Machtergreifung« folgendes behandelt wurde:

»Bezüglich der durch den Kommunismus gegenüber der konstitutionellen Ordnung ausgeübten Drohung wurde dargelegt, wie bekanntermaßen die russische Kommunistische Partei in Abstimmung mit der italienischen im Begriff ist, eine neue Taktik des Staatsstreiches zu erproben ...
Die Diskussion konzentrierte sich auf die brennende Frage bezüglich der ständig wachsenden Herabwürdigung der öffentlichen Ordnung, der Streitkräfte und der Justiz ...
Viele haben gefragt - und wir konnten ihnen keine Antwort geben, weil wir keine haben -, wie wir uns verhalten müßten, wenn wir eines Morgens beim Aufstehen die Kleriko-Kommunisten im Machtbesitz fänden: ob wir uns in eine passive Nachgiebigkeit einigeln würden, oder ob wir bestimmte Stellungen einnehmen und in dieser Hinsicht Notstandspläne entwickeln würden.
Weil wir hierauf keine Antwort haben, überweisen wir diese Frage an die Zentrale, auf daß uns diese - sofern sie es richtig findet - entsprechende Aufklärung zuteil werden läßt.«[143]

Offenbar entwickelte sich die Loge erfreulich - die Dokumente bezeugen, daß die Aktivitäten der P2 auch ohne die Hilfe des »Großen Orient« schnell ausgedehnt wurden. Gelli gewann rasch neue Mitarbeiter vor allem aus den sensiblen Bereichen Militär, Politik, Finanzwelt und Geheimdienste. Besonders nützlich war ihm, daß in einschlägigen Kreisen schnell bekannt wurde: Gelli verfügt über geradezu unerschöpfliche Druckmittel, sich Entscheidungsträger gefügig zu machen, und zwar aufgrund gewisser Akten, die er stets in seiner Nähe aufbewahrte und ab und zu einmal, auszugsweise, Besuchern vorführte.

Mit diesen Akten hatte es eine besondere Bewandtnis. In den frühen sechziger Jahren waren einige Geheimdienst-Obere überrascht worden, als sie zusammen mit rechten Politikern einen Staatsstreich vorbereiteten; unter anderem mußte 1962 der Carabinieri-General Giovanni De Lorenzo seinen Posten beim damaligen Staatssicherheitsdienst SIFAR räumen. Gerade rechtzeitig noch konnte er jedoch zwei seiner Vertrauten in Spitzenpositionen plazieren, Egidio Viggiani und Giovanni Allavena. Aber das war noch nicht alles: Es erwies sich bei verschiedenen Gelegenheiten, daß die Geheimdienste mit rechtslastigen Agenten geradezu durchsetzt waren; und als 1962/63 die Sozialisten in die Regierung eintraten und Aldo Moro ein neues Vertrauen zu gewinnen trachtete, wurden die Geheimdienste wenigstens notdürftig untersucht. Wesentlichstes Ergebnis war eine Namensänderung - aus dem SIFAR wurde der SID (der dann 1977/78 in SISMI, SISDE und CESIS zerteilt wurde) - und die Entlassung Giovanni Allavenas. Dieser hatte aber immerhin noch so viel Zeit, in die Archivmaterialien des Geheimdienstes zu greifen und sich ein paar hundert Faszikel herauszuholen oder zu kopieren, die allesamt hohe Politiker betrafen (vom Staatspräsidenten Saragat über den damaligen Verteidigungsminister Tremmelloni, vom Außenminister Fanfani bis zum Botschafter Giorgio La Pira)[144] - eben die Dokumente, die später Gelli so sinnvoll zu nutzen wußte. Sie waren das Einstandsgeschenk Allavenas, der sich Rache geschworen und dem Gelli in diesem Zusammenhang Mithilfe sowie den Eintritt in die Freimaurerloge angetragen hatte - wohlgemerkt 1967, also noch ehe er seine eigene Propaganda-Loge installiert hatte.

Neben der Kontaktpflege zu Militärs und Geheimdienstlern kümmerte sich Gelli vor allem um zwei Gebiete besonders intensiv - die Publizistik und die Hochfinanz. So hatte er schon bald die Bekanntschaft des sizilianischen Bankiers Michele Sindona gemacht und hielt engste Verbindung mit ihm. Auch wenn Sindona seinen Katholizismus stets zur Schau trug und wohl deshalb selbst nicht auf Gellis Liste auftaucht, war die Freundschaft sehr eng. Noch in den späten siebziger Jahren versuchte Gelli alles, um dem zunächst in Italien, dann in den USA in Schwierigkeiten geratenen Freund zu helfen. Dafür setzte der Logenmeister, der inzwischen selbst enge Verbindungen mit dem Vatikan unterhielt, durch IOR-Chef Marcinkus einige Kardinäle in Bewegung, die für den (wegen Betrugs angeklagten) Sindona bürgen sollten. Dokumentiert wird das ganze durch einen Brief, den Philip Guarino, einer der Wahlkampfmanager Reagans und Abteilungsleiter für Italienfragen in der Republikanischen Partei der USA, an seinen Freund Gelli schreiben mußte - der Außenminister des Vatikan, Erzbischof Casaroli, ein entschiedener Feind von Marcinkus, hatte von der Sache erfahren. Guarino am 11. 2 1980:

»Lieber, liebster Gelli,
o wie gerne würde ich Dich sehen. Die Sache unseres Freundes hat sich verschlechtert. Auch die Kirche hat ihn verlassen. Noch vor zwei Wochen schien alles gut, als die Kardinäle erklärt hatten, zugunsten von Michele zu zeugen. Dann hat ein einziger Federstrich des Vatikan-Staatssekretärs, S. E. Casaroli, verhindert, daß I. E. Caprio und Guerri zugunsten Micheles zeugen.
Ich hoffe, Dich zu treffen, dann können wir miteinander sprechen, denn ich muß Dir viel erzählen.
Politisch stehen die Dinge für meine Republikanische Partei gut. Ich glaube, daß wir mit Reagan und Bush gewinnen werden.
Gib mir Bescheid, wann Du kommen kannst, ich erledige dann alle Vormerkungen für Dich.
Eine dreifache Umarmung . . .«

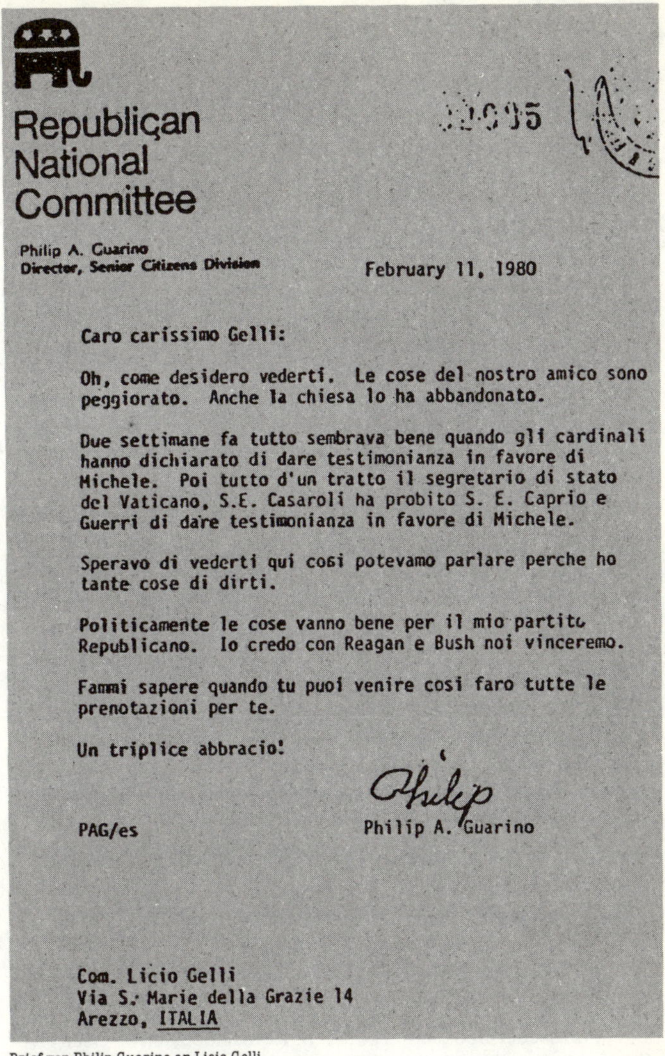

Republican National Committee

Philip A. Guarino
Director, Senior Citizens Division

February 11, 1980

Caro carissimo Gelli:

Oh, come desidero vederti. Le cose del nostro amico sono peggiorato. Anche la chiesa lo ha abbandonato.

Due settimane fa tutto sembrava bene quando gli cardinali hanno dichiarato di dare testimonianza in favore di Michele. Poi tutto d'un tratto il segretario di stato del Vaticano, S.E. Casaroli ha probito S. E. Caprio e Guerri di dare testimonianza in favore di Michele.

Speravo di vederti qui cosi potevamo parlare perche ho tante cose di dirti.

Politicamente le cose vanno bene per il mio partito Republicano. Io credo con Reagan e Bush noi vinceremo.

Fammi sapere quando tu puoi venire cosi faro tutte le prenotazioni per te.

Un triplice abbracio!

Philip

PAG/es

Philip A. Guarino

Com. Licio Gelli
Via S. Marie della Grazie 14
Arezzo, ITALIA

Brief von Philip Guarino an Licio Gelli

Trotz des Ausscheidens Sindonas aus der großen Finanzwelt brauchte Gelli sich nicht um Beziehungen zu Banken zu sorgen: schon seit den ersten Schwierigkeiten von Sindona hatte der »Maestro Venerabile« in Roberto Calvi einen Nachfolger aufgebaut, der nunmehr mittels des Mailänder »Banco Ambrosiano« die Dinge managte, die im Interesse Gellis und der Loge lagen.

Und da gab es einiges zu tun: ständig drohten ja, nach Logenmeinung, klerikal-kommunistische Putsche. Also mußte man zu allererst die Medien, vor allem die Presse, in die Hand bekommen. Aber auch außer Landes mußten gewisse Dinge geregelt werden. Und es galt, die riesigen Spekulationen zahlreicher Logenbrüder und auch Gellis selbst im krisengeschüttelten Südamerika zu sichern - schließlich hatte nicht nur Umberto Ortolani, Finanzier und schwerreicher Geschäftsmann sowie enger Mitarbeiter Gellis, dort seine Hauptanlagen; Gelli selbst hatte die Rückkehr Juan Perons aus dem spanischen Exil an die Macht in Argentinien durch seine Finanzkanäle finanziert und war seither mit konsularischen Vollmachten ausgestattet. Da störten nicht nur gewisse Bestrebungen demokratischer Regierungen, in Südamerika auf einen Abbau der Diktaturen zu drängen, sondern vor allem in Italien selbst zahlreiche kritische Berichterstattungen über die südamerikanischen Despoten. Die vielfältigen Verbindungen italienischer Medien über den Ozean wären, das hatten die Logenbrüder erkannt, ein hervorragender Stabilisierungsfaktor für ihre Geschäfte, konnte man auch nur einige Zeitungen für sich aktivieren.

Gelli arbeitete umsichtig: Schon 1973 steht in einem Rechenschaftsbericht des »Centro studi di storia contemporanea« in Rom, das der Loge gehörte und unter dessen Deckmantel viele Aktivitäten entfaltet wurden:

»*Agenzia Stampa.* Es wird bekanntgegeben, daß das Centro in Bälde über eine ›Nachrichtenagentur‹ verfügen können wird. Die Freunde, die Nachrichten publizieren wollen, auch solche, die zum Kampf gegen die bestehende Ungerechtigkeit nützlich sind, werden gebeten, diese Nachrichten an das Centro zu übermitteln, das sie vor einer Veröffentlichung einem verantwortlichen Rat der Abteilung ›Presse‹ vorlegen wird.«[145]

Diese Nachrichtenagentur existierte tatsächlich - die »OP« des Mino Pecorelli, auch er P2-Mitglied. »OP« stand für »Osservatore politico«, politischer Beobachter; doch in Roms höchsten Kreisen - vor allem im Parlament - wurde das »OP« bald als »Ora paga« umgedeutet, zu deutsch: »jetzt heißt es zahlen«. Pecorelli, ein Enthüllungsjournalist, der durch Geheimdienst- und P2-Kanäle stets bestens informiert war, geriet allerdings 1978 mit seinem Logenchef Gelli in Streit, weil er die faschistischen Aktivitäten des »Maestro Venerabile« entdeckt und darüber zu schreiben begonnen hatte. Man fand Pecorelli wenig später erschossen auf.

Aber eine Nachrichtenagentur alleine, noch dazu eine etwas anrüchige, genügte nicht. Da traf es sich gut, daß die Rizzoli-Familie sich 1976 beim Kauf der größten italienischen Tageszeitung »Corriere della sera« (aus der Hand der FIAT-Familie Agnelli) übernommen hatte. P2-Bankier Calvi sprang, auf Gellis Geheiß hin, ein. Mit einer bis heute in ihrem ganzen Ausmaß noch nicht geklärten Transaktion wurde der noch im Geschäft verbliebene Angelo Rizzoli faktisch hinausgekauft (und blieb nur offiziell Eigner und damit Aushängeschild); die Bank bestimmte nun den Kurs.[146] Erstaunlich schnell wurden die Mitglieder der Chefredaktion des »Corriere della sera« entweder ausgewechselt oder entmachtet; der für Argentinien - Gellis feudum - zuständige Korrespondent wurde versetzt, die bisherige Linie einer Förderung des »compromesso storico« verlassen, und während der Zeit der Moro-Entführung wurde dann die massive Hetze gegen die Intellektullen linker Provenienz vorangetrieben. Ähnlich ging es einer Reihe anderer Medien aus dem Rizzoli-Imperium (zur Gruppe gehörten auch regional wichtige Zeitungen wie der Trientiner »L'Alto Adige«, der Mailänder »Il resto del Carlino«, dazu Fernseh- und Radiostationen bzw. Programmhersteller sowie eine Filmgesellschaft).[147] Heute ist bekannt, daß Gelli bereits dabei war, sich den zweiten Medien-Großkonzern, Mondadori, einzuverleiben.

Daß in Gellis Zimmerflucht im Hotel Excelsior (Via Veneto in Rom, gleich neben der US-Botschaft) Generäle und Minister, Bankenchefs und Meinungsmacher ein- und ausgingen, ist verbürgt, ebenso, daß er mitunter prahlte, wie gut dies funktionierte (»Ich habe sie rufen lassen«, erklärte er einmal einem Besucher, als die Generäle Picchiotti und Palumbo bei ihm auftauchten).[148] Zahlreiche Fotos zeigen ihn mit nahezu allen Größen der Zeit: mit Andreotti und Fanfani, mit Juan Peron und Papst Paul VI.; er war bei der Amtseinführung der US-Präsidenten seit Gerald Ford anwesend, und er wußte über alles Bescheid - über die Vorgänge im Quirinal (Sitz des Staatspräsidenten) ebenso wie im Verteidigungsministerium, über in- und auswärtige Skandale. Wie aus einer Reihe von Zeugenaussagen (u. a. der beiden eben genannten Generäle Picchiotti und Palumbo) und Dokumenten hervorgeht, war er an der Flucht des deutschen Kriegsverbrechers Kappler aus dem Krankenhaus in Rom beteiligt - allem Anschein nach sollte die Aktion die ihrem Bruder skeptisch gegenüberstehenden deutschen Logen gewogen machen. Denn Gelli hatte einen umfassenden Plan: er wollte so etwas wie eine

»Internationale der Logen« gründen, also eine Art UN-Organisation der Geheimbünde (natürlich rechtsgerichteter Kreise), und er hatte dafür auch bereits eine 17-Zimmer-Villa nahe der Via Veneto in Rom gemietet.[149] Die deutschen Logen verweigerten jedoch die Mitarbeit: Viele von ihnen hatten durchaus nicht die blutige Unterdrückung durch die Nazis vergessen. Auch die englischen Freimaurer mißtrauten dem italienischen Aufsteiger.

Ehe es also zur Realisierung der Welt-Loge kam, kam es zu den peinlichen Entdeckungen in der Villa Wanda; Gelli floh. In der Schweiz wurde er im August 1982 gefaßt, in Auslieferungshaft genommen - und konnte im August 1983 unter ungeklärten Umständen aus dem angeblich sichersten Gefängnis der Schweiz fliehen.

Beides merkwürdige Vorgänge, und sie zeigen, daß es eben nicht ausreicht, die P2-Machenschaften nur auf Gelli zuzuschneiden (wie es die Mehrheit des P2-Untersuchungsausschusses, gegen die Kommunisten und die Radikalen, versucht). Daß ein Mann mit so vielen Verbindungen in Justiz und Ermittlungsbehörden plötzlich verfolgt wird und sich gerade knapp retten kann, ohne aber die gefährlichen Geheimdokumente und Teile seines Archivs mitnehmen zu können, und daß er wenig später in der Schweiz gefaßt wird - schon das ist vielen bis heute ein Rätsel geblieben. Das andere Rätsel besteht darin, daß er dann doch fliehen konnte - im Verlaufe einer offenbar bis ins kleinste vorbereiteten Aktion, mit Hubschraubern und Tarnunterkünften in verschiedenen Ländern, bis er (derzeit wohl in Uruguay) in Sicherheit war.

Manches deutet auf einen Machtkampf hin, der da zwischen Drahtziehern im Hintergrund ausgetragen wird: daß Gelli in Schwierigkeiten kam, mag unter anderem der Tatsache zuzurechnen sein, daß er sich ganz unvermittelt am 5. Oktober 1980 in einem »Corriere della sera«-Interview (mit einem seiner Logenbrüder, Maurizio Costanzo) öffentlich mit Plänen hervorgewagt hatte, die eine Reihe bisher mehr verdeckter Ziele der Loge publik machten - etwa die Ansteuerung einer Verfassungsreform, die eine autoritäre Präsidialrepublik, zumindest nach De-Gaulle-Muster, bedeutet hätte; dazu kamen diverse andere Vorschläge (von denen der kommunistische P2-Kommissar Bellocchio heute sagt, sie seien nun weitgehend im Regierungsprogramm des PSI-Ministerpräsidenten Bettino Craxi enthalten[150], was bei aufmerksamer Lektüre nicht weit von der Wahrheit entfernt ist). Vor allem aber hatte er auch laut darüber nachgedacht, wie es wäre, wenn er, Gelli, selbst Präsident würde.

Möglicherweise war er da unversehens anderen Aspiranten zu nahe getreten. Möglich aber auch, und dafür gibt es wiederum Indizien, daß der stets gut informierte Gelli den Fall Moro (auf den er im Interview ebenfalls einging und für dessen »Regulierung« er sich an anderer Stelle rühmte) wieder aufgreifen wollte und seine Fäden in Form von Erpressung der Hintermänner weiterspann, und daß sich nun Gegenkräfte formierten.

Ob es da eine andere Geheimloge gibt, wie »Il manifesto« mutmaßt (»Propaganda 1«), die Gelli ausschalten wollte, und daß die P2 ihren unersetzlichen Manager wieder herausholte; oder ob er von eigenen Leuten wegen seines Machthungers sozusagen verwarnt werden sollte und erst im letzten Moment wieder befreit wurde (zwei Tage später kam die Auslieferungserlaubnis durch die Schweiz) - all das mag sich dereinst aufklären. Gesicherte Tatsache bleibt, daß Gellis Bruderschaft in alle Bereiche der italienischen politischen und sozialen Entscheidungsorgane hineinreichte und -regierte, daß das Ziel eine grundlegende, rechtsorientierte Umgestaltung der Verfassung war (sei es gewaltsam, wie enge Verbindungen der Loge mit den Putschvorbereitern Giovanni De Lorenzo und Valerio Borghese nahelegen, sei es ohne Aufstand, als »weißen Staatsstreich« durch Änderung der Verfassung mit starker Beschneidung der Gewerkschaftsrechte) - und daß es gegen alles ging, was links stand.

Moro, mit seiner Öffnung zum PCI, mußte solchen Leuten als Feind gelten. Sitzungsprotokolle der P2 weisen aus, daß es zu deren Zielen gehörte, »die DC Zaccagninis und Moros hinauszuwerfen«.[151] Gelli selbst, der Moro wohl nicht öfter als ein oder zweimal begegnet sein dürfte, rühmt sich im zitierten Interview eines Gesprächs, bei dem Moro die Demokratie mit einer Pfanne Bohnen verglich, die man langsam, sehr langsam kochen müsse. Darauf der Logenmeister, nach eigenem Bekunden: »Vorsicht, Herr Minister, daß die Bohnen nicht ohne Wasser sind, sonst könnten sie anbrennen.«

Ob Moro das (wie manche Biographen meinen[152]) als Drohung aufgefaßt hat, ist zweifelhaft - zur Zeit dieser Episode, die sich 1974 abgespielt haben muß, war Gelli für viele nicht mehr als ein Matratzenfabrikant, der es geschafft hatte, bei feierlichen Anlässen eingeladen zu werden und sich der Freundschaft vieler Leute rühmte.

Das begründete wohl auch die große Unsicherheit, die die meisten Politiker heute gegenüber dem »Fall« an den Tag legen: Nachdem aufgrund der Presseberichte die Öffentlichkeit immer lauter eine restlose Aufklärung gefordert und zunächst die Radikale und bald auch die Kommunistische Partei einen Parlamentsausschuß beantragt hatten, wurde 1982 eine entsprechende gemeinsame Abgeordneten- und Senatoren-Kommission eingesetzt. Dabei geriet schon die Frage zur Posse, wer alles vernommen werden solle, ob z. B. jeder hohe Amtsträger des Staates und die Spitzenfunktionäre der Parteien; ob davon wieder nur die, denen konkret Beziehungen nachgewiesen werden konnten - am Ende und nach zahlreichen Kampfabstimmungen wurden nur die in den letzten Jahren aktiven Parteisekretäre (und zwar die aller Parteien) und die konkret belasteten staatlichen Mandatsträger geladen. Und bald begann auch die Einschüchterungskampagne gegen alle, die sich zu weit vorwagten. Insbesondere Kommissionspräsidentin Tina Anselmi (DC), die u. a. beharrlich nach Zusammenhängen von P2 und dem Fall Moro fragte (und die später erklärte, daß »der Schatten der P2 über den 55 Tagen der Entführung liege«[153]), wurde von eigenen DC-Parteifreunden der Kollaboration mit P2-Größen bezichtigt. Staatssekretär Giuseppe Pisanu, der Urheber der im übrigen haltlosen Gerüchte, mußte schließlich im Januar 1983 seinen Rücktritt einreichen.

Entsprechend waren auch die Kommissare voller Animosität gegeneinander; schon bei der Frage, was die P2 eigentlich sei, gerieten sie in Streit. Für Antonio Bellocchio (PCI) ist die »Propaganda 2 der größte Skandal unseres Landes in den letzten Jahren, mit dem Ziel eines ›Weißen Staatsstreiches‹ zur Verhinderung einer gründlichen Demokratisierung und des Eintritts des PCI in die Regierung . . .«[154] - eine Meinung, die der radikale Abgeordnete und P2-Kommissar Massimo Theodori »ziemlich kindlich« findet:

»Die P2 kann man sich nicht vorstellen als eine Organisation mit einem Zentralkomitee und hierarchischem Aufbau, wie das die Kommunisten tun. Und das Ziel ist auch nicht, wie manche gesagt haben, eine Unterwanderung des Staates, also ein Komplott mit dem Ziel eines Staatsstreiches, sondern im Gegenteil eine Stabilisierung der Macht in Italien, indem man den institutionellen, d. h. demokratischen Stellen Kompetenz wegnimmt und die Entscheidungsmacht, also die politische Macht, die Macht im Finanzwesen, in den Streitkräften, den Geheimdiensten und vielen anderen Bereichen, auf diese darum ›okkult‹ genannten Machtzentren, oder auch Parallelmächte, überträgt.«[155]

Tina Anselmi äußerte sich sehr vorsichtig über die P2: man könne sagen, »daß man sie in den besonders empfindlichen Organismen des italienischen Staates gefunden hat. Es gibt Dokumente, in denen von einer Reform der Verfassung gesprochen wird, einer Reform der Rechte der Parteien, der Gewerkschaften . . .«[156]

Daß der Ausschuß oft eher Verschleierung als Aufklärung betrieb, mag nicht ausgeschlossen sein (manche Spende aus P2-Kreisen war den Parteien wohl sehr peinlich). Dennoch: erste Unwetter kündigten sich schon bei Abgabe des Anselmi-Berichts Mitte Mai

1984 an: Haushaltsminister Longo, P2, bot ebenso wie seine zwei PSDI-Parteikollegen den Rücktritt an (den Craxi ablehnte); und der PCI forderte die Wiederaufnahme der Verfahren im Fall Moro.

Ausländisches Interesse

Kommissionspräsidentin Tina Anselmi schrieb im Zusammenhang ihrer Erklärungen über den »Schatten der P2 über den 55 Tagen der Entführung Moros«:

»Vermittels der P2 wurden Beziehungen zu auswärtigen Mächten aufrechterhalten. Das wußten die Geheimdienste; ihre Leiter haben dies aber niemals an die zuständigen Stellen weitergegeben - sondern nur an die Leute der P2.«[157]

Welche Beziehungen, zu welchen »Mächten« und zu welchem Zweck?

Zunächst einmal gibt es da die »offizielle« Linie. D. h. die Kooperation von Informationsdiensten verschiedener Länder auf der Basis zwei- oder mehrseitiger Verträge. Insbesondere hinsichtlich der Terrorismusbekämpfung wurden Mitte der siebziger Jahre in den Ländern der Europäischen Gemeinschaft (meist in Absprache mit bestimmten Ländern der nicht in der EG vertretenen NATO-Partner) Maßnahmen beschlossen, die eine enge Zusammenarbeit der Geheimdienste vorsahen und gegenseitige Hilfeleistung im Krisenfall versprachen.

Der erste wichtige Vertrag datiert aus dem Mai 1975 und umfaßt alle Länder des Straßburger Europarates - darin wurde u. a. die Ausweitung der Kompetenzen von Interpol beschlossen. Im selben Jahr vereinbarten die Bundesrepublik und Italien auf zweiseitiger Basis eine Antiterrorismus-Kooperation. Im Januar 1976 legte der bundesdeutsche Außenminister einen Plan für ein UNO-Abkommen zur Terrorbekämpfung vor, der aber scheiterte. Im Mai 1976 beschlossen auf Initiative der Bundesrepublik, Italiens und Großbritanniens die Außenminister der EG Sofortmaßnahmen gegen den Terrorismus, u. a. »die sofortige Auslieferung von Geiselnehmern ohne bürokratische Hindernisse« bzw. das unmittelbare »Vorgerichtstellen solcher Personen, falls eine Auslieferung nicht möglich ist«. Im Juni 1976, nach dem tödlichen Attentat auf den Generalstaatsanwalt Coco, setzte Italien im Ministerrat der EG einen Sechspunkteplan durch, in dem u. a. die gegenseitige Unterstützung bei der Ausbildung von Antiterrorkommandos und der Ausarbeitung gemeinsamer Sicherheitsbestimmungen im Reise- und Flugverkehr abgesprochen wurden. Im Januar 1977 wurde die Europäische Konvention gegen den Terrorismus angenommen, die wiederum erweiterte Zusammenarbeit und gegenseitige Hilfeleistungen vorsieht.

Die aufwendigste Antiterrorkonferenz in Europa fand dann im Mai 1977 statt: in London saßen neben den verantwortlichen Ministern der neun EG-Staaten auch alle Polizei-, Sicherheits- und Antiterroreinheitsleiter zusammen und vereinbarten die Einrichtung einer gemeinsamen Ausbildungszentrale zur Terrorismusbekämpfung (Sitz sollte das terrorerfahrene England sein), die Schaffung eines europäischen Computernetzes zur Fahndung und Faktenübermittlung sowie die Erleichterung der »grenzüberschreitenden Fahndung«, also die Betätigung nationaler Agenten auch auf fremdem Territorium.

Aber dies alles ist nur die legale Seite der Sache. Im Untergrund sah und sieht alles völlig anders aus. Die jeweiligen nationalen Geheimdienste, sofern auf ausländisches Gelände geschickt, haben natürlich weitgehend andere Aufgaben als gerade oder nur die Terroraufklärung. Hier wird dann, oft im Gegensatz zu den Beteuerungen der heimatlichen Regierungen, wirklich das getan, was eben jene Administrationen, oder Teile davon, durchgeführt haben möchten - mit oder ohne offiziellen Auftrag. Italien ist in Europa wohl das Musterbeispiel für diese Praxis.

Die CIA

Daß Italien spätestens seit dem Ende des zweiten Weltkriegs Hauptturnmelplatz der amerikanischen Sicherheitsdienste ist, weiß man längst; die Zusammenarbeit mit mafiosen Gruppen zur Besetzung Siziliens ist oft genug beschrieben worden, und die neue Zusammenarbeit von Mafia und CIA zur »Sicherung« der Marschflugkörperbasen hat sich auch herumgesprochen.[158] Die Sindona-Kommission hat darüber hinaus auch die enge Verflechtung von Mafia-Kapital, US-Hochfinanz und amerikanischen Geheimdiensten dokumentiert.

Aber auch die Verbindung zwischen Logen in Italien und außerhalb zum Zwecke der Einmischung in die Politik sowie die Verflechtung von Bruderschaften mit Geheimdiensten hat eine Tradition, die zumindest bis in die frühe Nachkriegszeit zurückreicht. Nach der Unterdrückung durch Mussolinis Faschisten in ihrer Legitimität bestätigt, sahen viele Logen den Garanten ihres Fortbestehens nur im mächtigen Amerika. Ob es den dortigen Mit-Maurern aber lediglich auf die Ideale von Freiheit, Gleichheit, Brüderlichkeit und unverbrüchlicher Humanität ankam, mag bezweifelt werden - auffällig ist jedenfalls, wie viele Geheimdienstmitarbeiter sich um die Logen kümmerten, angefangen von Reverend Frank G. Gigliotti, der in Sachen Antikommunismus in der Welt herumreiste und sich als Berater des »Office of Strategic Service« (OSS) betätigte, über Earl Brumann, Chef der Secret Intelligence (SI) und später Mitarbeiter der CIA, bis hin zum schon erwähnten Reagan-Manager Philip Guarino.[159] Der Zufall fügte es, daß nahezu alle Botschafter der Vereinigten Staaten in Italien Logenbrüder oder -schwestern und/oder engagierte Vorkämpfer für Geheimdiensttätigkeiten sowie rechts orientiert waren - so etwa James Zellerbach (der dem italienischen »Grande Oriente«, vorbei an Gesetzen und Gerichtsurteilen, wieder zu seinem alten Stammsitz »Palazzo Giustiniani« verhalf), Claire Booth Luce (die, nach William Colbys Bericht, »besonderes Interesse an der Geheimdiensttätigkeit in Italien hatte«), Graham Martin (der die Parlamentskandidatur des entlassenen Geheimdienstchefs des SID, Vito Miceli, für die Neofaschisten finanzierte) oder John Volpe (bei dem Gelli ein- und ausging). Verbindungsorganisationen zwischen italienischen und amerikanischen Logen und gleichzeitig Austauschplatz für Informationen zwischen den Geheimdienstmitarbeitern diesseits und jenseits des Ozeans waren und sind die zahlreichen Komitees, die sich um Italien »sorgen« - etwa das »American Committee for Italian Democracy«, das »American Committee for Democratic Italy«, das »American Mediterranean Freedom«, die »Giustinian Society« und das »Grande Italia«. Häufig gesehene Gäste sind dort: die ehemaligen und gegenwärtigen Botschafter, die amerikanische Hochfinanz (etwa David Kennedy, Präsident der Illinois Bank, früher Nixons Finanzminister) und Öl-Manager, allen voran John Connally (auch er einst Nixons Finanzminister). Auch die Publizistik diente dem Informationsaustausch - Ex-Botschafter Graham Martin sorgte z. B. dafür, daß Sindona die Hauptanteile am »Daily Rome American«, der meistgelesenen englischsprachigen Zeitung für italienische Probleme, aus den Händen des (Ex-Agenten) Robert Cunningham erwerben konnte.[160]

Die amerikanischen Geheimdienste hatten durchgehend präzise Aufgaben und Aufträge in Italien durchzuführen - so mußten sie etwa ständig über die behutsame Öffnung des Reformpapstes Johannes XXIII. zur kommunistischen Welt berichten. Wie der Agent James W. Spain 1963 nach Washington kabelte, seien »viele Kirchenleute verwirrt über den unzerstörbaren Optimismus des Papstes, der aufrichtig glaubt, daß Chruschtschow auf eine Liberalisierung in der

UdSSR hinarbeitet«. Peinlich genau aufgelistet werden die Ratgeber des Papstes in dieser Sache, von Monsignor Loris Capovilla (persönlicher Sekretär des Papstes) über den Holländer Johannes Willebrands bis hin zu den Italienern Pietro Pavan, Roberto Tucci und Igino Cardinale. Wohlwollend wird dagegen zur Kenntnis genommen, daß ein anderer Beamter des vatikanischen Außenministeriums der Sache »sehr skeptisch und ablehnend gegenübersteht - Monsignor Paul Marcinkus«[161], jener aus Illinois gebürtige Kirchenmann, der unter Paul VI. zum unumschränkten Herrscher über die Kirchenbank IOR aufstieg - unter Fürsprache David Kennedys und wahrscheinlich auch schon Sindonas.

Auch Moro geriet schon früh ins Blickfeld der CIA und der amerikanischen »Italien-Freunde«. Als sich die erste Links-Öffnung anzeigte, versuchte Botschafter Reinhardt alles, um diese Entwicklung zu stoppen (auf ihn ging die Initiative zurück, den zum USA-Besuch angesagten PSI-Chef Pietro Nenni wieder auszuladen).[162] Und als am Ende gar der Heilige Stuhl Moros Position akzeptiert hatte und John F. Kennedy auf freundlichen Kurs zu Moro ging, da berieten Reinhardt und die CIA ungeniert (durch ihren Agenten Thomas Karamessines) mit dem Putsch-Freund General Giovanni De Lorenzo zwecks einer »Demagnetisierung« des Verhältnisses DC-PSI.[163] Schon damals allerdings zeigte sich auch die Spaltung innerhalb der CIA selbst: während Reinhardt und seine rechtslastige Seilschaft alle Hebel gegen Moro in Bewegung setzten, schrieb der seit Kriegszeiten bewährte (und für den Mafia-Einsatz bei der Invasion mitverantwortliche) Geheimdienstagent und CIA-Mitarbeiter Victor L. Anfuso an den Präsidentenberater Kenneth O'Donnell, daß Moro der DC-Mann sei, den man unterstützen müsse: »Ich bitte Dich, dem Präsidenten davon zu berichten, daß ich seit geraumer Zeit dafür arbeite, Moro an die Vereinigten Staaten zu ›verkaufen‹. Ich kann bestätigen, daß Moro immer ein hervorragender Freund der Amerikaner war.«[164]

Ob die CIA an dem Putschversuch des Fürsten Borghese Anfang der siebziger Jahre beteiligt war, ist ungewiß. Sicher ist allerdings, daß zu dieser Zeit bereits die erste Phase des Untergrundkampfes in Italien begann, um das Land zu destabilisieren: 1969 kam es zum blutigen Anschlag an der Piazza Fontana in Mailand, mit 17 Toten, der von Neofaschisten verübt, aber lange Zeit Linksanarchisten in die Schuhe geschoben wurde; 1970 brachten in Gioia Tauro, Calabrien, ebenfalls Rechtsextremisten einen Zug zum Entgleisen: sechs Tote; seit Mitte 1970 wurden faschistische Unruhen in dieser Gegend geradezu programmäßig durchgeführt, es gab mehrere Tote bei

Auseinandersetzungen der Gruppen untereinander und mit der Polizei. Die Geheimdienste blieben überwiegend still; wie sich herausstellte, brauchten sie in die neofaschistischen Gruppen ja auch keine Spione zu entsenden - meist saßen umgekehrt die Drahtzieher und ihre Freunde sowieso schon im »Servizio Segreto«.

So war etwa die gesamte von General Vito Miceli (bis 1974) geleitete Geheimdienststelle des SID mit Agenten durchsetzt, die in aller Regel völlig andere Ziele im Sinne hatten als die ihnen übertragene Sorge um die Sicherheit ihres Staates. Da wurde von weißen und von blutigen Staatsstreichen geträumt; da holten sich, getreu dem »offiziellen« Bild der Parteienlandschaft, die verschiedenen politischen Richtungen und gar die diversen Strömungen innerhalb der Parteien ihre Informationen und Ratschläge im Umgang mit den Gegnern; und da kooperierten die einzelnen Gruppen ungeniert mit jeder auswärtigen Untergrundorganisation, um die eigenen Ziele zu verfolgen.

Eines der plastischsten - und auch für den Fall Moro wichtigsten - Dokumente stammt aus dieser entscheidenden Phase Mitte der siebziger Jahre; und obwohl ganz Italien immer wieder durch Presseberichte davon hört, wurde es bisher noch nicht veröffentlicht: das Geheimdienst-Dossier mit dem Kürzel M.FO.BIALI (wobei nach der einen Lesart M. für Miceli, nach der anderen für Mintoff - den maltesischen Ministerpräsidenten - steht, FO für Foglini, einen Geheimdienstagenten und Geschäftemacher, und BIALI für LIBIA, Libyen - denn es geht unter anderem auch um einen großangelegten und durch den Geheimdienst durchgeführten illegalen Waffenhandel mit Libyen). Die Materialsammlung enthält Geheimdienstberichte, Abhörprotokolle, Zusammenhangsvermutungen über eine Reihe hochgestellter Persönlichkeiten. Hauptbeobachteter ist der eben (März 1975) demissionierte Chef des SID, Vito Miceli selbst. Aber auch andere Polizeichefs, etwa der General der Finanzwache, Raffaele Giudice, und wichtige Beamte anderer Sparten kommen darin vor, z. B. der später im Fall »7. April« als Oberstaatsanwalt tätige Richter Gallucci. Und auch Licio Gelli taucht auf - neben illustren Mitbrüdern wie etwa seinem Südamerika-Residenten Umberto Ortolani.

Wichtig für unsere Zusammenhänge ist ein längeres Telefongespräch, das z. T. im Wortlaut wiedergegeben ist (und das wohl auch den Anlaß für das Dossier gegeben hat - das aller Wahrscheinlichkeit nach von der Gruppe um Andreotti angelegt wurde, um diesen über einen bedrohlichen Vorgang zu informieren): darin unterhalten sich die Partner über die Gründung einer rechts neben der DC anzusiedelnden Katholischen Volkspartei, die den nach links geöffneten Christdemokraten Schwierigkeiten bereiten soll. Initiator der neuen Partei war der genannte Mario Foligni, enger Vertrauter Gellis, Ortolanis, Micelis, Giudices, daneben auch mit besten Verbindungen zu den vatikanischen Geldzirkeln um den Marcinkus-Prokuristen Erzbischof Giovanni Benelli ausgestattet.[165] Foligni ist einer der Sprecher. Der andere wird mit »Toni« angeredet: Die Dossier-Verfasser haben ihn als den ehemaligen SID-Mitarbeiter und Polizeioberst Antonio Maroni identifiziert.

Dabei kommt es zu folgendem Dialog (vgl. Faksimile des Protokolls S. 139):

»*Foligni:* Lieber Toni, wir werden Zaccagnini die Eier rausreißen.
Toni: Und die Amerikaner?
Foligni: Stehen alle auf unserer Seite ... Alle miteinander.
Toni: Und die Israelis?
Foligni: Das ist das einzige, wo wir sie mit den Arabern in Einklang bringen können ... Gerade wir können sie in Einklang bringen.
Toni: Jawohl.
Foligni: Verschaff mir sieben oder acht zuverlässige Ex-Carabinieri, die mit mir zusammenarbeiten, um die Manifeste anzukleben, die mich 75 Millionen gekostet haben. Zu den kommunalen Plakatklebern habe ich kein Vertrauen, die kleben ein paar an und den Rest schmeißen sie in den Tiber ...«

Das Gespräch zeigt: Für Aktionen solcher Qualität wie die Gründung einer Rechtspartei zum Zwecke der Destabilisierung wurden offenbar von den italienischen Betreibern nicht nur die Amerikaner, sondern auch die Israelis konsultiert - wie ersichtlich, wurde gerade auf diesem Gebiet auch der israelisch-arabische Gegensatz, der tief in die Geheimdienste hineinwirkte, ausdrücklich überwunden.[166]

Dieses mitten in der Zeit der »Strategie der Spannung« aufgenommene Gespräch - es datiert, nach dem Protokoll, vom 27. 9. 1975 - ist nicht nur wegen seines Inhalts Gegenstand von Spekulationen geworden: Der SID-Agent Augusto Ciferni, der als einziger den Namen des abhörenden Polizisten kannte, kam am 12. Oktober 1979 bei einem niemals aufgeklärten angeblichen »Verkehrsunfall« ums Leben.[167] Noch vier Jahre später suchte die P2-Kommission, vergeblich natürlich, beim Verhör Folignis Klarheit in diesen merkwürdigen Zufall zu bringen.

Jedenfalls zeigt die Abhörniederschrift besonders deutlich, wie bereitwillig die amerikanischen und die israelischen Geheimdienste bei der Destabilisierung mithalfen.

Aber die CIA- und MOSSAD-Agenten waren keineswegs nur auf der oberen Ebene, jener der Politik und Geheimdienste, aktiv.

Notevoli, intanto, sono le visite di persone di ambo i sessi che egli riceve in via della Consulta, e tutte asseritamente intenzionate ad offrire aderenza e collaborazione al suo nuovo organismo politico.

Tra queste quella di un tizio, ben conosciuto da Mario FOLIGNI, il quale, "passando per caso" in via della Consulta, è salito negli uffici del "NPP" alle ore 09,20 del 27.9.1975.

In proposito si hanno validi motivi per ritenere che il tizio, con il quale FOLIGNI parla in prima persona e amichevolmente lo chiama "Toni", altri non sia che l'ex ufficiale del SID, capitano dei CC., Antonio MARONI(1).

Ciò che è stato detto tra i due lo si riporta integralmente. Nondimeno va tenuto presente che FOLIGNI, nel suo intimo, per tutta la durata della conversazione, ha dubitato circa l'asserito transito occasionale dell'interlocutore in via della Consulta e a tutt'oggi è convinto che questi sia stato "mandato negli uffici del partito per scopi ben definiti". Ciò che si leggerà più avanti è pertanto da accettare con le dovute riserve.

Ecco il testo della conversazione:

FOLIGNI: caro TONI', manderemo fuori dai coglioni ZACCAGNINI;

TONI' : e gli americani?;

FOLIGNI: stanno tutti con noi...,in toto corde;

16

TONI' : e gli israeliani?;

FOLIGNI : sono le uniche cose che possiamo conciliare fra loro e gli arabi...., siamo noi che possiamo conciliarli;

TONI' : già;

FOLIGNI : procurami sette o otto ex carabinieri con le palle sotto che collaborino con me per attaccare manifesti che mi sono costati 75.000.000. Degli attacchini del comune non mi fido... Ne attaccano qualcuno e la rimanenza ne la buttano

Auszug aus dem abgehörten Telefongespräch, das die Verwicklung israelischer und amerikanischer Geheimdienste in die Destabilisierung Italiens belegt (Teil des M. FO. BIALI)

Längst hatten sie mit erheblicher Energie und in mindestens gleichem Ausmaß die von den Offiziellen Italiens bis heute gern als »autonom« etikettierten Terrororganisationen unterwandert - seit den siebziger Jahren insbesondere die linken.

Da ist z. B. der Fall des Ronald Stark. Dieser ist so gewichtig, daß ihn selbst die DC-PCI-Mehrheit des Moro-Ausschusses nicht ganz übergehen konnte.

Am 15. Mai 1979 wurden in Mailand Flugblätter gefunden, auf denen zu lesen stand:

»Der wirkliche Organisator des Blutbades in der Via Fani und der Entführung Moros ist ein Italoamerikaner, der eng mit Ronald Stark zusammenarbeitet ... Sein Name ist David. David ist ein Ex-Marine-Soldat aus dem Vietnamkrieg im Rang eines Hauptmannes. In der letzten Zeit war er Militärberater des Militärischen Abschirmdienstes Westdeutschlands. ... An der Ermordung Moros hat er jedoch nicht teilgenommen.«[168]

Des weiteren wurde über »David« mitgeteilt, daß er am 18. 3. 1945 in San Diego, Californien, geboren wurde, blaue Augen, braune Haare, mitunter einen Schnurrbart hat und 1,77 m groß ist. Er vor allem, so das Flugblatt, habe den Anschlag auf Moro organisiert, als »Führungsoffizier«.

Die Angabe über seine Tätigkeit für den bundesdeutschen Militärischen Abschirmdienst (MAD) wird in diesem Zusammenhang eher am Rand erwähnt, allenfalls als eine Art Berufsbezeichnung; ob sich hier auch konkrete Mithilfe seitens des MAD im Falle Moro ergeben hat, ist nicht auszumachen; die Kommission hat hier bezeichnenderweise keine Recherchen angestellt und schon gar nicht in der Bundesrepublik genauer nachgefragt. »David« scheint eine Art Verbindungsoffizier zwischen europäischen und amerikanischen NATO-Stellen zu sein.

Ergiebiger sind die Erkenntnisse über den genannten Ronald Stark. Dieser ist CIA-Agent, arbeitete in den siebziger Jahren lange in Italien und suchte, nach einer Festnahme wegen angeblichen Rauschgifthandels, im Gefängnis Kontakte zu zahlreichen Mitgliedern des »Historischen Kerns« der Roten Brigaden und anderer bewaffneter Gruppen. Belegt sind mehr oder weniger intensive Beziehungen zu Renato Curcio, Maurice Bignami, Vincenzo Bertolazzi und Enrico Paghera. Aussagen Pagheras - Mitglied der international operierenden »Azione rivoluzionaria« - untermauern diese Erkenntnisse.[169]

Stark behauptete gegenüber den Rotbrigadisten, er sei Palästinenser - ein geschicktes Vorgehen, denn allenfalls zur PLO hatte der »historische Kern« einigermaßen Vertrauen, während die Leute um

Curcio zunächst allen anderen ausländischen Hilfsangeboten eher skeptisch gegenüberstanden.

Starks Angebote bestanden in der Vermittlung von Waffen, logistischen Basen im Ausland sowie der Ausbildung in Camps der Palästinenser und in Libyen. Vor allem aber war er an der Einrichtung eines geheimen Informationssystems unter den Rotbrigadisten beteiligt und wirkte auch beim Verfassen einzelner Manifeste und Dokumente der BR mit.[170] Später behauptete er dann, für Libyens Auslandskommandos Rekruten zu suchen.[171]

Nun arbeitete Stark aber nicht nur mit den Roten Brigaden zusammen, sondern auch mit rechten Gruppen. So wurden 1977 bei seiner Verhaftung wegen Rauschgifthandels in Bologna auch der Ingenieur Roberto Adolfo Fiorenzi sowie ein gewisser Franco Buda festgenommen. Buda, ein kleiner Dealer, bekam Angst und berichtete ausführlich, daß Stark ihm Fiorenzi als einen der Leute bezeichnet habe, die seinerzeit am Flughafen Fiumicino eine ALITALIA-Maschine in die Luft gesprengt hatten. Eben dieser Ingenieur Fiorenzi wurde aber auch im Hotel Locarno in Rom gesichtet - an eben jenem Tage, an dem dort nach den Ermittlungsergebnissen von der neofaschistischen Organisation »Ordine nero« der Anschlag auf den Italcus-Zug beschlossen wurde, der zwölf Menschen das Leben kostete.

Die Majorität der Moro-Kommission ging mit diesen Erkenntnissen sehr seltsam um. Einerseits halten die Kommissare ohne Widerspruch fest, daß nach den Gerichtsprotokollen Stark (ebenso wie die zuständigen Stellen der Vereinigten Staaten) kategorisch leugne, er sei Geheimdienstler der USA - wobei die Berichterstatter des Ausschusses auch den Hinweis Starks nicht zu zitieren vergessen, in Amerika stünden hohe Strafen auf die Preisgabe einer CIA-Mitgliedschaft.[172] Andererseits wird lobend zur Kenntnis genommen, daß der Bologneser Haftrichter Giorgio Florida Stark am 15. Mai 1979 ganz korrekt aus der Untersuchungshaft (mit Melde-Auflage) entlassen habe - »auf der Basis akribisch im Gerichtsbeschluß aufgelisteter, überzeugender Indizien, die seine Mitgliedschaft bei einem amerikanischen Geheimdienst belegten«.[173]

Möglicherweise hatte auch Mrs. Wendy Manson, US-Vizekonsul in Florenz, den Richter überzeugt. Sie, ebenso wie andere »hohe amerikanische Funktionäre«, gehörte zu den häufigsten und gern gesehenen Besuchern Starks im Gefängnis.[174] Eine Woche nach seiner Entlassung war der CIA-Mann verschwunden.

Kürzlich wurde Stark in Holland wieder festgenommen. Ob er an Italien ausgeliefert wird, ist zweifelhaft - wie das Verhalten der Behörden und Politiker im ganzen Fall ohnehin merkwürdig genug ist: Obwohl die Mitarbeit Starks bei der CIA durch »überzeugende Indizien« feststand, obwohl ein dickes Dossier bei den Geheimdienststellen über ihn lagert, obwohl seine Beziehungen zu italienischen Agenten bekannt sind, verweigerte die Regierung ebenso wie der »Servizio segreto militare« SISMI in diesem Fall jede Zusammenarbeit mit der Moro-Kommission und auch mit den zuständigen Gerichten. Selbst eine parlamentarische Anfrage wurde ohne weiteres abgeschmettert.

Ebenso liegen die Dinge bei der Frage, was die merkwürdig hektischen Aktivitäten des amerikanischen CIA-Chefs in Rom, Mike Seydenhower, während der Affäre Moro bedeuten könnten. Die Kommission befaßte sich lieber gleich gar nicht mit der Frage; auch über gewisse Äußerungen, die dem damaligen USA-Botschafter, Richard Gardner, über Moros angebliche »Gefährlichkeit« zugeschrieben werden, wurden keine weiteren Ermittlungen angestellt[175]; und nicht einmal die vom Außenministerium berichtete »kalte und unzugängliche Haltung« der US-Botschaft - die so merkwürdig im Gegensatz zu Präsident Carters herzlichen Solidaritätsbeteuerungen stand[176] - wurde Gegenstand auch nur einigermaßen befriedigender Erörterungen.

Ob allerdings auch noch so intensive Nachfragen bei amerikanischen Dienststellen sehr viel zur Aufhellung hätten beitragen können, ist zumindest fraglich, selbst wenn diese zu Auskünften bereit gewesen wären - zu chaotisch waren in dieser Zeit die Zustände gerade bei den Geheimdiensten der Supermacht.

Die eine Hand wußte nicht, was die andere tat. Präsident Carter glaubte, durch massive Gängelung das Chaos beschneiden zu können, ohne zu erkennen, daß eine Behörde mit dieser kriminellen Energie nicht durch Gesetze zu bekämpfen ist.

Sicher ist allerdings, daß sich die CIA-Leiter in den Tagen der Moro-Entführung ein solch großangelegtes Manöver jedenfalls nicht als reguläre Operation leisten konnten. Ebenso sicher ist aber, daß Teile der CIA, schon früher auf eine »Bereinigung« der italienischen Situation angesetzt, weiterhin in dieser Richtung tätig waren.

Der MOSSAD

Als im Jahre 1979 iranische Studenten die amerikanische Botschaft in Teheran besetzten, stießen sie unter anderem auf eine Reihe von Dokumenten, die an diesem Ort wenig Sinn zu machen schienen:

Berichte über *israelische* Operationen weitab von der persischen Hauptstadt. Neben der Türkei war da vor allem Italien als Hauptziel genannt[177] (in diesem Rahmen übrigens auch der Vatikan). Wie die »New York Herald Tribune« am 2. Februar 1982 dokumentierte, war es Teil einer CIA-Strategie, dem israelischen Geheimdienst MOSSAD das Feld dort zu überlassen, wo die direkte Einmischung der Amerikaner unklug gewesen wäre.

Italien war vor allem deswegen ein eher prekäres Operationsgebiet, weil die CIA hier einerseits seit langem im Verdacht stand, im Untergrund zu arbeiten, und weil es auf die NATO-Partner keinen guten Eindruck gemacht hätte, wenn eines ihrer Zentralländer gerade von US-Freunden terrorisiert worden wäre. Dem israelischen Geheimdienst waren - und sind - solch vorsichtige Überlegungen fremd.

Anfang des Jahrzehnts, als in Ägypten Sadat die Macht übernommen und die Sowjets nach Hause geschickt hatte, wurde für die israelische Regierung sichtbar, daß sich zwischen Ägypten und der Supermacht USA zuerst verdeckte, dann immer offenere Kontakte anspannen. Es brauchte nicht erst den Jom-Kippur-Krieg, um der israelischen Regierung klarzumachen, daß hier ein grundlegender Wandel in der Politik stattfand, der durchaus die eigene harte und expansive Politik gefährden könnte.

Die von Politikern und Geheimdienstleuten ausgearbeiteten Gegenstrategien waren denkbar einfach - und um so wirkungsvoller. Die USA, so die Erkenntnisse, konnten sich die »arabische Karte« nur leisten, weil sie sich in Westeuropa absolut sicher fühlten. Wenn daher die Abwendung der USA von Israel rückgängig gemacht werden sollte, so ging das nur, wenn man Mittel fand, die Amerikaner wieder zum Antikommunismus Israels zurückzulenken. Und das hieß: die NATO, Basis der USA in Europa, mußte an bestimmten Stellen geschwächt, destabilisiert werden, so daß sich die Supermacht im Mittelmeer nach anderen Sicherheiten umsehen mußte.

Von der politischen Instabilität her boten sich vor allem Griechenland und die Türkei an. Die zuverlässigen israelischen Informationsdienste wußten jedoch zu berichten, daß in beiden Ländern auch eine eventuelle Rückkehr zu einer Art Demokratie - wie sich das Anfang der siebziger Jahre ankündigte - vorderhand keine ausgesprochen linken oder gar sowjetfreundlichen, also von den USA als bedrohlich empfundenen Regierungen zur Folge haben würde. Eine zusätzliche Destabilisierung hätte das also nicht bewirkt; überdies hatte sich schon längst gezeigt, daß beide Länder - wegen Zypern - in steter Spannung miteinander leben und daß die NATO an der Südostflanke sowieso mehr Vertrauen auf die Mittelmeerflotte als auf die dortigen Länder setzte.

Um so wichtiger war Italien. Wenn die USA auf ihre Mittelmeerflotte vertrauen wollten, mußten sie irgendwo sichere Stützpunkte haben - und die lagen bisher zwischen Genua und Palermo, vor allem bei Gaeta und Neapel. Italien, das erkannte Israel, war der Schlüssel. Eine politische Instabilität würde beträchtliche Probleme für die Allianz und die USA bringen.

Aber es gab noch andere Gründe für Israel, in Italien aktiv zu werden. Die Annäherung von DC und PCI brachte auch die Gefahr einer Verschiebung des regierungsamtlichen Wohlwollens zu den Arabern und Palästinensern hin (was sich tatsächlich 1973/74 bei der erwähnten Freilassung der drei Palästinenser aus italienischer Haft unter Mithilfe Moros als richtig erwies). Die Kollaboration von Katholiken und Kommunisten mußte also auch aus diesem Grund für die israelische Regierung gefährlich sein.

Darüber hinaus aber bot sich Italien zu Anfang der siebziger Jahre als Objekt der Einmischung geradezu an. Die unübersehbare ökonomische Krise des bis vor kurzem viertgrößten westlichen Industrielandes, die Unfähigkeit der durch Klientelwirtschaft blockierten Parteien zur Lösung der sozialen Spannungen - es sei denn durch die »Große Koalition« aus DC und PCI -, der daraus entstandene Kampf von Arbeitern und Studenten nach der Einleitung der Strategie der Spannung und den neofaschistischen Attentaten seit 1969: hier konnte man sich leicht einschalten.

Die Frage, ob der Rechts- oder der Linksterror zu unterstützen sei, beantwortete sich von selbst: wenn man die ja großenteils rechte DC nicht nach links treiben, umgekehrt aber den PCI als Ziehvater des Terrorismus hinstellen wollte, dann konnte man nur in der linken Szene operieren.

Spätestens seit 1972 registrierten die Roten Brigaden Annäherungsversuche von Israelis. Dies geschah zunächst relativ offen, d. h. ohne Zuhilfenahme von Tarnungen.

Da gab es z. B. einen Geschäftsmann aus Mailand, den Polizeibehörden später als einen gewissen Corrado Maroso identifizierten. Dieser hatte sich, nach Angaben des geständigen Terroristen der ersten Generation, Alfredo Buonavita, bereits 1972/73 an die Mailänder Kolonne der Roten Brigaden mit dem Vorschlag gewandt, die Organisation mit israelischen Stellen in Verbindung zu bringen, um von da Waffen und Ausrüstungen zu beschaffen. Buonavita, der sich auf Berichte Margherita Čagols aus der Zeit unmittelbar nach der ersten Festnahme Curcios und Franceschinis bezieht, weiß auch, daß die Kontakte wirklich aufgenommen wurden und daß wenig später Israelis den BR - sozusagen als Beweis ihrer Kooperationsbereitschaft - das Versteck Pisettas verrieten, der im Verdacht stand, die beiden Rotbrigadisten verraten zu haben. Buonavita und Roberto Ognibene, auch er aus der ersten Generation, reisten daher über Frankreich nach Freiburg im Breisgau, um Pisetta zu ermorden; dieser war aber bereits verschwunden.

Buonavitas Aussagen werden durch Dokumente gesichert, die in einem Versteck der BR in Robbiano di Mediglia gefunden wurden und unter dem Datum vom 1. März 1974 ein Wortprotokoll von Gesprächen zwischen Pisetta und eben jenem Corrado Maroso enthalten, auf dem, als Fußnote, die Adresse und der Deckname Pisettas (Alfredo Maritz) vermerkt ist; auch eine Fotografie Pisettas lag bei den Materialien.[178]

Die Majorität der Moro-Kommission hat viel Mühe darauf verwandt, Buonavitas Aussagen in Zweifel zu ziehen, zumindest was die Datierung angeht (tatsächlich hat er sich wohl um ein Jahr geirrt): Daß israelische Stellen 1973/74 mit den Roten Brigaden schon in Kontakt waren, wird allerdings auch hier nicht mehr bezweifelt.[179]

Patricio Peci, Hauptbelastungszeuge im späteren Moro-Prozeß und in der zweiten Hälfte der siebziger Jahre Chef der Turiner BR-Kolonne, hat ausführlich von weiteren israelischen Versuchen (seit 1975) berichtet. Da die Roten Brigaden jedoch damals - aufgrund der Erfahrungen Curcios und seiner ersten Generation - die Infiltration fürchteten, wurde eine Reihe solcher Kontakte auch wieder abgebrochen.[180]

Die israelischen Dienste mußten, zur Stabilisierung ihrer Beziehungen, wohl oder übel zu anderen Mitteln greifen: zur Kontaktierung unter anderer Flagge. Ob dabei auch gewisse Mitglieder der Strategischen Leitung der Roten Brigaden und anderer Organisationen eingeweiht wurden, ist noch zu untersuchen. Tatsache ist jedenfalls, daß sich vor allem seit dem Erweis nicht ausräumbarer Ressentiments der BR gegen *israelische* Destabilisierungshilfen (auch wenn die Ziele von BR und MOSSAD in diesem Falle identisch waren) 1976 plötzlich und ganz unvermittelt eine Reihe von Kontakten zu angeblichen Palästinenser-Organisationen ergab, die erstaunlich großzügig mit Waffen und Ausrüstung aushelfen wollten. Merkwürdigerweise waren es weder die PLO selbst noch eine der bekannten Gruppen, die hier einsprang. Bekannt war dagegen der Mittelsmann: Maurizio Folini, mal »Armando« genannt, mal mit dem Spitznamen »Corto Maltese« versehen, seit 1975/76 im Waffengeschäft.[181] Geheimdienstdossiers sehen in ihm einen »Ex-Autonomen«; in der »Autonomia« erregte er freilich eher Mißtrauen.[182] Er hatte sich der »Autonomia« mit der Versicherung aufgedrängt, ein Emissär des PLO-Linken George Habbash zu sein. In dessen Kreisen, das ergaben Nachfragen, war Folini aber völlig unbekannt. Anders als die BR und Prima Linea gingen die Autonomen daher auf Abstand; Oreste Scalzone, der Folini angeblich an die Rotbrigadisten empfohlen hatte, wurde - so die Aussage von Annamaria Granata - unsicher, als der Waffenhändler im Sommer 1978 plötzlich in großer Zahl Waffen aus dem Libanon heranschaffen wollte - mal als angebliches Solidaritätsgeschenk des dortigen Widerstands, mal, weil man aufgrund der israelischen Kontrollen die Ware nicht ins Kampfgebiet bringen konnte: wenn die Ausfuhr aus Libanon und die Einfuhr in Italien so ohne weiteres gelingen sollte, dann mußte an der Sache etwas faul sein. Scalzone vermutete, daß dann die Russen mit der Sache einverstanden sein mußten (manche sahen in Folini einen KGB-Mann).[183] Daß israelische Dienste damit zu tun haben könnten, darauf kam Scalzone nicht. Jedes Gewehr, das den Libanon verließ, war eines weniger gegen sie, und jedes, das die Rotbrigadisten erhielten, eines mehr zur Destabilisierung Italiens.

Der Waffenhandel mit den angeblichen Palästinensern wurde übrigens nach dem Tode Moros noch verstärkt, wobei die Kontakte der Roten Brigaden faktisch nur durch einen einzigen Mann hergestellt und aufrechterhalten wurden: durch Mario Moretti, den Chef der römischen BR-Kolonne.

Die Moro-Kommission hat sich viel Mühe gemacht, um die Echtheit der Palästinenserkontakte zu belegen. Eine schlüssige Motivation, warum die Palästinenser, seit Jahren in ständigem Defensivkrieg gegen Israel und von nahezu allen Freunden verlassen, noch Zeit haben sollten, sich der Ausbildung und Ausstattung ausländischer Gruppen mit ganz anderen Zielen zu widmen, fiel den Kommissaren allerdings nicht ein.

Fast rührend wirkt es, wenn die parlamentarischen Berichterstatter in ihrem Report ausgerechnet die Destabilisierungsmotive der *Israelis* heranziehen, um dieselbe Stoßrichtung der Palästinenser zu begründen: Ganz unvermittelt, mitten im Paragraphen »Beziehungen zu den Palästinensern« kommt die Sprache auf Israel:

»Sicher, auf den ersten Blick kann die Tatsache absurd erscheinen, daß sich sowohl die Palästinensergruppen wie auch die israelischen Geheimdienste, beschäftigt mit einem harten Krieg untereinander, in Übereinstimmung beim Hilfsangebot an den italienischen Terrorismus befunden haben.
Wie später zu sehen sein wird, konnten die Israelis in einem bestimmten Mo-

ment Interesse an einer Destabilisierung des politischen Rahmens in Italien haben, sei es, weil sie davon überzeugt waren, daß die amerikanische Regierung dann zu größten Unterstützungsangeboten an Israel gezwungen wäre, sobald die Schwäche des italienischen Verbündeten festgestellt wäre, sei es, weil Israel sich wegen einer möglichen philoarabischen Entwicklung der italienischen Außenpolitik im Falle einer kommunistischen Beteiligung an der Regierungsmehrheit sorgte.«[184]

Und was hat das mit den Palästinenser zu tun? Nichts. Immerhin bleibt die Frage, die auch der Kommission auffiel:

»Nun wird man sich fragen, wie es möglich ist, daß die Gruppen, die im palästinensischen Widerstand kämpfen, nicht die gegenteiligen Absichten hatten.«[185]

Die Antwort der Kommissionsmehrheit: Die Palästinenser seien gespalten - in die gemäßigten Arafat-Leute der PLO und die Dissidenten. Letztere waren, so der PCI-DC-Bericht, für die italienischen Terroristen zuständig:

»Im Gegensatz ... zu Arafat haben kleinere Grüppchen, die auch in der PLO präsent sind, keinerlei Vertrauen in die Möglichkeit einer politischen Lösung der palästinensischen Frage und sind konsequenterweise aufgeschlossen für die Förderung jeglicher militärischer Attacke auf Israel und auf die NATO auf europäischem Gebiet und zeigen Interesse für destabilisierende Effekte terroristischer Tätigkeit in Ländern, die man gar nicht als Feinde der Sache der Palästinenser betrachten kann.«[186]

Wahrscheinlich haben die Kommissare am Ende doch nicht glauben mögen, was sie hier formuliert hatten - jedenfalls hängten sie an das Ende des Paragraphen mit allen Zeichen der Zustimmung auch noch Stellungnahmen aller möglichen PLO-Führer bis hin zu dem mit der Verfolgung von Abspaltern von Arafats Linie befaßten Oberrichter Abu Al Hakim an. Sie allesamt erklärten eine palästinensische Intervention gerade in Italien für absurd - in jenem Land, das in der EG seit langem als Vorreiter für proarabische Resolutionen galt und das als einziges europäisches Land PLO-Terroristen freigelassen hatte.

Das Todesurteil

In einer historisch nahezu einmaligen Weise bildete Aldo Moro für faktisch alle der hier beschriebenen Mächte ein Idealziel.

So etwa für diejenigen, die seinen Kurs behutsamer Parteireform zugunsten nicht skandalumwitterter Persönlichkeiten fürchten mußten. Dann für diejenigen, die von einer autoritären Staatsform träumten und denen Moro mit seinen erfolgreichen Kompromißformeln immer wieder die Argumente für eine Verfassungsreform zerstörte. Weiterhin für die militanten Antikommunisten im In- und Ausland, in deren Augen Moro den PCI aufwertete und am Ende noch den Beleg für das Funktionieren des »Historischen Kompromisses« zu liefern imstande wäre. Aber auch und vor allem für jene, die eine Regierungsbeteiligung der Kommunisten nicht nur aus Prestigegründen fürchteten, sondern auch, weil sie die Gefahr sahen, daß damit die ökonomische und gesellschaftliche Krise gemeistert werden könnte.

All diejenigen mußten besorgt sein, die jene Destabilisierungsstrategie eingefädelt hatten und deren Rechnung Moro zu durchkreuzen drohte. Und spätestens hier trafen sich ganz direkt die Interessen der Roten Brigaden, der israelischen Regierung und jener Teile der CIA, die in der Tradition Kissingers eher auf einen faschistischen Putsch als auf eine Demokratisierung zur Überwindung sozialer Gegensätze zielten.

Doch es kam noch etwas anderes dazu: Die voraussehbare Reaktion der jeweils anderen Seiten im Falle einer »Bereinigung« der »Gefahr Moro«. Auch hier - und gerade hier - war der DC-Präsident ein geradezu unübertreffliches Objekt. Denn es war absolut sicher, daß Aldo Moro von keiner entscheidungsmächtigen Seite geschützt werden würde. Daß das Volk auf die Straße gehen würde, mochte man akzeptieren: es hat ja keine Macht, und die Gewerkschaften, in Italien traditionell parteigebunden, lagen an der kurzen Leine ihrer politischen Führung. Von dorther drohte keine Gefahr.

Niemand würde sich für Moro verwenden - am wenigsten diejenigen, denen er, aus welchen Gründen auch immer, geholfen hatte. Daß Andreotti ihn seinem Schicksal überlassen würde, hat Moro selbst sofort gesehen; daß Cossiga als Innenminister von Andreotti abhing und ansonsten keine Durchsetzungskraft hatte, war ebenfalls ausgemacht. Zaccagnini, der Parteisekretär, Fanfani, Piccoli: sie alle waren zu schwach, um gegen den massiv auftretenden Andreotti und seine damaligen Mitstreiter im Ausland und in den italienischen Geheimdiensten etwas auszurichten.

Daß die Kommunisten Moro nicht verteidigen würden, war ebenso sicher. Eine Intervention zu seinen Gunsten hätte den PCI als nicht staatstragend erscheinen lassen, und die Partei überdies in den Verdacht gebracht, Moro nur um ihrer Regierungsbeteiligung willen retten zu wollen.

Daß die Geheimdienste nichts für ihn taten, war zwar nicht dem Volk und vielleicht auch nicht der Majorität der Politiker klar, wohl aber jenem »Tätergemisch«[187], das sich hier ans Werk machte, und dem die Komplizenschaft aus Geheimdienstchefs, Polizeispitzen, P2-Brüdern und Auslandsmächten bekannt war.

Daß die Amerikaner offiziell (der Präsident und der Außenminister) und inoffiziell (die CIA), nicht intervenieren würden, war ebenfalls voraussehbar.

Die US-Regierung - ohnehin ein Gegner des »Historischen Kompromisses« - konnte sich als Stütze der »Staatsraison« gegen den Terrorismus darstellen (was Carter denn auch tat). Auch den Teilen der CIA, die nicht mit der Infiltration in die italienische Terrorszene befaßt waren oder gar dagegen waren, konnte es kaum einfallen und noch weniger gelingen, hier gegenzusteuern: einen »Kommunistenfreund« zu retten, das wäre wohl innerhalb der CIA auch zu Carters Zeit kaum mehrheitsfähig gewesen.

So bestand der »Fall Moro« in der Exekutierung einer Person, die in enormer Weise und ohne alle Abstriche für das eigene Land und vor allem im Sinne der offiziell formulierten Politik tätig war. Moro war isoliert und schutzlos. Das war vorauszusehen, und dies war die Grundlage für den kalkulierten Mord an ihm.

Bleibt die Frage: Warum nicht ein einfaches Attentat, also die sofortige Ermordung? Das hatte wohl einen recht einfachen Grund: Wollte man das Ganze als linksterroristische Tat darstellen, so mußte die traditionelle Linie zunächst einmal eingehalten werden. Die BR mordeten zwar ohne Zögern - doch sie hatten sich dabei bisher immer Personen herausgegriffen, die sie konkret als ihre direkten »Feinde« ansahen: Polizisten, Richter, Gefängniswärter und bestimmte Journalisten. »Volksfeinde« (wie Moro) hatten sie bisher nicht ermordet: Für diese stand zuerst der »Prozeß« bereit, der im »Volksgefängnis« zelebriert werden mußte, wie schon früher - etwa im Fall Sossi.

Als »Volksgefängnis« verdächtigtes Appartementhaus Via Montalcini 8

Die Instrumentalisierung der Roten Brigaden

Die Botschaft der USA in Rom

Nach alledem stellt sich die Frage, wie stark die an der Destabilisierung Italiens interessierten Gruppen, also vor allem die dabei ohne oder mit Erlaubnis ihrer Oberen tätigen Teile der CIA und des MOSSAD ebenso wie die italienischen »okkulten Mächte«, den Gang der Dinge tatsächlich beeinflussen konnten. Mit anderen Worten, wie weit Infiltranten oder Befehlsempfänger in die Spitze, d. h. die Strategische Leitung der Roten Brigaden vorgedrungen sind.

Tatsächlich saßen die Agenten zur Zeit der Affäre Moro bereits im innersten Kern der Roten Brigaden. Ihr Zugriff auf die Entscheidungen geschah nicht mehr auf Umwegen, sondern direkt - nur so ließ sich die Aktion ständig unter Kontrolle halten. Und mittlerweile haben zahlreiche Nachforschungen und Neubewertungen der Vorgänge während und nach der Entführung Moros auch einen Namen zutage gefördert, um den sich alles dreht, und der zum Schlüssel für die gesamte Infiltration und Instrumentalisierung der Roten Brigaden wird: Mario Moretti, »capo« der römischen Kolonne der Roten Brigaden, angeblicher Chef-Planer der Entführung, der schließlich auch ganz persönlich die Ermordung Moros just in dem Augenblick anordnete, als die Politiker zu Verhandlungen bereit zu werden begannen - und der damit zu diesem Zeitpunkt nahezu alle Mitglieder der Roten Brigaden überraschte.[188]

Unter dem Aspekt einer Verknüpfung von Morettis Aktivitäten mit der geheimdienstlichen Infiltration bekommen zahlreiche Momente, die innerhalb der Operation Moro sonst keinen Sinn machen, plötzlich einen eindeutigen Zusammenhang: u. a. wird das, was die Ausschußmehrheit der Parlamentskommission als auch das Gericht als »verwirrend« (sconcertante) einordnet oder unbeachtet läßt und was die Minderheitenrapporte als »offene Fragen« deklarieren, sichtbarer und plausibler Bestandteil des Gesamtzusammenhangs.

Den Anfang muß eine generelle Beobachtung machen, die den Fahndern wie den Kommissaren, eher an summarischer als an differenzierter Wertung interessiert, ebenso wie den anderen Chronisten[189] grundsätzlich entgangen ist: seit der Inhaftierung und damit weitgehenden Ausschaltung der »historischen« Gründergeneration der Roten Brigaden findet nämlich faktisch keinerlei theoretische Weiterentwicklung des Guerilla-Kampfes und des revolutionären Umsturzes im Umfeld der BR statt.

So wenig waren die »jüngeren« Generationen der Roten Brigaden imstande, selbst sinnvolle Konzepte für ihren Kampf zu entwickeln, daß sie mitunter ihre Deklarationen aus längst veröffentlichten oder in Seminaren als Papers diskutierten Überlegungen anderer Gruppen abschrieben (was dem Paduaner Professor Toni Negri 1979 in erhebliche Schwierigkeiten bringen sollte, weil man Manuskriptteile seiner Seminarthesen in Dokumenten der BR fand und ihn daher als Chef der BR überführen zu können glaubte). Mitunter kopierten sie Formulierungen ihrer Communiqués während der Moro-Entführung auch aus anderen BR-Verlautbarungen, die schon ein halbes Jahrzehnt alt waren - z. B. die Phrase »Nichts darf dem Volk verborgen bleiben . . .«, die den Entführern Moros so gut gefiel, daß sie sie gleich zweimal wörtlich (im comunicato 3 und 5) und einmal sinngemäß (im comunicato 8) aus dem comunicato des »Historischen Kerns« im Falle Sossi aus dem Jahr 1974 übernahmen - obwohl sie diesmal, im Gegensatz zu 1974, selbst ständig gegen dieses Prinzip verstießen und dem »Volk« keineswegs ihre Dokumente (z. B. das »Verhör« Moros) zugänglich machten.

Noch 1981 wunderte sich der Polizei-Infiltrant Renato Longo, der Moretti und seinen damaligen Adlatus Enrico Fenzi der Polizei auslieferte, daß bei seiner »Aufnahme« in den inneren Kreis der BR ein Examen stattfand, das faktisch nur aus Wiederholungen abgestandener Standardformeln bestand, wonach der »Kapitalismus in der Krise stecke«, »das Proletariat siegen werde« usw. usf.[190]

Besonders deutlich dokumentiert sich die Stagnation der theoretischen Entwicklung, wenn man z. B. Renato Curcios »Fuori dai denti« (über die späten sechziger Jahre) oder die »Intervisti a se stessi« der BR aus den Jahren 1971-73[191] mit dem Buch des Turiner BR-Capi der späten siebziger Jahre, Patrizio Peci (*Io, l'infame*) oder der »Risoluzione della Direzione Strategica« vom Februar 1978 vergleicht. Nicht ein neuer Gedanke, nicht eine Fortentwicklung der analytischen Ansätze der frühen Jahre - allenfalls eine Perfektionierung des Militärischen.

Mario Moretti hat eine von Beginn an merkwürdige politische Biographie. Im Gerichtsurteil von 1983 wie in dem Bericht der Moro-Kommission und den Studien über den Fall Moro erscheint er als »capo storico«. Tatsächlich aber war im historischen Kern seine Rolle so minimal, daß ihn die Veröffentlichungen über die Roten Brigaden vor 1978 kaum einmal erwähnen[192], und auch in den BR-Gerichtsverfahren vor der Moro-Entführung wird er nie als »capo« behandelt.

Moretti - nach Pecis Schilderung »die aggressivste Person, die ich je kannte . . .; aber er machte uns klar: das ständige Sichverstecken hatte ihn wie ein wildes Tier gemacht, ständig auf der Lauer, verschlossen gegen alle menschlichen Beziehungen«[193] - kam 1975 nach Rom, und aus der bis dahin eher unbedeutenden Sektion wurde plötzlich das Zentrum der BR. Die Moro-Kommission meint gar, daß sich »die römische Kolonne wohl erst mit der Ankunft Mario Morettis in Rom organisierte«.[194]

Vorangehende Versuche waren in Rom bisher gescheitert. Daß es trotzdem 1975 zum großen Aufschwung kam, ist gerade angesichts der Geschichte aller anderen BR-Kolonnen besonders erstaunlich: es gab keinerlei Verbindungen zu Betriebsgruppen, gewerkschaftlichen Gruppen oder auch nur mäßige Erfahrungen einzelner BR-Mitglieder im Fabrikbereich (auch wenn Moretti selbst in seinen Biographien immer als ehemaliger SIT-Siemens-Arbeiter firmiert). Valerio Morucci, später interner Gegenspieler Morettis in der römischen Kolonne, berichtet:

»Die römische Zelle war eine Anomalie, und das war den anderen Kolonnen auch bewußt. In bestimmten Augenblicken entstand daraus wirklich ein Antagonismus. Die römische Kolonne der BR wurde von den anderen Kolonnen, die strukturell an Fabrik-, d. h. Arbeitserfahrungen gebunden waren, faktisch als eine Art gefährliches Experiment betrachtet, aus dem sich ein Zusammenleben ergab mit Sozialbereichen, die nicht klassisch waren, nicht innerhalb der für die BR typischen Fabrikbereiche lagen. Darum wurde die römische Kolonne auch als eine eigentlich häretische Kolonne angesehen.

Diese Doppelnatur innerhalb der römischen Kolonne wurde von Anfang an empfunden, das heißt, es gab da eine an die Tradition der Organisation gebundene Seite und eine davon klar unterschiedene Seite; das entsprach sowohl der römischen Situation wie auch den Mitkämpfern, die dieser Situation Ausdruck verliehen.«[195]

Moretti, theoretisch eher unbedarft, hatte gleichwohl eine erfolgreiche Hand, was die Rekrutierung versprengter linker Grüppchen und sonstiger potentieller Mitarbeiter betraf. Er brachte den Eintritt Valerio Moruccis und seiner Freundin Adriana Faranda (beide im Moro-Prozeß zu lebenslanger Haft verurteilt) in die römische Kolonne zustande, ebenso den einiger militanter Mitglieder der römischen Autonomia operaia (den sogenannten Tiburtinaros), z. B. Teodoro Spadaccini (18 Jahre Zuchthaus) und Babera Balzerano (lebenslang) und integrierte die Splittergruppen »Viva il Communismo« und die Kampfzellen aus den Vororten Cinecittà und Villa Giordani; das in Rom bisher arbeitende »Comitato Comunisti Rivoluzionari« (COCORI) spaltete sich ob Morettis Aktivitäten.[196]

Moretti bewies, daß er zum Führer taugte: in kurzer Zeit dominierte er alle anderen Mitglieder, monopolisierte in seiner Hand den gesamten Waffennachschub (wozu er allenfalls Handlanger neben sich gelten ließ), verhandelte autonom und ohne Zuhörer über alle wichtigen Fragen auch mit ausländischen Gruppen (z. B. den Genossen in der französischen Sprachenschule »Hyperion«[197], aber auch mit Zulieferern von Ausstattung[198]); er hielt alle Fäden in der Hand und schaffte es, 1977 den Plan für die Entführung eines hohen DC-Politikers durch alle italienischen BR-Kolonnen absegnen zu lassen.

Daß die Auswahl Moro traf, war wiederum eine Entscheidung der römischen Führung. Wie es scheint, konnte er die Genossen vor allem mit dem Hinweis überzeugen, Moro sei von allen DC-Spitzenleuten am wenigsten geschützt.

Organisation und Leitung der Operation übernahm Moretti persönlich - so glaubten wenigstens seine Mitarbeiter. Selbst Brigadisten, die Moretti an Intelligenz und theoretischem Bewußtsein weit überlegen waren, wie etwa Morucci, ordneten sich unter. Moretti hatte Beziehungen bis weit in die Ministerien hinein, er war sogar imstande, andere Kolonnen so unter Druck zu setzen, daß diese seine Anordnungen ausführten (was z. B. die Gruppe im Veneto noch 1980 zu spüren bekam, als Moretti sie zu der Entführung des NATO-Generals James Dozier zwang[199]).

Neben der Fähigkeit, der Polizei zehn Jahre lang oft unter mysteriösen Umständen immer wieder um ein Haar zu entkommen, bestand Morettis wesentlichstes Merkmal in ständigem Verschwinden und Wiederauftauchen auch gegenüber seinen Genossen. Selbst die engsten Mitarbeiter wußten meist nicht, wo er sich gerade aufhielt. Er schien an allen Orten gleichzeitig zu sein und hatte zu sämtlichen in- und ausländischen Terrorgruppen Kontakt.

Von einigen Nahostbesuchen abgesehen (auf denen er auch jeweils für längere Zeiträume aus den Augen seiner Mitreisenden entschwand, vor allem in der Nähe Israels), führten seine Reisen fast ausschließlich nach Paris. Dort fuhr er vornehmlich ins Spracheninstitut »Hyperion«, das seit vielen Jahren von nahezu allen Informationsdiensten Europas offiziell als eine Art Zentrale des internationalen Terrorismus bezeichnet wird; inoffiziell jedoch wissen es die meisten besser. Die - gewiß nicht USA-feindlichen - italienischen Geheimdienste haben umfangreiche Dossiers darüber angefertigt, und nachdem sie alle möglichen Fährten verfolgt hatten, vor allem in die Tschechoslowakei und zum KGB, kamen die Agenten des UCIGOS (Ufficio Centrale Investigazioni Generali e Operazioni Speciali) zu dem gar nicht gern gezogenen Schluß: »Man vermutet, daß das Sprachinstitut Hyperion das wichtigste Büro der CIA in Europa ist.«[200]

Tatsache ist jedenfalls, daß es schon 1970 zu einem Riß innerhalb der Hyperion-Mannschaft (zu der vor allem Corrado Simioni, Giovanni Mulinaris und Duccio Berio gehörten) kam, als eine Gruppe ein Attentat auf die US-Botschaft in Athen plante, das der Rest des »Hyperion« kategorisch ablehnte - und die von den Anti-Amerikanern dennoch losgeschickte Maria Elena Angeloni bei der Vorbereitung des Anschlags durch die unerklärlicherweise explodierende Bombe selbst getötet wurde. Renato Curcio sorgte daher für die Unterbrechung der Kontakte zwischen BR und Hyperion - Moretti, im Gegensatz dazu, intensivierte seine nie abgebrochenen Beziehungen dorthin in der zweiten Hälfte der siebziger Jahre beträchtlich.[201]

Wichtigster Schritt vor der Moro-Entführung war für Moretti die Ausschaltung des verbliebenen Einflusses des »historischen Kerns« der BR auf die Aktivitäten der Genossen außerhalb des Gefängnisses. Zuhilfe kam dabei, daß der CIA-Mann Ronald Stark im Gefängnis den einsitzenden Leuten um Curcio seine »Mithilfe« beim Aufbau ihres inneren wie äußeren Kommunikationssystems andienen konnte. Curcios Rolle innerhalb der BR war beendet: nach und nach wurden die alten Kolonnenführer nicht einmal mehr über die aktuellen Tätigkeiten informiert.

Als Moro entführt wurde, war Curcio völlig überrascht und konnte es, wie seine Reaktion zeigte, gar nicht fassen: erst fünf Tage später - die Roten Brigaden hatten die Täterschaft schon längst reklamiert - wagte er im Gerichtssaal den Satz »Aber wir haben Aldo Moro . . .«. Enrico Fenzi, Adlatus Morettis und späterer »pentito«, berichtete, daß sich sowohl Curcio wie Franceschini ständig beklagt hätten, man habe sie an der Aktion nicht beteiligt. Auch Alfredo Buonavita erklärte, daß ihn die Aktion völlig überrascht habe: Man munkelte zwar seit geraumer Zeit etwas von einer größeren Sache, aber niemand erfuhr Genaueres. Als kurz vor der Moro-Entführung am 10. März 1978 in Turin der Polizeimeister Rosario Berardi ermordet wurde, glaubten die Inhaftierten, das sei das »große Ding«.[202]

Problematisch wurde für Moretti die Vorbereitung der Aktion Moro offenbar nur einmal - als nämlich im Januar 1977 Prospero Gallinari aus dem Gefängnis entkam und, als einziger Prominenter des »historischen Kerns«, integriert werden mußte. Es gelang: Gallinari spielte in den Aktionen stets eine wesentliche Rolle. Daß ihm, der schon früher große Kaltblütigkeit bei Aktionen gezeigt hatte[203], die Moro-Entführung zugesagt hat, kann unterstellt werden.

Verfolgt man die Verhaltensweisen der Entführer während der »55 Tage« und danach, so erkennt man schnell deutliche Unterschiede zu analogen früheren Aktivitäten dieser Art: bisher waren jeweils sehr bald Forderungen genannt worden, die im Gegenzug gegen die Entlassung der Geisel erwartet wurden - im Falle Sossi z. B. schon nach knapp einer Woche.

Nach der Entführung Moros jedoch wurden keine Forderungen bekannt. Der amerikanische Harvard-Professor Steve Pieczenik, den Innenminister Cossiga als Ratgeber holen ließ, wies zuallererst auf dieses merkwürdige Verhalten hin; ohne den Italienern allerdings eine andere Interpretation zu geben als die, daß die Roten Brigaden wohl die Spannung erhöhen wollten, und daß man ihnen am besten beikomme, wenn man klarstelle, daß niemand unersetzlich sei - auch nicht Aldo Moro.[204] Diese Klarstellung erfolgte, indem die Medien veröffentlichten, Moro sei nicht im Besitz von gefährlichem NATO-Wissen[205] -, aber die Brigaden sagten noch immer nicht, was sie für Moro fordern wollten. Auch kam die erste Anregung, über einen Austausch nachzudenken, nicht von den Brigaden, sondern von Moro selbst (im Brief an Cossiga, der am 29. März eintraf). Dann vergingen noch mehr als drei Wochen, bis die BR selbst konkret Namen nannten: am 24. April wurden, im comunicato n.8, Sante Notarnicola, Mario Rossi, Giuseppe Battaglia, Augusto Viel, Domenico Delli Veneri, Pasqual Abatangelo, Giorgio Panizzari, Maurizio Ferrari, Alberto Franceschini, Renato Curcio, Roberto

Ognibene, Paola Besuschio sowie Cristoforo Piancone im Austausch für Moro gefordert (von denen Rossi, Battaglia und Viel auch schon während der Sossi-Entführung 1974 auf der Liste standen).

Haben nun die Roten Brigaden nur zur Erhöhung der Spannung und aus taktischem Kalkül so lange gezögert - oder war inzwischen etwas geschehen, das den an sich gar nicht angestrebten Austausch der Gefangenen jetzt doch zu einem notwendigen Ziel machte?

Giannino Guiso, Verteidiger Renato Curcios und während der Moro-Entführung Hauptratgeber Bettino Craxis bei dessen Suche nach Verhandlungswegen, hat in seiner umsichtigen Analyse die Vorgänge auf einige Grundfeststellungen zurückzuführen gesucht:

»In der Strategie der Entführung war die Schonung der Geisel vorgeplant. Seitens der BR gab es also ein Interesse am Leben Moros, weil die Durchführung der Entführung politische Formen annehmen sollte, die der Verfolg des von ihnen im comunicato n.1 angekündigten Programms ermöglichte: ›Zersetzung der Einrichtungen, der Pläne der imperialistischen Bourgeoisie durch den Angriff auf das politisch-ökonomisch-militärische Personal, das ihr Ausdruck ist.‹
Wenn das Leben Aldo Moros in der ersten Phase der bewaffneten Aktion geschont wurde, haben sich die BR offensichtlich auch das Nachher überlegt. Ein derart wichtiges Problem kann man nicht auf künftige Lösungen und Vorstellungen verschieben, denn die politische Behandlung der Aktion kann die politische Behandlung von Tod oder Leben der Geisel nicht außer Acht lassen.
Wenn von Anfang an der Tod geplant war, als einziger Abschluß der politisch-militärischen Aktion, hätten die BR ihren Kontakt mit der Gesellschaft, mit der Bewegung verloren, weil die Entführung Moros dann in ausschließlich militaristischer Weise beendet worden wäre ...«[206]

Was nun eindeutig heißt, daß Moro nicht ermordet werden durfte. Warum aber wurde er dann doch umgebracht - noch dazu gerade in dem Moment, wo der Staat, die DC, die Öffentlichkeit Verhandlungsbereitschaft zu zeigen begannen und damit die von den BR angeblich so intensiv geforderte Anerkennung näherzurücken begann? Angesichts der weiteren Vorgänge gibt es mindestens zwei mögliche Gründe dafür, daß die von Guiso nachvollzogenen Überlegungen dann doch nicht das Handeln der Entführer bestimmten:

1. Den Planern der Aktion, jedenfalls den Entscheidungsträgern oder dem Entscheidungsträger, war die »Verbindung mit der Gesellschaft« am Ende gleichgültig. Moro durfte auf keinen Fall in die Freiheit zurückkehren; die Entführung selbst war nur Ablenkung von der tatsächlichen Absicht.

2. Trotz vorheriger Planung der späteren Freilassung (zumindest nach Verhandlungen oder nach einem symbolischen Akt seitens des Staates) wurde diese Absicht irgendwann geändert. Die Frage wäre dann: Wann und warum? Und von wem?

Nach der Aussage Alfredo Buonavitas - der damals zwar im Gefängnis saß und weitgehend von den Aktionen abgeschnitten war, sich aber auf Berichte von Genossen beruft[207] - wäre Moro in jedem Falle getötet worden. Verteidiger Guiso dagegen vermutet, daß die Spaltung innerhalb der Roten Brigaden im Falle einer eindeutigen humanitären Geste oder gar einer konkreten Verhandlung mit den Staatsorganen eine Tötung nicht erlaubt hätte. Tatsächlich legen die Indizien nahe, daß beide Aspekte zu beachten sind - daß es unter den Entführern Leute gab, die Moro auf keinen Fall freilassen wollten (oder durften), und daß es während der 55 Tage einen Bruch gab. Einen Bruch, der wohl provoziert wurde, um diejenigen zu überzeugen oder auszuschalten, die für eine spätere Freilassung waren (insbesondere Morucci und Faranda).

Dazu muß man sich zunächst die bereits erwähnte Veränderung im Verhalten Moros ins Gedächtnis rufen: im letzten Drittel des April werden seine Botschaften auf einmal verzagt, findet er sich mit seinem Tod ab - und dies keineswegs im unmittelbaren Zusammenhang mit dem »Todesurteil« (das am 14. oder 15. ergangen sein muß).

Hinzu kommt ein weiteres wichtiges Indiz, das, soweit erkennbar, bisher nirgends beachtet oder verwertet wurde. Insgesamt zweimal übersandten die Roten Brigaden Fotos von Aldo Moro, beide Male aufgenommen vor der charakteristischen Fahne mit der Aufschrift BRIGATE ROSSE und dem fünfzackigen Stern zwischen den beiden Zeilen. Das erste wurde am 19. März bekannt, ist also vom 17. oder 18. März; auf dem zweiten hält Moro »La Repubblica« vom 19. April in der Hand mit der Schlagzeile »Moro ermordet« (wie es das falsche comunicato n.7 vom 18. April behauptet hatte). Die Fotos wurden zahlreichen Interpretationen unterworfen, wobei nach Gesichtsausdruck, Gesundheitszustand, eventuellen Folterungsmerkmalen etc. gefahndet wurde; die Stellung Moros unter den Worten »Brigate rosse« wurden als Absicht gedeutet, Moro die beiden S als eine Art SS-Krone aufzusetzen; das einfallende Licht wurde - vergeblich - zur Lokalisierung des Gefängnisses herangezogen.[208] Bei alledem wurde offenbar ein wichtiger Punkt übersehen: die Fahne, vor der er abgebildet wurde, ist beim zweiten Mal eine andere.

Der sichtbare Teil des I liegt bei der ersten Fahne tiefer als bei der

Erstes von den Roten Brigaden, am 17./18. 3. 1978 verbreitetes Foto Moros

zweiten; der untere Abschluß des rechten Balkens vom A verläuft beim ersten Foto schräg nach rechts oben; der Kreis um den Stern schließt zwar beide Male nahezu an derselben Stelle, diese ist beim ersten Foto eindeutig verdickt, beim zweiten nur holprig.

Nun könnte man vermuten, daß die Roten Brigaden eben zwei dieser Fahnen besitzen. Aber: In unserem Zusammenhang kommt es weniger darauf an, daß es zwei verschiedene Fahnen sind, sondern

Das zweite Foto vom 19. 4.1978

darauf, daß die zweite der ersten Fahne *täuschend* nachgemacht ist. Da es sich um jeweils offenbar handgemalte (oder mit Klebebuchstaben besteckte) und nicht industriell bedruckte Fahnen handelt, wären deutliche Abweichungen wesentlich normaler. Es sollte ganz offenbar die zweite Fahne wie die erste erscheinen.

Es gibt keine andere Lösung, die Sinn macht: Moro wurde beim zweiten Mal an einem anderen Ort fotografiert. Warum aber?

Ein erster Aufschluß ergibt sich, wenn man die Ereignisse in der Zeit der zweiten Aufnahme heranzieht. Diese datiert frühestens vom Morgen des 19. April (als die abgebildete Ausgabe von »La Repubblica« des 19. erwerbbar war), spätestens vom 20. April Mittag, denn am Nachmittag lag die Fotografie bereits in der Mailänder Redaktion von »La Repubblica« vor. Am 18. April, einen Tag vorher, aber war die konspirative Wohnung in der Via Gradoli, Morettis Basis, entdeckt worden - aufgrund eines mysteriösen Wassereinbruchs, den die Feuerwehrleute für provoziert hielten.[209] Dort wurden Waffen, Flugblätter, vor allem aber Tarngegenstände wie falsche Bärte, Kappen etc. gefunden, die die Wohnung eindeutig mit dem Anschlag in der Via Fani gegen Moro und seine Eskorte in Verbindung brachten. Alles war so drapiert, als wäre der Inhaber der Wohnung nichtsahnend weggegangen und wolle gleich wiederkommen.

Alles war vorhanden - außer einem auch noch so geringen Hinweis auf das Gefängnis Aldo Moros. Weder Telefonverzeichnisse, noch Adressen, noch Einkaufsrückstände, die weiterhelfen konnten. Dutzende von Manuskripten, auch Lage- und Raumpläne von Gefängnissen, Vormerkkalender, falsche Autokennzeichen, handschriftliche Notizen: Belege, die sehr schnell zur Identifizierung einer Reihe von Besuchern der Wohnung oder Kontaktpersonen führten. Eine Fundgrube für die Polizei - nur, im Falle Moro konkret nicht sehr wertvoll.

Der konsequente Schluß: Die Wohnung durfte, ja sollte sogar gefunden werden.

In einigen Veröffentlichungen, aber auch von der Polizei wurde überwiegend die Meinung vertreten, daß die Wohnung erst dann verlassen wurde, als der Wassereinbruch nicht mehr zu stoppen war - was unsinnig ist, denn er war zu stoppen, zumindest so zu verlangsamen, daß in Ruhe all die herumliegenden Dokumente und Gegenstände beseitigt, zumindest vor den Augen eines Installateurs hätten verborgen werden können. Wahrscheinlicher ist die These, daß mit der spektakulären »Freigabe« der Kolonnen-Basis etwas anderes verdeckt werden sollte. Fahnder, die zu dieser Ansicht neigten, vermuteten dann auch, daß es nur um eine Ablenkung der *Polizei* von irgendeiner Aktion ging.

Aber das läßt sich wohl nicht halten. Wieso sollte man gerade die Gegenstände zur Entdeckung anbieten, die tatsächlich auf die Identität der Bewohner schließen lassen? Spielmaterial oder verwirrende Gegenstände wären da viel einleuchtender gewesen. Wollte jemand Moretti denunzieren? Aber wie konnte er sich darauf verlassen, daß das gelang? Die Dusche war keineswegs so weit geöffnet, daß man vorausberechnen konnte, wann der Wassereinbruch bemerkt werden würde.

Hatte Moretti jemandem die Wohnung mit allen Einrichtungs- und Arbeitsgegenständen überlassen, der ihn dann verriet? Aber warum wurde dieser Verräter dann nicht zur Rechenschaft gezogen? Oder hatte die Polizei, die bekanntlich konkrete Hinweise erhalten und schon zweimal an der Tür geklopft hatte, die Wohnung längst als konspirativ erkannt und wollte sie nur gerade zu diesem Zeitpunkt publik machen?

Letztere Hypothese bekam Auftrieb, als sich beim Moro-Prozeß 1982 herausstellte, daß die heute vorhandenen Durchsuchungsprotokolle der Via Gradoli auf Papier getippt sind, das erst 1981 in Gebrauch kam.[210] Aber welchen Sinn sollte eine derartige polizeiliche Manipulation haben?

Sollte Moretti etwa von irgendjemandem gewarnt werden? Aber das wäre wohl auch einfacher zu machen gewesen und vor allem sicherer. Die tröpfelnde Dusche war jedenfalls ein unkalkulierbarer Faktor, wenn man Moretti entweder fangen oder warnen wollte.

Mithin: Es konnte faktisch nur Moretti selbst sein, der die Wohnung absichtlich auffliegen ließ, oder jemand, der in seinem Auftrag oder mit seiner Zustimmung handelte. Zieht man das aufschlußreiche Material hinzu, das dort entdeckt wurde, dann liegt der Schluß nahe, daß der Fund bewußt schwerwiegend sein sollte.

Mit anderen Worten: Nicht die Polizei sollte in die Irre geführt und abgelenkt werden, sondern die Leute Morettis - durch ihn selbst. Dazu paßt auch nahtlos, daß gerade in diesen Tagen der offene Bruch in der römischen Kolonne deutlich wurde, ebenso wie die Meinungsverschiedenheiten mit den anderen Kolonnen sowie mit anderen bewaffneten Gruppen (wie Prima linea, die sich auch um Kontakte mit den Moro-Entführern bemühte[211]): nach der Veröffentlichung des »Todesurteils« vom 14. April ging es darum, was nun geschehen sollte. Morucci und Faranda waren auf jeden Fall gegen die Exekution; aus dem Gefängnis kam auch die Stimme des »historischen« Chefs Renato Curcio, der sich zumindest vorläufig dagegen aussprach.[212] Erstmals geriet Moretti in die Defensive. Nur ein spektakulärer Zug konnte hier die offenbar entscheidend wichtige Vollstreckung des Urteils als notwendig erscheinen lassen.

Wenn sich durch die Durchsuchung der konspirativen Wohnung nicht eindeutige Hinweise auf die Identität der Bewohner ergeben hätten, wenn nur ein paar sekundäre Materialien oder Hinweise auf kleine Mitläufer gefunden worden wären, hätte das kaum eine neue Lage geschaffen. Nur wenn die Strategische Leitung selbst durch die

Entdeckung gefährdet schien, konnten die Genossen zu sofortiger Einstellung ihrer Querelen und zu bedingungslosem Befolgen von Befehlen gezwungen werden. Und nur wenn Moretti sich selbst gleichsam »enttarnte«, konnte er den Verdacht von sich selbst ablenken - bei den eigenen Leuten zumindest. Wie er die Sache mit der Dusche und den zurückgelassenen Dokumenten seinen Genossen erklärte, war da sekundär (am ehesten konnte er es wohl als polizeiliche Finte hinstellen, die ihn als capo diskreditieren sollte).

Dennoch war keineswegs sicher, wie lange diese Deutung geglaubt werden würde. Intelligente Genossen konnten da vielleicht hellhörig werden und möglicherweise Moretti die Leitung der Aktion entziehen. Jedenfalls schien es sicherer, die Geisel zu verlegen. Das aber sollte den Genossen unbekannt bleiben - daher auch die akkurat gefälschte Fahne auf dem zweiten Foto.

Daß Moro zu diesem Zeitpunkt an einen anderen Ort gebracht wurde, belegt ein weiteres Detail: An Moros Schuhen befanden sich Bitumenreste - nicht älter als zwei bis drei Wochen. Vom 9. Mai, dem Tag seiner Ermordung, zurückgerechnet also just aus dem letzten Drittel des April.[213]

Es fragt sich, warum die Verstecke bisher nicht identifiziert werden konnten. Zwar hält das Gerichtsurteil die Wohnung Prospero Gallinaris und Laura Braghettis in der Via Montalcini 8 im Südwesten Roms für das »Volksgefängnis« - aber unter souveräner Mißachtung der Gutachter, die z. B. festgestellt haben, daß darinnen keine Umbauten vorgenommen wurden (wie es zur Einrichtung einer einigermaßen sicheren Zelle notwendig gewesen wäre). So recht glaubt an die Via Montalcini keiner. »Wie kommt es«, fragt der Aus-

Die israelische Botschaft in Rom

schuß-Kommissar und linksunabhängige Abgeordnete Stefano Rodotà, »daß gleich mehrere pentiti (Peci, Savasta) sich über unendlich viele Details des Falles und der Aktion, an denen sie gar nicht teilgenommen hatten, auslassen, aber von einem Augenblick zum anderen nicht die geringste Ahnung von Informationen haben, wie man an den Kern des Falles Moro herankommt?«[214] Der Publizist Luigi Pintor kommentiert anläßlich der Veröffentlichung des Moro-Urteils unter dem Titel »Die Metapher eines nichtexistenten Gefängnisses«:

»Man erkläre mir nur eines: Wie kann man eine Untersuchung ernstnehmen, eine Verhandlung, ein Urteil, wo es im Laufe von fünf Jahren, trotz Verhaftungen, Anklagen, Verhören, Gegenüberstellungen und Geständnissen und am Ende 59 Schuldsprüchen und 32 mal lebenslänglich nicht gelungen ist herauszubekommen, wo der Abgeordnete Moro 55 Tage lang eingesperrt war?«[215]

Die Antwort ist wohl so einfach, daß man sie kaum glauben mag: die vielen hundert »geständigen« Terroristen, die zahlreichen »dissociati«, die sich vom Terror abgewandt haben (einschließlich Morettis Gegenspieler Morucci) - sie alle wissen es wirklich nicht. Es gab nur einen winzigen Kern Eingeweihter um Moretti (und seine Mitplaner im Hintergrund), die das oder die Verstecke kannten; von den BR vielleicht nur Moretti selbst.

Auf den ersten Blick gibt es angesichts dessen, was sonst an intimsten Geheimnissen der BR ausgesagt wurde, nicht den geringsten Grund, den Ort des Versteckes zu verschweigen. Moretti selbst z. B. hat im Gefängnis Feniz gegenüber seiner Mittäterschaft in der Via Fani reklamiert, was doch wesentlich gefährlicher ist als die Preisgabe des »prigione del popolo«. Prospero Gallinari hat vor Gericht über die Motive der Ermordung Moros ausgesagt - nur das Gefängnis bleibt weiterhin geheim. Es gibt nur eine Erklärung: mit dem »Volksgefängnis« muß es etwas auf sich haben, was sogar diejenigen, die es wissen, entweder so einschüchtert, daß sie nichts sagen, oder was ihnen, bei Schweigen, eine gewisse Hoffnung für ihre Zukunft macht. »Daß sie allesamt schweigen«, sagt der PSI-Kommissar Luigi Covatta, »kann nur eins bedeuten, daß mit dem Gefängnis der gesamte Hintergrund des Falles Moro aufkommen würde.«[216]

Ein anderes Faktum kann hier weiterhelfen. Im comunicato n.5 und noch einmal im Postskript des letzten Communiqués (n.9) erklären die BR, daß man das »Verhör« Moros dem Volk bekanntmachen werde, und zwar »mit Hilfe der Untergrundpropaganda«. Das geschah aber nie. Ein halbes Jahr später jedoch fanden die Leute Dalla Chiesas bei der Aktion in der Mailänder Via Montenevoso das mittlerweile berühmte Schreibmaschinenkonvolut, das seither als Abschrift des auf Tonband aufgenommenen »Verhörs« gilt. Vom Tonband selbst jedoch fehlt jede Spur. Nach Überprüfung meinen Angehörige und Freunde Moros, daß es sich hier nicht um ein völlig authentisches Dokument handelt, sondern eher um eine Mischung aus Verhörauszügen, umgeformten Redezitaten früherer Zeiten und reinen Erfindungen.[217] Tatsächlich legen manche Formulierungen des »Verhörs« diesen Verdacht nahe - sie sind wortgleich mit Passagen aus Moros Briefen, die z. T. aus einer Zeit stammen, die nach der angeblichen Beendigung des Verhörs liegt.

Das Brisanteste an diesem Fund aber ist, daß wir bis heute nicht wissen, ob das der Öffentlichkeit vorgestellte Material vollständig ist. Anna Carla Brioschi erklärte während einer Sitzung des Schwurgerichts am 5. Juli 1982 im Namen einer Gruppe der BR, daß die Polizei in der Via Montenevoso »eine Schachtel mit Fotokopien all dessen, was Moro im Gefängnis geschrieben hat, gefunden haben« müsse - was die Fahnder aber leugnen. Sie wollen nur das entdeckt haben, was auch bekanntgemacht wurde, Abschriften einiger nicht abgesandter oder bisher unbekannter Briefe sowie das genannte »Verhör«. Dalla Chiesa, so stellte sich allerdings auch nach Angabe einiger Mitfahnder heraus, habe Teile des beschlagnahmten Materials tatsächlich für einige Zeit persönlich an sich genommen. Ob es da schon aufgelistet war und ob später tatsächlich alles zu den Akten kam, bleibt offen. Anna Carla Brioschi mutmaßte in ihrer Erklärung, daß wichtige Teile fehlten - namentlich solche, die einige Spitzenpolitiker, darunter Andreotti, schwer belastet hätten.

Sieben Wochen nach dieser brisanten Enthüllung wurde Alberto Dalla Chiesa ermordet - in Palermo, nach Polizeierkenntnissen von der Mafia. Dorthin war er Anfang Mai abkommandiert und trotz mächtiger Versprechen auf Sondervollmachten und -hilfsmittel faktisch ohne Unterstützung gelassen worden. Wiewohl inmitten Palermos durchgeführt und auch unter Benutzung von Waffen, die bereits in anderen Aktionen der »ehrenwerten Gesellschaft« verwendet worden waren, trägt der Überfall dennoch einige Züge, die im Nachhinein ein rein mafioses Interesse am Tode Dalla Chiesas in Zweifel ziehen lassen: So wurde er ermordet, ohne daß er in den vier Monaten seiner Amtszeit wesentliches zur Aufklärung mafioser Taten beigetragen hatte; so spielte sich der Überfall zu einer Zeit ab, wo der General keinerlei besondere Aktionen geplant hatte, die man damit hätte stoppen können - und trotzdem hatten es die Killer so eilig, daß nicht nur ein, sondern gleich ein halbes Dutzend Kommandos alle Wege blockierte, die Dalla Chiesa nehmen konnte[218]; so wurde auch Dalla Chiesas Frau miterschossen, obwohl angesichts der näheren Tatumstände dafür keinerlei Notwendigkeit bestanden hatte - ein traditionell eher unmafioses Verhalten. Ein zeitlich enger Zusammenhang besteht dagegen mit einer massiven Intervention Dalla Chiesas im römischen Innenministerium, wo er wenige Tage zuvor seine Sondervollmachten reklamiert hatte - mit welchen Druckmitteln, ist unbekannt; aber tatsächlich bekam er neue Zusagen.

Es besteht also nicht nur die Möglichkeit, sondern durchaus die Wahrscheinlichkeit, daß Dalla Chiesa vom »palazzo« und nicht (oder nicht nur) von der Mafia beseitigt werden mußte. Und das Ganze könnte sehr wohl etwas mit dem Fall Moro zu tun haben.

Was aber könnten die verschwundenen Dokumente an Brisantem enthalten? Enthüllungen über Andreotti und andere Spitzenpolitiker mögen dabei sein, aber das würde nicht begründen, warum die Brigaden das Verhör nicht ihrerseits bekanntgegeben hatten, warum sie nicht Kopien mit der authentischen Stimme Moros zirkulieren ließen.

Ganz offensichtlich ist dieses Tonband ein Dreh- und Angelpunkt der Angelegenheit.

Hatte Moro beim Verhör Dinge gesagt, die die BR aus persönlichen Gründen nicht publik werden lassen wollten oder konnten? Aber diese Passagen hätte man bei einer Überspielung bequem herausschneiden können. Auch vor einer Rückverfolgung des Originalbandes bis zur Verkaufsstelle mußte man keine Angst haben, wenn man die Aufnahme auf Dutzendware umgeschnitten hätte. Tatsächlich muß es sich um etwas handeln, was eben nicht aus dem Band zu entfernen ist. Und das können nur Geräusche sein, die auf das Gefängnis selbst schließen lassen. Etwa bestimmte Vibrationen, wiederkehrende Töne oder dem Ohr entgangene, vom Mikrofon jedoch registrierte Schwingungen, oder auch ein starker Sender in den Nebenräumen, der auf das Gerät durchschlägt. Möglicherweise hat sich das Debakel erst bei der Abschrift herausgestellt - oder es ist einem der technisch versierten Entführer nachträglich eingefallen, was man mit Hilfe elektronischer Auswertung heute auf einem Tonband alles nachweisen kann.

Kein Zweifel: Das Tonband würde Rückschlüsse auf das Gefängnis zulassen. Und das ist auch der Grund, warum es niemals publiziert wurde. Eine bloße Abschrift nämlich, ohne den »Beweis« durch die Stimme, hätte keine Wirkung gehabt - zu gut erinnerlich war, wie selbst handschriftliche Erklärungen Moros aus dem Gefängnis in ihrer Authentizität in Zweifel gezogen worden waren.

Daß die »Abschrift« in der vorliegenden, zum Teil gefälschten

Form in der Via Montenevoso entdeckt wurde, stützt diese These zusätzlich: indem das Protokoll nicht durch die BR bekannt gemacht, sondern durch die Polizei »entdeckt« wurde, mochte es doch einige Glaubwürdigkeit bekommen.

Wie dem auch sei - alles führt wieder zu dem oder den Verstecken zurück, in denen Moro festgehalten wurde.

Sicher ist: Sie müssen sich in Rom oder in nächster Nähe der Hauptstadt befunden haben. Dafür spricht (beim ersten Versteck) nicht nur, daß die BR schon eine knappe Stunde nach dem Überfall in aller Ruhe bei mehreren Presseorganen ihre Tat reklamieren konnten. Dafür spricht (im zweiten Fall) auch ein Brief Moros von Ende April, der in der Via Montenevoso gefunden und der wohl nicht abgeschickt worden war: im Schreiben an seinen Anwalt Giuseppe Manzari bittet er, den italienischen Botschafter Malfatti »hierher« (qui) zu rufen - womit ja nur Rom gemeint sein kann. Wahrscheinlich wurde der Brief auch deshalb nicht weitergeleitet: das »qui« war auch den Entführern aufgefallen.

Weiter: Die polizeilichen und gerichtlichen Gutachter haben festgestellt, daß der Renault R 4, in dem Moro erschossen und in die zentral gelegene Via Gaetani transportiert wurde und der einige Wochen vor der Entführung gestohlen worden war, tatsächlich seit seiner Entwendung nur wenige Kilometer gefahren worden war. Das Versteck, in dem Moro zuletzt gefangengehalten wurde, hat sich also mit Sicherheit ebenfalls innerhalb des Stadtkreises, eher noch nahe dem Zentrum befunden.[219]

Dort aber war, nach Polizeiangaben, bereits 17 Minuten nach dem Überfall alles weitgehend abgesperrt - vor allem die Straßen nach draußen. Auch wenn wir heute wissen, daß es dabei Pannen gegeben hat - darauf verlassen, daß sie nicht kontrolliert würden, konnten sich die Entführer keinesfalls. Viel mehr als eine Viertelstunde konnten sie sich wohl kaum einräumen - bis dahin mußte Moro im (ersten) Versteck sein. Die Zeit hätte auf keinen Fall gereicht, um von der Via Fani über den großen Umgehungsring (der noch dazu als erster abgeriegelt wurde) hinauszukommen, und selbst eine Fahrt in den anderen Teil der Stadt, in den Osten, wäre kaum möglich gewesen. Schließlich war gerade Stoßzeit.

»Das Gefängnis muß den BR als absolut sicher erschienen sein«, resümiert der Curcio-Anwalt Giannino Guiso[220], und das dämmerte wohl auch den Fahndern. Schon bald nach der erfolglosen Suchaktion der ersten Tage galt es nicht mehr nur als Geheimtip, daß all die Kontrollen von tausenden römischen Wohnungen und Millionen von Passanten deshalb nicht zum Ziel kamen, weil man an dem Ort, wo Moro wirklich war, nicht suchen *durfte.* Von dieser Sorte aber gab es, zieht man den Sitz des Staatspräsidenten und die verschiedenen Ministerien ab, nur zwei Möglichkeiten in Rom: den Vatikan und die auswärtigen Botschaften und Konsulate, daneben auch noch die Wohnungen hoher Diplomaten.

So machte sich denn schon zwei Tage nach der Entführung ein Heer von Agenten auf - um die tschechoslowakische Botschaft zu überwachen. Die Tschechen waren deshalb ins Visier geraten, weil sich jemand daran erinnert hatte, daß Feltrinelli einst aus der CSSR verbotene Radiosendungen für Italien ausgestrahlt hatte, und weil ein Passant zur Zeit des Moro-Attentats in der Via Dei Colli della Farnesina (dem Amtssitz des tschechoslowakischen Botschafters - nahe dem italienischen Außenministerium) besonders viele Autos gesehen haben wollte.[221] Außerdem paßte eine Ostblock-Mission zumindest in das Vorurteil, jeglicher Terrorismus sei vom sowjetischen KGB gesteuert. Welches Interesse die Russen an einer Ermordung Moros haben sollten (was doch allenfalls zu einer verstärkten Präsenz der USA in Italien wie im Nahen Osten führen müßte) wurde lieber nicht gefragt.

So wurde die tschechoslowakische Botschaft zur einzigen diplomatischen Stelle, von der ganz sicher feststeht, daß sie nichts mit der Moro-Entführung zu tun hatte.

Nicht überwacht wurde die amerikanische Botschaft in der von der Via Fani nur wenige Minuten entfernten Via Veneto, obwohl das merkwürdige Verhalten von CIA- und Botschaftsangehörigen sogar in amtlichen Notizen von Beamten und Politikern bis hin zum Außenamtsstaatssekretär festgehalten wurde; nicht überwacht wurde auch der in Verdacht geratene Vatikan; und nicht überwacht wurde die israelische Botschaft, trotz der damals bereits bekannten Kontakte des MOSSAD zu den Roten Brigaden.

Und nicht beachtet wurden die immer dringenderen Hinweise Moros in seinen Briefen seit der zweiten Hälfte des April - also nach seiner Verlegung an einen anderen Ort - auf diejenigen, die ihn in Händen hatten, und als die er am Ende niemand anderen ausgemacht hatte als israelische Kräfte. Die Botschaft in der Via Michele Mercati blieb »unberührbar«, und sowohl das Gericht wie der Untersuchungsausschuß haben sich nicht an dieses heiße Eisen herangetraut.

Daß zumindest die zuständigen Politiker und Fahnder sehr genau wußten, was gespielt wurde, ist sicher: sämtliche Briefe, in denen Moro seine Mutmaßungen deutlich zu machen versuchte, wurden der Öffentlichkeit - und auch der Familie Moro - vorenthalten.

Repression als Ablenkung

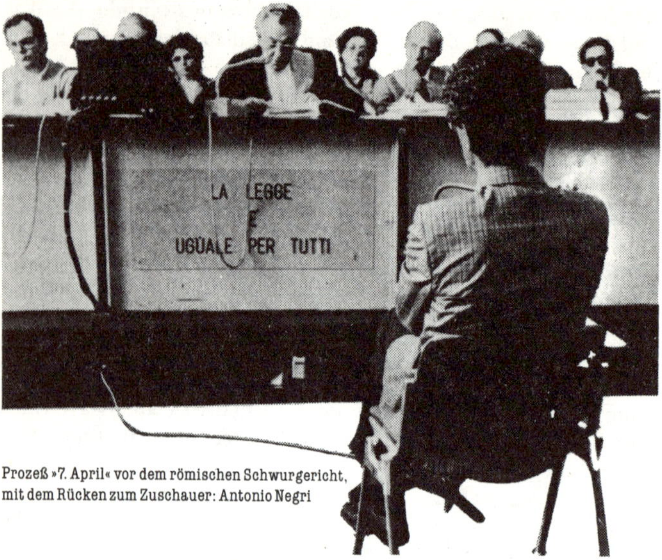

Prozeß »7. April« vor dem römischen Schwurgericht, mit dem Rücken zum Zuschauer: Antonio Negri

Am 12. Januar 1984 hatte der römische »Corte d'Assise« - eben jener, der die Moro-»Täter« abgeurteilt hatte - unter seinem Vorsitzenden Severino Santiapichi eine schwierige Aufgabe zu lösen: in einem der spektakulärsten Prozesse der italienischen Nachkriegsgeschichte, dem »Fall 7. April«, war der Kronzeuge Carlo Fioroni nicht zur Verhandlung erschienen, um seine Aussage zu bestätigen.

Auf ihm und Carlo Casirati aber beruht nahezu die gesamte Anklage, soweit sie sich auf Fakten (und nicht auf Auszüge aus wissenschaftlichen Schriften) bezieht. Casirati seinerseits war zwar erschienen (am 9. Januar) - aber er hatte die Antwort auf die Fragen des Staatsanwaltes und der Verteidiger verweigert.

Nach normalen strafrechtlichen Vorstellungen wäre damit der Prozeß eigentlich geplatzt. In Italien ist das anders: Es geht weiter, bis zum bitteren Ende; und die Eingesperrten bleiben in Haft, notfalls mehr als ein Jahrzehnt, wenn es sich um ein Kapitalverbrechen handelt. Und ein solches wird den meisten Angeklagten vorgeworfen: bewaffneter Aufruhr gegen die Staatsgewalt.

Nach alledem, was der Prozeß bisher gezeigt hat, steht fest: Was immer am Ende dieses Verfahrens an konkreten Verbrechen abgeurteilt werden mag - so, wie das Ganze vorbereitet und durchgeführt wurde, handelt es sich beim Prozeß »7. April« um nichts anderes als um eines der umfangreichsten Manöver, das jemals in einem demokratischen Staat zur Ablenkung von einer durch die Machtträger verschuldeten und zugelassenen kriminellen Aktion ersten Ranges unternommen wurde.

Genutzt werden konnte dabei eine Reihe schon vor 1979 beschlossener Maßnahmen, die faktisch von allen Parteien (kleine Splittergruppen wie die Radikale Partei ausgenommen) akzeptiert worden waren - einschließlich des PCI.

Die Ausnahmegesetze

Schon während der Entführung Moros wurde vom Kabinett eine Reihe von Verordnungen erlassen und danach eine Anzahl von Gesetzen im Parlament beschlossen, die einschneidende Veränderungen im italienischen Rechtsleben bedeuteten. So wurde die sonst obligatorische schnelle Vorführung Inhaftierter vor den Untersuchungsrichter beseitigt; seither darf sich die Polizei mehrere Wochen dafür Zeit lassen. Die bis dahin geltende Höchstgrenze für Untersuchungshaft von vier Jahren - für sämtliche Instanzen zusammen - wurde zunächst verdoppelt, später noch einmal um ein Drittel verlängert. Nach einer letzten »Reform« (1980) wurde schließlich die Höchstdauer von zehn Jahren und acht Monaten - für alle drei möglichen Instanzen zusammen - festgelegt. Das Abhören von Telefonen, die Kontrolle des Briefverkehrs, die Installation von Abhörgeräten kann durch die Sicherheitskräfte seit 1978 ohne große bürokratische und juristische Hürden vorgenommen werden.

Nach der Ermordung Moros besannen sich die Politiker darauf, daß sie gar keine wirkungsvolle Polizeitruppe hatten, die etwa nach dem Muster der GSG-9-Abteilung des bundesdeutschen Grenzschutzes als jederzeit einsatzbereite Kampfeinheit spektakuläre Erfolge vermelden könnte. Also wurde der Carabinieri-General Carlo Alberto Dalla Chiesa beauftragt. Er hatte schon in der ersten Hälfte der siebziger Jahre in Turin den Kampf gegen die Roten Brigaden erfolgreich geführt (vorwiegend mit äußerst repressiven Methoden, wie die sieben Toten beim Gefängnisaufstand von Alessandria zeigten). Damals hatte sich sein Vorschlag einer nationalen Antiterrorzentrale jedoch nicht durchgesetzt; nun war es soweit. Am 10. September 1978 bekam er durch ein Sondergesetz den Auftrag, alle Antiterrormaßnahmen zu koordinieren. Es sollte auf ein Jahr gelten; aber da Dalla Chiesa seine Erfolge wohl zu dosieren wußte, wurde der Auftrag dann noch einmal um ein Jahr verlängert.

In der Tat: Kaum drei Wochen als Koordinator tätig, gelang dem General bereits der spektakuläre Schlag gegen die Mailänder Kolonne der BR, wobei das »Memoriale« Moros, Abschriften seiner Briefe und viele andere Dokumente gefunden wurden; wichtige BR-Mitglieder wie Lauro Azzolini und Franco Bonisoli konnten verhaftet werden. Am 17. März 1979 wurden Vincenzo Acella und Raffaele Fiore festgenommen, am 29. März Adriana Faranda und Valerio Morucci - in ihrem Appartement wurden auch Waffen sichergestellt, die während der Moro-Affäre verwendet wurden, unter anderem die nach ballistischen Erkenntnissen verwendete Skorpion-Pistole, die am 9. Mai beim Mord mit eingesetzt war.

Aber es fehlten noch die Hauptbelasteten - etwa Moretti und Gallinari. Kaum war Dalla Chiesas Auftrag verlängert (am 10. September begann sein neues Amtsjahr), wurde am 24. September Gallinari verhaftet, zusammen mit der ebenfalls gesuchten Mara Nanni. Am 19. Februar erscheint dann erstmals Patrizio Peci auf der Festnahmeliste - der gerade »amtierende« Kolonnenchef von Turin, der bald aussagte und dadurch ermöglichte, daß faktisch die gesamte Infrastruktur der BR zerstört wurde. Peci, selbst in mindestens sieben Morde verwickelt, bekam dafür faktisch keinerlei Strafe - nach weniger als vier Jahren war er wieder frei.

Ermöglicht hatte das eine weitere Rechtsnorm, die unter dem Namen »pentito«-Gesetz in die Justizgeschichte einging: Ende 1979 wurden, unter der Ministerpräsidentschaft Francesco Cossigas, Maßnahmen zugunsten »reuiger« Terroristen (»pentiti«) zuerst als Dekret, dann als Gesetz erlassen. Darin wurden all denen erhebliche Strafnachlässe versprochen, die bis zu einem bestimmten Zeitpunkt (der jedoch bis 1983 immer wieder verlängert wurde) aus der Terrorszene ausstiegen und ihre Mitkämpfer denunzierten. In der Folgezeit konnten die Fahnder Italiens innerhalb der verschiedenen bewaffneten Gruppen (faktisch jedoch nur der linken) an die 600 »pentiti« vermelden - mit teilweise katastrophalen Folgen. Im Mailänder »Rosso-Tobagi«-Prozeß wurde z. B. am 28. November 1983 ausgerechnet der Mörder des »Corriere«-Journalisten Walter Tobagi, Marco Barbone, bereits am Tag seiner »Verurteilung« (zu achteinhalb Jahren) nach gerade drei Jahren Haft auf freien Fuß gesetzt, während andere Angeklagte, denen nicht einmal Mord vorgeworfen wurde, zu langjährigen Strafen verurteilt wurden (z. B. Pierangelo

Franzetti wegen Körperverletzung und bewaffneter Bandenbildung zu 22 Jahren Pietro Mancini - in Abwesenheit - zu 15 Jahren wegen bewaffneter Bandenbildung).

Erst aufgrund solcher Mißverhältnisse wurde Italiens Öffentlichkeit allmählich wach - vier Jahre nach Verabschiedung der »verfluchten Gesetze« (»Panorama«). Noch im Gerichtssaal gab es massive Proteste gegen das Urteil von Mailand. Bald (Dezember 1983) rechnete dann erstmals auch ein hohes Gericht - der Appellationshof in Mailand - mit diesem Sondergesetz ab. So heißt es im Revisionsurteil des »Corte d'assise d'apello« gegen einige Rotbrigadisten:

»Es gab da eine Abfolge repressiver Gesetze, Rücknahmen bzw. Abschwächungen verfassungsmäßiger Garantien, den Bau immer ›speziellerer‹ und das heißt immer inhumanerer Gefängnisse, den Rückzug der Rechtsprechung in wahre Festungen, wo der Gerichtshof seinerseits von modernen, bis zu den Zähnen bewaffneten Prätorianern argwöhnisch festgehalten wird; es gab die Wiederauflage von Gesetzen der Heiligen Inquisition mit unmoralischen und unsozialen Belohnungen für den Verräter, die sich nach der Zahl der Menschen richtet, die er ins Zuchthaus bringt.«[222]

Präzise halten die Richter auch fest, wer dieses Gesetz gemacht hat - und für wen:

»Die Gesetzgeber haben zuerst jahrelang das Anwachsen des linken Terrorismus und seiner unterschwelligen Verbindungen zum rechten Terrorismus und der Gewaltkriminalität ignoriert; sie haben sich erst dann aufgerafft, als er jegliche erträgliche Grenze überschritten hatte. ›Erträgliches Maß‹ jedoch nicht im Hinblick auf den Staat, sondern bezüglich der Politiker, die an der Macht waren, als nämlich der Terrorismus ins ›Herz des Staates‹ hineinstach, mit dem sich Politiker identifizieren.«[223]

Juristen, aber auch Presse und Öffentlichkeit überlegen sich seither immer lauter, was all diese Gesetze am Ende bewirkt haben.[224]

Reklamiert wird von den Befürwortern, daß man immerhin den »Terrorismus habe zerschlagen können« - was allerdings nur bedingt stimmt: es gilt allenfalls für Teile des linken Terrorismus (die Infrastruktur der Roten Brigaden und von Prima linea wurde faktisch zerstört - allerdings weniger durch die neuen Gesetze als durch eine konsequentere Polizeiführung), während der rechte Terrorismus eher Auftrieb bekommt, spätestens seit Ende 1983 alle Angeklagten vom Anschlag auf den »Italcus«-Expreß von 1974 wegen angeblich fehlender Beweise freigesprochen wurden. Darüber hinaus hatten nahezu all die Ausnahmegesetze, die seit 1975, verschärft dann seit 1978, in meist hastigen Verfahren verabschiedet worden waren, überwiegend das Gegenteil von dem erreicht, was - angeblich - erreicht werden sollte.

So war die Verlängerung der Untersuchungshaftdauer dazu gedacht, der Justiz vor allem dann Zeit zur Bearbeitung zu verschaffen, wenn sie selbst unter Druck stand - wie z. B. im ersten Rotbrigadistenprozeß, bei dem Geschworene aus Angst zurücktraten, Ermittler angeschossen oder ermordet wurden, der Prozeß aufgrund verschiedener Umstände immer wieder ausgesetzt wurde, und so tatsächlich Gefahr bestand, die Inhaftierten würden wegen des Überschreitens der Längstzeit für U-Haft freikommen. In Wirklichkeit aber diente das Gesetz dann überwiegend ganz anderen Zwecken - vor allem der Weitereinbehaltung von Verdächtigen, deren Unschuld bald feststand. Giuliano Nara z. B., heute 39 Jahre alt, wurde am 27. Juli 1976 wegen Verdachts der Beteiligung an der Ermordung des Richters Francesco Coco (8. Juni 1976) festgenommen. Gut sieben Jahre später, am 27. Juli 1983, wurde er freigesprochen; die sieben Jahre saß er in U-Haft. Aber trotz des Freispruchs ist er bis heute (Januar 1984) noch immer in Haft - die Staatsanwaltschaft hat Rechtsmittel eingelegt und kann ihn daher festhalten.[225]

Anders im Falle der Neofaschisten: Nach dem »Italcus«-Freispruch in erster Instanz wurden alle Angeklagten sofort freigelassen, trotz noch längst nicht eingetretener Rechtskräftigkeit.

Ebenso sollte das Gesetz über die »pentiti« angeblich zu einem »moralisch erneuerten« Italien beitragen, das seinen straffällig gewordenen politischen Extremisten den Weg zurück erleichtern wollte. Tatsächlich aber führte es, außer zu zahllosen Denunziationen, zu völliger Rechtsunsicherheit, zum Gefühl von Ungerechtigkeit und Willkür.

Die Maßnahmen der diversen Regierungen insbesondere seit der Moro-Entführung können so, selbst bei Unterstellung lauterster Motive, allenfalls als verzweifelter Versuch zur Wiederherstellung »staatlicher« Autorität gewertet werden - mit jener vom Mailänder Gericht so schön formulierten Präzisierung, daß mit »Staat« die Politiker im Grunde nur sich selber meinen.

Freilich muß man auch zugeben, daß die Politiker solche Restaurierung bitter nötig hatten. Was sie sich auch ausdachten, um ihre Ernsthaftigkeit beim Kampf gegen Illegalität und Terrorismus zu dokumentieren - stets wurde ein Bumerang daraus. Und selbst Erfolge, die sich dann seit Herbst 1978 einzustellen schienen, verkehrten sich schnell in ihr Gegenteil.

Die Installierung der Antiterrorismus-Zentrale und der Mobilen Einsatzkommandos (NOCS) unter Carlo Alberto Dalla Chiesa im September 1978 förderte zwar innerhalb weniger Wochen schon die ersten wichtigen Terrorismus-Zentralen zutage; aber darin fand sich unter anderem auch das »Memoriale« Aldo Moros, in dem die politischen Spitzen von Andreotti bis Berlinguer einer schonungslosen Kritik unterzogen wurden.

Als im Dezember 1980 der Richter Giovanni D'Urso entführt wurde und die Regierung sich eines Paktes mit der Presse zu versichern suchte, um eine totale Nachrichtensperre zu verhängen und so die Propaganda der Roten Brigaden zu unterbinden, wandte sich die Familie D'Ursos mit einem humanitären Appell über den Sender Radio Radicale an die Entführer - und D'Urso kam frei; einzige Gegenleistung: ein im »Messagero« und wenigen kleineren Zeitungen abgedrucktes Memorandum. Plötzlich erschienen die BR der Bevölkerung menschlicher als die wieder auf »intransingenza« ausgehende Regierung. Und nachträglich fragten sich viele, ob nicht auch Moro durch eine derartige Geste hätte freikommen können.

Als Mitte Juni 1981 der wenige Wochen zuvor entführte neapolitanische DC-Politiker Ciro Cirillo freigelassen wurde, jubelten die Parteispitzen, daß man die Roten Brigaden ohne Konzession in die Knie gezwungen habe. Bis sich herausstellte, daß Cirillo in einem Deal zwischen dem Justizminister (Clelio Darida, DC), den Geheimdiensten und der Gangsterorganisation Nuova Camorra Organizzata und noch dazu unter Zahlung von umgerechnet ca. 10 Mio DM freigekommen war - unter Umgehung der von der DC selbst beschlossenen Gesetze, die Lösegeldzahlungen strengstens verbieten.

Als Anfang 1982 der im Dezember 1981 entführte NATO-General Dozier im Handstreich von den NOCS befreit wurde, schien der Sieg total; danach erwies sich allerdings, daß der Erfolg nur aufgrund der Zusammenarbeit mit Personen aus dem Umkreis der Mafia zustandekam - und daß die NOCS die gefangengenommenen Rotbrigadisten gefoltert hatten.

Ähnlich mag es am Ende - selbst wenn das Gericht anders sprechen sollte - mit jenem Fall gehen, der anfänglich so wundersam geeignet schien, den Fall Moro und das Phänomen Rote Brigaden gleichzeitig und ein für allemal zu erklären: die Monsterjagd auf die linken Intellektuellen, insbesondere jene der »Autonomia operaia«.

Der ›7. April‹

Am 7. April 1979, gegen Mittag, warteten die italienischen Behörden mit einer gewaltigen Sensation auf: Man habe, so die ersten Mitteilungen, das »Gehirn« gefunden, das all die Aktionen des linken Terrorismus aushecke, steuere und verwerte. Ein geniales Gehirn, und das mache auch die Schwierigkeiten erklärlich, die bisher bei der Fahndung aufgetreten waren, und die scheinbaren Mißerfolge in Sachen Moro.

Das »Gehirn« war die beim Zerfall der außerparlamentarischen Sammelbewegung »Potere operaio« in den siebziger Jahren neben vielen anderen Gruppen entstandene »Autonomia operaia«, wiederum eine Sammlungsbewegung von Intellektuellen, Gewerkschaftsdissidenten, Studenten und Arbeitern, die in meist überaus komplizierten Diskussionen und Veröffentlichungen, Zirkularen und Flugblättern eine differenzierte Sicht von der möglichen revolutionären Umgestaltung der kapitalistischen Welt suchte. Zu ihren führenden Vertretern gehörten u. a. Antonio Negri, Oreste Scalzone, Francesco Piperno.

Diese im ganzen lose Vereinigung sollte, nach den Erkenntnissen der Staatsanwaltschaft, das geheime Kommandozentrum des linken Terrorismus bilden - verdeckt unter der »legalen« Fassade, genährt noch dazu durch die meist staatliche Anstellung der Exponenten.

Der Mann, der hinter diese gigantische »Verschwörung« gekommen war, heißt Pietro Calogero und ist Staatsanwalt in Padua - dort, wo im Institut für politische Wissenschaften und vor allem im Seminar für Staatsrecht und Staatsphilosophie Antonio Negris die Kommandozentrale angesiedelt sein sollte. Calogero hatte jahrelang an seiner Erkenntnis gearbeitet. Ein erster Versuch, der »Autonomia« Terroristisches nachzuweisen, war Anfang 1977 kläglich gescheitert, als der Ermittlungsrichter das von Calogero übermittelte Material kopfschüttelnd zurückgab und die Anklageerhebung ablehnte. Aber das stachelte Calogero nur zu neuen Recherchen an, und als er im Juli 1977 Ankläger in einem Rotbrigadisten-Prozeß (gegen Giorgio Semeria) war, ließ er erstmals offiziell dunkle Andeutungen über eine angeblich existierende gemeinsame Oberleitung von Brigadisten und Autonomisten verlauten. Offenbar nahm das aber niemand ernst. Wenige Tage nach Moros Ermordung, am 23. Mai 1978, konkretisierte er seine These. Auf die Frage des Magazins »Panorama«: »Ist die gemeinsame Führung, die die terroristischen Aktionen leitet, identisch mit der Spitze der Roten Brigaden?« antwortete Calogero: »Nein, ich denke an eine nationale Zentrale, zur Planung aufrührerischer Strategien, die sich auf die Untergrundkämpfe der Brigadisten einerseits und auf die flankierenden Kämpfe der Autonomisten andererseits stützt . . .«

Über den Artikel wurde in Kreisen der »Autonomia operaia« viel gelacht; wahrscheinlich auch bei den Roten Brigaden. Aber das Lachen verging zumindest den Autonomisten am 7. April 1979, als Calogero mehrere hundert Wohnungen durchsuchen, Personen kontrollieren und einige Dutzend von ihnen festnehmen ließ. Er hatte in der Zwischenzeit Mosaiksteinchen an Mosaiksteinchen gereiht, bis er ein vollständiges und schlüssiges Gesamtbild beisammen hatte - »an dem überhaupt nichts stimmte«[226], wie sein Richter-Kollege Giancarlo Scarpari später feststellen konnte.

Zwei Dutzend »Autonomia«-Mitglieder blieben in Haft; und als Calogero am 21. Dezember 1979 eine zweite Verhaftungswelle durchführen ließ, waren es am Ende 71 Personen, gegen die allerdings erst Jahre später Anklage erhoben werden sollte.

Ganze Universitätsabteilungen wanderten hinter Gitter, so z. B. fast der gesamte Lehrkörper des Instituts für Politische Wissenschaften in Padua, darunter die Professoren Antonio Negri, Sandro Serafini, Luciano Ferrari Bravo, Guido Bianchini, Alisa del Re; dazu der Mittelschulprofessor Emilio Vesce, der Journalist Pino Nicotri, der Antiquitätenhändler Mario Dalmaviva, der Dozent Oreste Scalzone (der später aus Gesundheitsgründen freigelassen werden mußte und sich nach Paris absetzte). Auch Francesco Piperno sollte gefaßt werden, entging der Verhaftung knapp und floh; heute lebt er in Kanada.

Am 21. Dezember, bei der neuen Verhaftungswelle, wurden u. a. festgenommen: der Direktor der Katholischen Universität Mailand, Mauro Borromeo, der Architekt Alberto Magnaghi, der Professor Francesco Gavazzeni (aus Pavia), der Arzt Giorgio Raiteri (aus Genua), die Journalisten Franco Tommei, Jaroslav Novak und Alberto Funaro - bei dieser zweiten Aktion wurde, wie man sieht, das Einzugsgebiet schon erheblich ausgeweitet, nicht nur die Paduaner »Autonomia« war nun festgesetzt.

Wer heute die Polemiken liest, die insbesondere in den letzten zwei Jahren gegen dieses gesamte Verfahren laut werden, kann sich kaum vorstellen, daß damals, 1979, kaum eine Stimme gegen diesen Rundumschlag zu hören war. Von seiten der Politiker äußerte sich lediglich der frühere PSI-Chef Giacomo Mancini skeptisch - und bekam prompt ein Verfahren wegen krimineller Bandenbildung. Von der Presse ging zuerst der linksliberale Kommentator Giorgio Bocca - der im übrigen vor 1979 stark gegen Negri und Genossen polemisiert hatte - auf Abstand zu den Aktionen der Justiz und veröffentlichte im März 1980 ein sehr skeptisches Buch über den Fall.

Am ehesten hatte sich die Skepsis gegen das »Theorem Calogero« noch innerhalb der Rechtspflege geäußert. Da gab es schon bald manche Zweifel an Calogeros Behauptungen. Der für Padua zuständige Untersuchungsrichter Giovanni Palombarini erkannte bald, daß die von Calogero vorgelegten Fakten in den meisten Fällen nicht einmal die vorübergehende Festnahme gerechtfertigt hätten und beschloß, die inhaftierten Autonomia-Genossen bald wieder freizulassen.

Aber er hatte nicht bedacht, daß es sich hier nicht um die Aktion *eines* verbohrten Staatsanwaltes handelte. Es ging vielmehr um anderes - und es war längst dafür gesorgt worden, daß Palombarini nicht, wie 1977/78, die »Autonomia«-Mitglieder freilassen konnte. Schon wenige Tage nach Calogeros Aktion vom 7. April wurde der Ermittlung in Padua die massivste aller Hilfen zuteil - der römische Ober-Staatsanwalt Achille Gallucci zog das Verfahren gegen den »harten Kern« der »Autonomia« an sich, insbesondere gegen Antonio Negri. Begründung: Negri sei in den Fall Moro verwickelt. Er solle, so die Anschuldigung, am 30. April 1978 mit Eleonora Moro telefoniert haben. Ein Gutachten von drei italienischen Wissenschaftlern habe ergeben, daß die Stimme am Telefon »derselben Stimmklasse angehört wie die Negris«; und eine Untersuchung des US-Experten Oscar Tosi habe die Identität »mit hoher Wahrscheinlichkeit« festgestellt.[227]

Kurz darauf stellten andere Gutachter jedoch fest, daß zumindest an der Moro-Anschuldigung gegen die Autonomia nichts Belegbares war. Das bundesdeutsche BKA erkannte, daß die Stimme hundertprozentig nicht die von Negri war. Und der »pentito« Patrizio Peci wußte überdies, daß Morucci der Anrufer war. Die Anklage gegen Negri wegen »Moro« wurde am 23. April 1980 eingestellt. Auch erschien dann kein einziger der Verhafteten des »7. April« in einem der Rotbrigadisten-Prozesse.

Aber die falsche Anschuldigung hatte ihre Wirkung - und möglicherweise war sie auch deshalb konstruiert worden. Richter Scarpari dazu:

»Nur und ausschließlich die Hypothese von der Verwicklung in den Fall Moro hatte die breite Zustimmung zu Calogero provoziert, vor allem seitens derer, die bis dato das Phänomen ›Umsturz‹ unterschiedlich rekonstruiert und noch vor einem Jahr diese Hypothese ausgeschlossen hatten.«[228]

Das Terrain für solche Glaubensbereitschaft war allerdings auch ganz konsequent vorbereitet worden: die Intellektuellenhetze, die Geißelung des »Feltrinellismus«, die Denunziation der »maestri cattivi« - all das hatte Wirkung gezeigt. Besonders nachhaltig aber wirkte sich aus, daß der PCI seit dem Fall Moro dankbar war für jedes Ereignis, das die Gefährlichkeit des Terrorismus und die Verschwörung gegen den »compromesso storico« belegte, rechtfertigte dies doch nachträglich die Linie der »fermezza«. Der PCI näherte sich einer Linie der »Volksjustiz«, wie Giancarlo Scarpari weiter meint:

»Die Gründe für diesen Wandel sind bekannt. In dieser Periode hatte sich der terroristische Angriff auf militärischem Gebiet merklich verstärkt, die Apparate der Repression hatten nur bruchstückhafte und widersprüchliche Antworten entwickelt. . . . Und da hatte die PCI-Führung beschlossen, sich dieses Notstandes anzunehmen und eine Massenkampagne gegen den Terrorismus zu fördern sowie, 1979, Untersuchungen über das Phänomen des Umsturzes zu unterstützen, wie sie seitens der Parteisektionen und der Gewerkschaften in Turin angeregt worden waren. Und sie entschied sich, in Padua die Ermittlungen Calogeros in jeglicher Hinsicht zu stützen - ohne irgendwelchen Vorbehalt.«[229]

Es sollte noch bis 1982 dauern, ehe der PCI vorsichtig von Calogero abzurücken begann. Heute schätzt die Kommunistische Partei, so der ehemalige Turiner Richter und Mitglied des Moro-Ausschusses Luciano Violante, die »Autonomia« und die BR als zwei »parallele Kräfte ein, die beide auf den Umsturz hinarbeiten«.[230]

Es gibt keinerlei Belege dafür, daß der PCI damals Calogero ermuntert hätte, abstruse Anschuldigungen in Verhaftungen umzusetzen. Aber andererseits kam es der Partei sehr gelegen, daß hier eine These präsentiert wurde, die zumindest für den Moment plausibel erschien - und die überdies die unbequemen, links vom PCI stehenden Intellektuellen angriff. Die anderen Parteien hatten natürlich ebenfalls nichts dagegen, wenn die Öffentlichkeit für eine Weile von der Unfähigkeit oder dem Unwillen der Machtträger abgelenkt wurde.

Aber man würde es sich zu einfach machen, wollte man den »7. April« nur als eine von verschiedenen Seiten ergriffene günstige Gelegenheit zur Ablenkung interpretieren. Denn was sich anfangs allenfalls wie eine zufällige Kombination von Entwicklungen ausmachte, die durch einen übereifrigen und ehrgeizigen Staatsanwalt betrieben wurde, das mag durchaus Kalkül gewesen sein. Und dafür spricht eigentlich fast alles.

Da ist z. B. die Geschwindigkeit, mit der die römische Staatsanwaltschaft das Verfahren an sich zog. Da ist auch die Art, wie weiterermittelt wurde, nachdem die These »Moro« sich als irrig, wenn nicht gar manipuliert erwies. Und da ist die Verwicklung von hohen Ermittlern in die Machenschaften von Gruppen und Personen, die schon im Fall Moro eine unrühmliche Rolle gespielt hatten.

Claudio Vitalone, bis Juni 1979 Staatsanwalt in Rom, erklärt heute, er sei in gewisser Weise der Urheber jener »Zusammenfügung von Elementen, die bis dahin nicht als eins gesehen wurden - die Autonomia und der linke Terrorismus«.[231] Calogero, dem er eine

Terroristen-Fahnder Claudio Vitalone

»Autonomia«-Führer Antonio Negri

gewisse »Akkuratheit« bestätigt, war danach mitnichten der Schöpfer des nach ihm benannten Theorems. Vitalone, der sich überdies beklagt, wie wenig man zuerst seiner »Intuition« geglaubt habe, war der Öffentlichkeit in den siebziger Jahren vor allem deshalb bekannt, weil er gegen den Rechtsterrorismus ermittelt und überwiegend nichts herausgefunden hatte.

Achille Gallucci, die andere Hauptperson, war zur rechten Zeit der rechte Mann am rechten Ort. Schon eine Woche nach seiner Verhaftung sah sich der Hauptangeklagte Antonio Negri völlig überraschend nach Rom überstellt - und Gallucci eröffnete ihm, daß ihm, neben der Sache Moro, auch noch der Vorwurf der »insurrezione armata contro i poteri dello stato« (bewaffneter Aufstand gegen die Staatsmacht) gemacht werde. Daher auch: Gerichtssitz Rom und nicht Padua. Mit diesem Manöver konnte die Untersuchung unter Kontrolle gehalten werden - der Paduaner Richter Palombarini, der Negri und Genossen 1977/78 freigesprochen hatte, war umgangen.

Gallucci selbst taucht in dem Geheimdienstdossier »M.FO.BIALI« auf, aus dem wir schon zitiert haben, und zwar im Zusammenhang mit den Machenschaften der P2-Leute Miceli und Giudice. Und mit eben jenem Trick, mit dem er die Einstellung des Verfahrens gegen die »Autonomia« blockierte, schaffte er es umgekehrt, die Logenbrüder, jedenfalls fürs erste, vor Strafverfolgung zu schützen: 1981, als die Loge »Propaganda 2« bekannt wurde, wäre Gerichtssitz Arezzo gewesen, denn Gelli, bei dem die Listen gefunden wurden, wohnte dort. Aber Gallucci ließ die Unterlagen kommen, sah aufgrund einiger Geheimdokumente angeblich Landesverrat und Spionage im Spiel, also Staatsdelikte - und zog den Fall an sich, d. h. nach Rom. Und dort ließ er, nach kurzer Untersuchung, alle Beschuldigten frei.

Erst nachdem die Kommission P2 des Parlaments in jahrelanger Recherche auch die Unregelmäßigkeiten in der römischen Justiz und insbesondere im Büro Gallucci angeprangert hatte (z. B. die Versuche des Oberstaatsanwaltes, seine nachgeordneten Dienststellen von Untersuchungen gegen seine Freunde abzuhalten), kamen zumindest auch disziplinarische Schritte gegen Gallucci in Sicht. Viel bewirken wird es nicht - das Ganze begann erst im Winter 1983/84, zwei Monate vor Galluccis Pensionierung.

Vertreter der Anklage wurde, nachdem das Verfahren an das Schwurgericht Rom überwiesen war (was nicht identisch mit dem Prozeßbeginn ist; der ließ noch zwei Jahre, nämlich bis 1983, auf sich warten), Staatsanwalt Federico Amato. Er ließ sich von Calogero und Gallucci die These einreden, Negri und Genossen seien zwar nicht die geheimen Anführer der Roten Brigaden, hätten aber die Gründung einer revolutionären Organisation geplant, die so geheim sein sollte, daß sie nicht einmal einen Namen haben würde, und die auch niemand von den »pentiti« kannte. Aufgrund dieser Namenlosigkeit taufte die Staatsanwaltschaft sie selbst in Abkürzung von »organizzazzione« einfach »O«. Diese Anklage erschien dann offenbar selbst dem Gerichtspräsidenten Santiapichi so brüchig, daß er vorsichtshalber dem Angeklagten Negri das Recht bestritt, in seiner grundsätzlichen Einlassung über dieses »Theorem« von der »O« zu sprechen.[232]

Staatsanwalt Amato wurde mittlerweile durch Antonio Marini ersetzt.

Es ist nicht nur aufschlußreich, sondern für die Interpretation der Vorgänge wichtig, sich zu vergegenwärtigen, mit welchen Mitteln die Ankläger bis heute ihre Anschuldigungen stützen.

Da stand schon am Anfang eine »völlige Verkehrung aller herkömmlichen Beweiswertungen«, wie eine Anzahl von Juristen auf einem Kongreß der »Magistratura democratica« 1982 festgestellt hat und wie neben dem schon zitierten Giancarlo Scarpari vor allem der Paduaner Richter Carlo Palombarini moniert. Tatsächlich hatte sich schon Pietro Calogero folgende Schwerpunkte für seine Beweisführung zurechtgelegt, die er in seinem »Requisitorio«, der Anklageschrift, so formuliert:

»Die Möglichkeiten, die die Analyse der aufgefundenen Dokumente bietet,

sind enorm; es ist die Aufgabe jeder Untersuchung auf diesem Gebiet, sie bis zum letzten auszuschöpfen. Das verlangt die Pflicht zur Wahrheit, Basis jeder juristischen Untersuchung, das verlangt die Pflicht zur Verteidigung der Institutionen und der Gemeinschaft nicht nur vor den Ausführenden, sondern vor allem vor den Inspiratoren, den Bossen und den okkulten Drahtziehern des Terrorismus; das verlangt schließlich die Pflicht zu exakter Definition der Verantwortung der angeklagten Terroristen auf der Grundlage der tatsächlich ausgeführten Aufträge im Gesamtrahmen der umstürzlerischen Gruppen.
Die Erklärungen der ›pentiti‹ müssen, will man nicht die Gefahr einer ernsten Verletzung der eben genannten Verpflichtungen laufen, zur Vervollständigung unausgefüllter Räume dienen, welche die Dokumentenanalyse nicht auszufüllen vermochte. sowie die Bestätigung und Anreicherung der Ergebnisse dieser Analyse.«[233]

Treffender kann man einen *ideologischen* Prozeß gar nicht charakterisieren: nicht das zählt, was der einzelne wirklich gemacht hat, nicht der Tatbestand also, sondern das, was einer irgendwann einmal geschrieben hat und was möglicherweise irgendjemanden zu verbrecherischem Handeln inspiriert haben mag. Zeugenaussagen haben gegenüber solchen Schriftdeutungen zurückzustehen, dürfen allenfalls dort einspringen, wo die Schriften nichts hergeben.

Aber diese »Privilegierung der Dokumentenanalyse«, wie Scarpari sie nennt, ist nicht das einzig Besondere an Calogeros - und später an Galluccis und Amatos - Vorgehen. Vielmehr wird auch noch manipuliert. Ermittlungsrichter Palombarini dazu:

»Dabei werden die Schriften vorwiegend unkorrekt interpretiert (nicht alle - einige werden schlicht unterschlagen), weil der Staatsanwalt sich oft darin erschöpft, rein ideologischen Ausdrücken Realitätsgehalt zuzuschreiben; darüber hinaus liegt hier auch eine Deutung vor, die zu ihrer Stützung Fakten bemüht, welche außerhalb ihres historisch-politischen Zusammenhangs betrachtet und über die Ebene der bloßen Ideologie hinaus- und emporgehievt werden.«[234]

Nun kommt dies alles aber nicht von ungefähr. Die aus dem »Requisitorio« Calogeros zitierten Sätze stammen schließlich aus dem Jahr 1981 - und da gab es schon seit eineinhalb Jahren die »pentiti«. Zwar hatten die »Geständigen« in einem für die Ermittler zunächst recht erfreulich scheinendem Umfang Beschuldigungen von Hunderten ihrer ehemaligen Genossen zu Protokoll gegeben - aber das erwies sich bald als Debakel. Nicht nur, daß sie einander widersprachen, die meisten verhedderten sich auch bei ihren eigenen Aussagen heillos. Die Verfasser der Anklageschrift kamen deswegen so durcheinander, daß sie nahezu täglich neue Korrekturen an ihrem Elaborat anbringen mußten. Mal war einer einer Gewalttat beschuldigt worden, während der er im Gefängnis saß, mal ein anderer, der davon längst rechtskräftig freigesprochen war. Die größte Katastrophe zeigte sich jedoch erst vor Gericht - als die »Kronzeugen« frei und ohne Merkzettel aussagen mußten.

Was bei den Prozessen gegen die Roten Brigaden noch einigermaßen funktioniert hatte - hier ging es ja mitunter tatsächlich um konkrete Tatbestände, etwa wer geschossen, wer das Auto gesteuert, wer telefoniert hatte -, das verflüchtigte sich beim Ideologen-Prozeß schnell. Die wesentlichsten »pentiti« zogen es, wie beschrieben, daher auch vor, unsichtbar oder stumm zu bleiben. Und wo sie sprachen, kam es sofort zur Malaise für die Anklage. Zeuge Antonio Romita z. B., früher Inspirator der Einsichten Calogeros, erklärte vor dem römischen Schwurgericht, seine Aussagen seien vom Paduaner Staatsanwalt geschönt, gerafft, »vereinfacht«, »schematisiert« worden - und wußte nun plötzlich nichts mehr von Waffenverstecken[235], die ja für eine »insurrezione armata« unabdingbar wären (nur dann ist sie nämlich strafbar).

Sichtet man die tatsächlich vorhaltbaren Fakten (die übrigens auch noch keineswegs bewiesen sind), so reduziert sich der gesamte Prozeß auf in aller Regel minder schwere Vergehen - den Diebstahl einer Briefmarkensammlung oder eines Gemäldes; die Herstellung und das Werfen von Molotow-Cocktails während Demonstrationen; Einschüchterung und Bedrohung; Billigung einer strafbaren Handlung etc. Die tatsächlich gefundenen Waffen hätten, so der Negri-Verteidiger Tommaso Mancini, »nicht einmal zu einer richtigen Schießerei oder zu einem Bankraub gereicht«. Alles in allem hätte für einige der Angeklagten eine Freiheitsstrafe von ein paar Monaten oder Jahren oder Geldbußen herauskommen können.

Ein letztes, fast schon verzweifeltes Manöver, die Verquickung von BR und »Autonomia« aufrechtzuerhalten, bestand in dem Versuch, den Prozeß um die Moro-Ermordung und den »Autonomia«-Prozeß nicht nur von ein- und demselben Gericht und in demselben Gerichtssaal, sondern auch zur gleichen Zeit abzuwickeln - eine Woche Moro-Prozeß, eine Woche Autonomia-Prozeß. Erst massive Interventionen nun auch zahlreicher Politiker (der Radikalen, der Sozialistischen, dann auch der Kommunistischen Partei) konnten das verhindern. Am Ende blieb zwar das Gericht samt Vorsitzendem und Geschworenen und der Verhandlungssaal identisch, aber »Moro-bis« wurde zuerst ganz abgewickelt, ehe der »7. April« begann.

Die Anklage gegen die Autonomia stützte sich zudem auf eine

Reihe historischer Umstände. So brachen z. B. nach dem Zerfall von »Potere operaio« Anfang der siebziger Jahre natürlich die Kontakte vieler damaliger Mitstreiter untereinander auch dann nicht oder nicht ganz ab, wenn man politisch ganz verschiedene Wege ging. Die Theoretiker der »Autonomia operaia« z. B. suchten ganz konsequent die geistige Auseinandersetzung mit den Genossen, die in den Untergrund abgewandert waren. Auch verschwand in den siebziger Jahren ein nicht unbeträchtlicher Teil von »Autonomia«-Genossen in den Untergrund - Morucci z. B., zunächst der »Autonomia« nahestehend, wurde in Rom Führungsmitglied der BR. Dennoch läßt sich aus nahezu allen Schriften, die Calogero so gerne als »primäres Beweismaterial« ansieht, nur eines herauslesen: der Riß zwischen den Roten Brigaden und den »Autonomisten« war total. Der Staatsanwalt sah darin freilich nur ein besonders infames Manöver zur Tarnung der Illegalität (und so veränderte er die Aussage des »pentito« Romita, »nach dem Zerfall von Potere operaio ist jeder seinen Weg gegangen« eigenhändig in: »Potere operaio hat sich gar nicht aufgelöst, sondern ist in den Untergrund gegangen«).[236]

Terrorismus-Spezialisten Luciano Violante und

Während des Prozesses verwandte das Gericht viele Stunden darauf, von Fioroni berichtete Treffen Negris mit Renato Curcio als Beweis für die Zusammenarbeit von BR und Autonomia zu werten - obwohl Negri unwidersprochen dagegenhielt, diese Treffen seien gerade von Fioroni provoziert worden und hätten außerdem in völligem Dissens geendet. Daß der geständige Peci von unausräumbaren Widersprüchen zwischen Roten Brigaden und Autonomisten berichtet, daß Morettis Leute Negri im Gefängnis von Palmi gar den »Prozeß« machten, daß der harte Flügel der BR aus dem Käfig des Prozesses heraus das »Todesurteil« gegen Negri verkündete - all das blieb unberücksichtigt. Daß Francesco Piperno Kontakte zu BR-Leuten hatte, wußte 1977/78 jeder - aber niemand kam auf die Idee, ihm das vorzuhalten. Im Gegenteil - Craxi und sein Vize Signorile nahmen während der Moro-Entführung ohne Vorbehalte seine Dienste in Anspruch, um Möglichkeiten einer Verhandlungslösung auszuloten - man konnte von den sonstigen Aktivitäten Pipernos damals »noch nichts wissen«[237], behauptet heute der PSI-Bericht im Fall Moro: aber Piperno hatte sich öffentlich zustimmend zur Aktion Moro geäußert![238]

Achille Gallucci

Und Claudio Vitalone (DC), der angeblich schon Mitte der siebziger Jahre Verbindungen zwischen BR und »Autonomia« vermutet hatte, scheute sich gleichwohl nicht, Autonomisten wie Daniele Pifano zu beauftragen, mit den BR Kontakte aufzunehmen - an eine Festnahme dachte er damals offenkundig gar nicht.[239]

Die Gesamtheit der Manöver im Fall »7. April« läßt nur den einen Schluß zu: hier wurde, abgesprochen oder nicht, eine von vielen Seiten geförderte Ablenkung von bekannten oder noch zu erwarteten Skandalen im Zusammenhang mit dem Terrorismus und dem Fall Moro inszeniert. Die »Autonomia«, wiewohl weit von einer Stärke entfernt, die auch nur eine punktuell revolutionäre Aktion hätte aussichtsreich erscheinen lassen[240], bot sich dabei besonders an - standen ihr doch besonders viele linke Intellektuelle nahe.

Sieht man die Geschwindigkeit, mit der schon wenige Stunden nach der Entführung Moros in nahezu allen Zeitungen die Intellektuellenhetze begann, kann man sich nur schwer eine bloß spontane Aktion vorstellen. Zudem wissen wir heute - aus den Erklärungen ganz verschiedener Sachverständiger wie Vitalone (DC) und Violante (PCI)[241] -, daß die Ermittlungen über die angebliche Identität von strategischer Leitung der BR und der Autonomia schon *vor* dem Fall Moro begonnen hatten. Auch hat sich herausgestellt, daß der Superzeuge Fioroni seine Aussagen gegen Negri und Genossen schon lange vor ihrer Einführung in die Akten des »7. April« gemacht hatte - und daß trotzdem keiner von dieser Gruppe auf den Fahndungslisten im Fall Moro auftauchte.

Man wollte sich die »Ideologen« für eine spätere, möglicherweise härtere Zeit und für etwas Nützlicheres aufsparen - die spektakuläre Ablenkung vom Fall Moro.

Epilog

Mit Verschwörungstheorien soll man vorsichtig sein. Es ist nicht sinnvoll, ein genau abgesprochenes Komplott zu unterstellen. Beweisen kann man es ohnehin nicht.

Was der Fall aber eindeutig belegt: trotz der gern berufenen »Unwägbarkeiten« und der »Nichtvorhersehbarkeit« der Folgen kann es vorkommen, daß eine so komplizierte Intervention wie die Entführung und Ermordung eines Spitzenpolitikers nicht nur nach Plan abläuft – sondern daß die »Erwartungen« weit übertroffen werden.

Das von Geheimdiensten unter Instrumentalisierung des Terrorismus ausgeheckte, von Dunkelmännern und den italienischen Sicherheitskräften mindestens geduldete Attentat stieß unversehens in einer alle »Hoffnungen« übersteigenden Weise auf Gegenliebe bei den legalen Entscheidungsträgern, so daß sich eine historisch fast einmalige Koalition ergab, die das Ende unabwendbar machte. Mit der Ermordung Moros hatten nicht nur die Entführer ihr Ziel erreicht - die Destabilisierung Italiens -, sondern auch viele andere Personen und Gruppen glaubten sich einer Lösung ihrer Probleme näher. Für die einen war ein direkter Machtkonkurrent ausgeschaltet, für die anderen ein »Kommunistenfreund«; für die dritten wurde ein Politiker eliminiert, der immer Problemlösungen im aktuellen demokratischen Rahmen gefunden hatte und der damit einer autoritären Umgestaltung der Verfassung im Wege stand. Und so mancher mag auch nichts dagegen gehabt haben, daß der Mensch verschwand, dem immerhin Pier Paolo Pasolini bescheinigt hatte, er sei der »am wenigsten in die Machenschaften des ›palazzo‹ verwickelte Politiker Italiens«.

Die breite Koalition, die sich sofort nach Moros Entführung bildete und seinen Tod provozierte - sie kam auch ohne alle Absprache zustande.

Anhang: Interviews

Die hier abgedruckten Gespräche sind von mir zwischen Juni 1983 und Januar 1984 geführt worden.

W. R.

Interview mit
LUCIANO VIOLANTE, PCI.
Zur Zeit der Moro-Entführung Richter in Turin. Seit 1979 Abgeordneter.

Frage: Welche Bedeutung hat der Fall Moro?

Antwort: Der Fall Moro war Höhepunkt des terroristischen Angriffs auf die italienische Demokratie. Im nachhinein war er auch die beste Antwort des Staates auf den Terrorismus. In diesen 54 Tagen haben wir die gesamte Schwäche des institutionellen Antwortsystems erkannt, aber danach haben wir uns erholt, und man kann sagen, gut erholt.

Frage: Nach dem Fall Moro begann ein anderer »Fall«, der Fall »7. April«. Welche Bedeutung hat dieser Fall heute, fünf Jahre nach dem Fall Moro?

Antwort: Sehen Sie, da gibt es einen merkwürdigen Parallelismus zwischen dem Fall Moro und dem Fall »7. April«. Die Terroristen, die Moro entführt und ermordet haben, wollten dem politischen Projekt einen tödlichen Schlag versetzen, das Moro in dieser Zeit vorantrieb: der Übereinkunft zwischen Katholiken und Kommunisten zur stabilen Leitung des Landes. Und die »Autonomia« und Toni Negri hatten ein analoges Ziel wie die Roten Brigaden: die Kommunisten angreifen, aber vor allem das politische Projekt angreifen, das in diesen Jahren voranschritt. Daher dieser merkwürdige umstürzlerische Parallelismus. Heute glaube ich, daß die italienische Demokratie aus diesem Zusammenprall gut hervorgegangen ist. Es gab diese überaus problematische Sache mit den vier Jahren Untersuchungshaft, die die Angeklagten ertragen mußten, aber mir scheint, daß heute sowohl das Parlament wie die Justiz mit diesen Problemen gut zurechtkommen.

Frage: Nun fragt man sich, warum man nicht früher etwas gegen Leute wie Toni Negri unternommen hat, denn ihre Schriften stammen doch schon aus den frühen siebziger Jahren.

Antwort: Damals war noch nicht recht klar, welcher Art die Verbindungen Negris und seiner Freunde waren. Tatsächlich mußten diese Verbindungen sehr mächtig sein, wenn man so lange gebraucht hat, um vor allem Padua, die dortige Universität und die Stadt und dann, würde ich sagen, ganz Italien von der großen Gefahr zu befreien, die das politische Projekt dieser bewaffneten Banden darstellte, deren Anführer Toni Negri war.

Frage: Wann wurde denn gegen Negri zu ermitteln begonnen?

Antwort: 1978.

Frage: Vor oder nach der Entführung Moros?

Antwort: Etwas vorher.

Interview mit
Claudio Vitalone, DC.
Er war zur Zeit der Entführung Moros Staatsanwalt in Rom und leitete Teilbereiche der Ermittlungen. Seit 1979 ist er für die DC Senator.

Frage: Was bedeutet der »7. April« heute?

Antwort: Wenn man eine zusammenfassende Definition geben will, dann war der »7. April« ein erster ernsthafter Versuch zur Zusammenfügung von Elementen, die bis dahin nicht ineins gesehen worden waren, die in unserem juristischen Erfahrungsbereich ziemlich getrennt behandelt worden waren. Es war die theoretische Aufarbeitung eines Prinzips: der bewaffnete Umsturz ist ja nicht wie die Minerva dem Kopf des Jupiter entsprungen, so ganz unvorhergesehen, sondern er war das Ergebnis einer beständigen Verkündung der Gewalt, die das Land in den vorangegangenen Jahren ertragen hat. Verkündung der Gewalt, die die Jugendlichen angesteckt hat und die z. B. in Padua, wo der »7. April« seinen Ausgang nahm, zum Phänomen der verbreiteten Illegalität der Massen geführt hat. Das war eine Reihe widerrechtlicher, krimineller Handlungen, an denen eine überaus große Zahl von Personen beteiligt war. Das kann man nun auf eine Protesthaltung zurückführen, oder aber man kann es viel unmittelbarer auf eine präzise Strategie der Destabilisierung unserer Institutionen beziehen. Der »7. April« stützt die letztere Hypothese. Das, was als »Bewegung der Arbeiterautonomie« erschien, hatte sicher auch spontaneistische Aspekte und soziale Gründe, aber es war vor allem eine Bewegung, die im Hinblick auf einen gewaltsamen Umsturz der staatlichen Ordnung durch Gruppen sogenannter Avantgarden kanalisiert wurde, Gruppen, die die Aktionen kanalisieren und zu immer massiveren Angriffen gegen die Verfassungsordnung leiten sollten. Auf diese Weise wurde ein Reservoir geschaffen, dessen sich die bewaffnete Partei ständig bedienen konnte. Der »7. April« war nun ein Moment der Synthese und ein Ergebnis umfassenden Verständnisses und umfassender Nachforschungen der verschiedenen Justizstellen.

Frage: Nun fragt es sich aber, warum Maßnahmen gegen die »Autonomia« so spät in Gang kamen, nach dem Fall Moro. Die Exponenten, und was sie geschrieben haben, waren doch längst bekannt.

Antwort: Nun, zuerst einmal: Nur wenige wissen, daß die Ermittlungsbehörden schon am Tag nach dem Blutbad in der Via Fani die Zellen ausgemacht hatten, die mit Sicherheit das Blutbad an der Via Fani verursacht hatten Tatsächlich wurden seitens der römischen Staatsanwaltschaft, in der ich gearbeitet habe, schon wenige Tage nach dem 16. März 1978 die Haftbefehle gegen viele der später tatsächlich in erster Instanz Verurteilten ausgestellt. Es gab diese Intuition von Zusammenspiel, aber es war eine Intuition, die sich vor allem auf die Explosion fast erdbebenhafter Gewalt in verschiedenen Teilen Italiens und auf Namen bezog, die heute im »Who's who« des Terrorismus stehen. Die Verzögerung selbst muß meiner Ansicht nach der ständigen Verkündung der Gewalt angelastet werden. Man soll nicht vorverurteilen, aber über einige der Angeklagten des »7. April«

kann man mit Fug und Recht sagen, daß sie vom Lehrstuhl der Universität aus Botschaften des Hasses und des bewaffneten Kampfes ausgesandt haben. Und darauf gründeten sich diese Intuitionen meinerseits, es waren Erkenntnisse, die von anderen unterbewertet wurden. Ich habe schon 1974 und 1975 den römischen Ermittlungsbehörden die Notwendigkeit der Erstellung einer Gesamtnachforschung über das Phänomen der »Autonomia« klarzumachen versucht.

Frage: Sie haben die Verzögerung der Nachforschungen unter anderem auf diejenigen zurückgeführt, die Haß gepredigt oder aber diese Predigten zugelassen haben. Meinen Sie damit die außerparlamentarische Linke oder auch die Kommunistische Partei?

Antwort: Ich würde sagen, auch die Kommunistische Partei. Ganz sicher sogar. Während des Falles Moro hat der PCI sicherlich entschlossen die demokratische Legalität verteidigt; aber er kann sich nicht aus der Verantwortlichkeit stehlen, daß er diese Protestmanifestationen jener Jahre gefördert hat.

Frage: Sie reklamieren die Intuition, als erster die Zusammenhänge von »Autonomia« und Terrorismus erkannt zu haben. Mußten Sie denn Ihre Kollegen da erst massiv anstacheln?

Antwort: Nun, heute ist es natürlich leicht, aufgrund der zahlreichen Erkenntnisse, die wir jetzt haben, Recht zu sprechen. Ich, der ich das kleine Verdienst dieser Intuition beanspruche, die die Zeit in den Einzelheiten als richtig erwiesen hat, muß sagen, daß es damals schon schwer war, zu erkennen, wo die Verkündung des Hasses aufhörte und der bewaffnete Kampf praktiziert wurde. Schon 1971 war zu erkennen, daß sich die Autonomia operaia eine geheime Struktur gegeben hatte und daß die Massenfront nur eine Maskerade dafür war. Nun, Staatsanwalt Calogero aus Padua z. B. ist sicher ein sorgfältiger Ermittler. Aber das, was man 1978 gemacht hat, hätte man schon viel früher machen können.

Frage: Kommen wir noch einmal zum Fall Moro. Konnten Sie als Ermittler damals von den Ermittlungen der Deutschen im Fall Schleyer profitieren?

Antwort: Eigentlich nein. Es gab zwar eine unmittelbare Zusammenarbeit sofort nach der Entführung Moros zwischen den Polizeistellen. Es waren Experten des Bundeskriminalamtes da und haben ihre Erfahrungen in die Zusammenarbeit eingebracht. Aber man muß sagen, wenn der Terrorismus tatsächlich internationale Verbindungen hat, so darf man doch nicht annehmen, daß Baader-Meinhof und die Roten Brigaden eine gemeinsame Ideologie hatten. Und darum waren auch die Erfahrungen der Polizei kaum übertragbar.

Frage: Hat sich das auf Ihre Einschätzung der Abläufe im Fall Moro ausgewirkt?

Antwort: Nein. Wir mußten den Fall Moro ganz exakt analysieren und das haben wir auch gemacht, vom ersten Communiqué an. Es gab da ja später die Polemiken, ob man sich nicht hätte anders verhalten sollen. Aber wir wissen heute, daß, einschließlich des Todes von Aldo Moro, die einzig mögliche Antwort die war, die wir gegeben haben.

Frage: Wie haben Sie Moros Verhalten eingeschätzt?

Antwort: Ich habe diese Tage mit äußerster Bitterkeit durchlebt. Bei der Lektüre der ersten Botschaft der BR schien klar, daß die Brigaden mit den Mitteln des Zwanges arbeiteten. Das haben wir aus einem zweideutigen Abschnitt des Briefes abgeleitet: wo sie schrieben, daß alle künftigen Verlautbarungen mit ein und derselben Maschine geschrieben würden. Sie hatten erkannt, daß sie Moro nicht für sich benutzen konnten. Wir wissen heute, daß Moro in jeder Phase von höchstem Staatsbewußtsein inspiriert war und seine Würde bewahrt hat.

Interview mit
VITTORIO CERVONE, DC.
Er war bis 1979 Senator und zählte zu den engsten Freunden Moros.

Frage: Sie haben ein Buch geschrieben mit dem Titel »Ich habe alles zur Rettung Aldo Moros getan«. Was konnte man denn konkret tun?

Antwort: Zunächst einmal heißt natürlich »alles zur Rettung tun« noch nicht unbedingt, ihn tatsächlich zu retten. Aber wir mußten alles tun, was uns unser christliches Gewissen vorschreibt. Es ist eine andere Sache, ob das, was das Gewissen vorschreibt, auch vernünftig ist. ... Wenn wir nun einen gefangenen Menschen haben, heißt er nun Moro oder anders, und es gelingt uns nicht, alles zu tun, um ihn zu retten, dann handeln wir eben nicht christlich. Das aber, was man damals in Italien gemacht hat, war nicht richtig. Da sprach man von Staatsraison: Aber die hat mit dem Christentum wenig zu tun. Denn in ihrem Namen sind viele Menschen umgebracht worden, auch von der Kirche; heute verurteilen wir dies.
Nun war damals die Regierung in dieser Sache auch nicht ganz frei in ihren Entscheidungen. Denn es fiel z. B. auch die Meinung der Kommunistischen Partei ins Gewicht. Die aber sagten: »Nein, wir dürfen Moro nicht retten, nicht etwa, weil wir ihn sterben lassen wollen, sondern weil ansonsten der Staat etc. etc.« Das war das eigentliche Drama damals.

Frage: Nun war die damalige politische Linie Moros im Ausland sehr umstritten. Sie selbst haben in einem Interview darauf aufmerksam gemacht, daß z. B. die Strauß-Richtung sehr skeptisch war und Moro davor sogar Angst hatte.

Antwort: Ja. Aber die haben sich damals schon getäuscht und täuschen sich noch heute. Indem sie nämlich glaubten, Moro wolle sich mit den Kommunisten verbinden. Da haben einige gesagt: zuerst geht er mit den Sozialdemokraten zusammen, dann mit den Sozialisten und dann mit den Kommunisten. Nein, das stelle ich ganz entschieden in Abrede. Die Kommunistische Partei ist etwas ganz anderes als die Sozialistische. Die Sozialistische Partei ist in ganz Europa demokratisch; Moro wollte nun die Kommunisten auch zu einer demokratischen Partei sich entwickeln lassen. Aber eine Allianz mit den Kommunisten hätte er niemals gemacht. Er hat dem historischen Kompromiß eine klare Absage erteilt. Nein, nein, nein, nicht um alles in der Welt wollte er die Kommunisten in der Regierung selbst. Strauß verwechselt das und hat da Dinge hineininterpretiert, weil er selbst offenbar Angst hatte. Es war, und das wußten wir alle, hier nichts anderes als ein kalkuliertes Risiko, mehr nicht.

Frage: Wozu sollte dieses Risiko denn dienen?

Antwort: Wir waren, wenn Sie die Geschichte verfolgen, an einem bestimmten Punkt angelangt, wo wir allseits isoliert waren. Niemand wollte sich mehr mit uns verbünden. Und Moro hat, in seiner letzten Rede, diese Mauer des Abweisens durchbrochen und ist zur offenen Feldschlacht übergegangen. Das war Moro. Er hat für seine Partei die Frage von Sein oder Nichtsein gestellt, und wenn er das nicht getan hätte, säßen wir heute noch ratlos da.

Interview mit
TINA ANSELMI, DC.
Sie war während der Moro-Entführung Gesundheitsministerin im Kabinett Andreotti. Heute ist sie Präsidentin der P2-Kommission.

Frage: Was ist die P2?

Antwort: Darum geht's ja bei unserer Untersuchung. Sie war ganz sicher ein Zentrum okkulter Macht, und sie ist es noch. Und wir können sagen, daß wir sie in den für das italienische Staatsleben empfindlichsten Organismen gefunden haben: genauer gesagt in den hohen Rängen des Militärs, der Geheimdienste, der Pressewelt, der Finanzen, der Politik. Ein Machtzentrum innerhalb der staatlichen Einrichtungen, in den Lebensadern des Landes. Die P2 hat sich als Korruption und Geschäftemacherei gezeigt, aber sie hatte mit Sicherheit auch politische Absichten.

Frage: Welche Ziele hatte die P2 und hat sie noch?

Antwort: Wir haben ein politisches Dokument der P2 gefunden, wo es um die Veränderung der Verfassung geht, um ein Eindringen in die Parteien, eine Verminderung der Gewerkschaftsmacht; die P2 hat also auch aufgeschrieben, was sie will.

Frage: Sie haben gesagt, der Schatten der P2 liege auch über dem Fall Moro. Inwiefern?

Antwort: Nun, ich habe gesagt, daß wir darüber Nachforschungen anstellen müssen, ob die Gegenwart der P2 in den Geheimdiensten nicht vielleicht der Grund für die Schwäche, die Unfähigkeit der Geheimdienste bei ihren Operationen war - um auf diese Weise Licht in den Fall Moro zu bringen. Das ist ein Problem, das ich nicht nur mir, sondern dem ganzen Land vor Augen stelle.

Frage: Wie haben Sie persönlich diese Tage der Entführung Moros erlebt?

Antwort: Ich habe sie voller Angst erlebt, denn mir war klar: Aldo Moro aus dem politischen Leben zu eliminieren hieß, den wichtigsten Bezugspunkt dieser Zeit auszuschalten. Danach war nichts mehr wie früher.

Frage: Waren Sie denn von dieser Linie der »fermezza« überzeugt?

Antwort: Nun ja, ich habe dieses Drama erlebt, aber in der Überzeugung erlebt, daß diese Linie der »fermezza« notwendig war, und wenn sie auch nicht zur Rettung Moros geführt hat, hätten wir im anderen Fall doch den Staat und seine politische Verteidigung geschwächt.

Interview mit
Luigi Covatta, PSI.
Er ist derzeit Senator und war der Berichterstatter der PSI-Minderheit im Moro-Untersuchungsausschuß.

Frage: Die Zeitschrift »Espresso« hat ihren Bericht über die Moro-Kommission so überschrieben: »In vollkommener Nicht-Übereinstimmung«. Trifft das zu?

Antwort: Ja. Ganz sicher. Die Politikerkaste Italiens ist fünf Jahre nach der Entführung und Ermordung Moros noch nicht zu einer Überwindung der früheren Spaltung gelangt. Der Streit ging vor allem darum, ob die von der Regierung und den anderen staatlichen Stellen eingeschlagene Linie wirkungsvoller im Hinblick auf einen Sieg über die Roten Brigaden und die Befreiung der Geisel hätte sein können. Unsere Meinung war auch damals schon klar, daß die sogenannte »Linie der Härte« in Wirklichkeit eine Linie des Immobilismus war. Die Kommissionsmehrheit, insbesondere die von DC und PCI, die fünf Jahre nach dem Mord noch einmal den »Historischen Kompromiß« zelebrieren wollte, behauptet noch immer, daß diese »linea di fermezza« die einzige war, die man einschlagen konnte. Kurioserweise wollen die Christdemokraten und Kommunisten dabei beweisen, daß unsere damalige Linie keine Ergebnisse gebracht hätte. Kurios ist das deswegen, weil hier über eine Linie geurteilt wurde, die nicht angewandt wurde, während andererseits die angewandte ja eben nicht zu den vorgegebenen Zielen einer Befreiung Moros und eines Sieges über die Roten Brigaden geführt hat. Diese Linie hat sich als historisch ineffektiv erwiesen.

Frage: Welches Ziel hatten Ihrer Meinung nach die Roten Brigaden wirklich?

Antwort: Nun, man kann das Ganze natürlich mit einer einfachen Deutung versehen und einer schwierigeren. Die einfache Leseart stützt sich auf das, was die Roten Brigaden in ihren Dokumenten geschrieben haben; danach hatten sie angekündigt, daß sie in der Democrazia cristiana das Herz des Staates und in Moro das Herz der Democrazia cristiana sehen und in Moro die DC angreifen wollen. Das ist eine sehr einfache, grobe Interpretation. Die schwierige Deutung: Moro war der angesehenste »leader« dieses Landes, das sich in einer sehr schwierigen politischen Lage befand. Marschall Tito lebte damals noch, die Dinge im Vorderen Orient waren voll in Bewegung, in Italien entwickelte sich der Eurokommunismus. Es kann also durchaus sein, daß ausländische Mächte in Ost und West die Konturierung der Roten Brigaden und ihr Ziel zum Zwecke der Destabilisierung gefördert haben.

Frage: Warum ist die Moro-Kommission den Dingen nicht auf den Grund gegangen?

Antwort: Zunächst einmal: Unsere Partei war in der Minderheit. Weitergehende Beweisanträge wurden sogar schon im Vorfeld der Kommission abgeblockt. Die Gründe für diese Haltung sind wohl zunächst einmal die genannten politischen Vorurteile. Zweitens war der Beitrag unserer Sicherheitskräfte ziemlich mager. Drittens gibt es da eine sehr beunruhigende und merkwürdige Sache. Wie Sie wissen, sind viele Exponenten des italienischen Terrorismus mittlerweile geständig. Und sie haben viel erzählt. Aber dabei ist nicht einer, der direkt an der Entführung Moros teilgenommen hat. Und daraus ergibt sich das Problem, wieso wir Geständige haben, die sich zu schwersten Verbrechen bekennen - aber es gerade aus dieser Gruppe niemand tut. Daraus kann man nur den Schluß ziehen, daß diese Leute sich aus irgendeinem Grund gar nicht dazu bekennen können oder dürfen, weil sie sonst ganz bestimmte Dinge erzählen müßten. Oder aber sie können nichts gestehen, weil auch ihre nichtgeständigen Genossen gewisse Sachen gar nicht wissen.

Frage: Wie etwa das Gefängnis Moros?

Antwort: Natürlich. Nun muß man dazusetzen, daß auch die Ermittlungen der Polizei und der Justiz erstens sehr spät erst begannen und zweitens sehr ineffektiv waren. Dafür gibt es zwei Hypothesen. Die einfache Deutung besagt, daß es Schwäche, Desorganisation, Unfähigkeit war; aber es kann auch anders gewesen sein, beabsichtigt, geplant. Man könnte meinen, man habe die Wahrheit gar nicht wissen wollen. Ich denke, die Wahrheit ist heute, daß man so spät angefangen hat zu ermitteln, daß bereits eine Reihe wichtiger Beweismittel verlorengegangen ist.

Frage: Nun gab es ein Jahr nach der Entführung Moro den Fall »7. April«. Sehen Sie da gewisse Zusammenhänge?

Antwort: Ich sehe es als eine Konsequenz der »Linie der Härte«. Nachdem man sich unfähig gezeigt hat, das Phänomen des Terrorismus zu analysieren und zu erkennen, hat der Staat nun eine Linie der ununterschiedenen Repression begonnen. Es gab da eine richtiggehende Kultur der Verdächtigung, und man kann den »7. April« darin einordnen. Sie haben das Phänomen des Terrorismus nicht begriffen und deshalb in die Menge geschossen in der Hoffnung, die Richtigen zu treffen. Genau das ist im Fall »7. April« passiert, denn es gibt gar keinen Zweifel, daß die darin Angeklagten weder die Ziehväter, noch die Zöglinge, noch die Verantwortlichen für die Explosion der Gewalt in jener Epoche sind. Und mit den Roten Brigaden haben sie schon gar nichts zu tun.

Frage: Warum wurde eigentlich Carlo Alberto Dalla Chiesa seinerzeit von seinem Antiterrorismus-Kommando entbunden?

Antwort: Eine sehr diffizile Frage. Im Januar 1978 wurden das Nucleo Antiterrorismo Dalla Chiesas und die dem Innenministerium unterstellte Antiterrorismus-Abteilung des Generals Santillo unter Anwendung des Gesetzes zur Reform der Geheimdienste, das um ein halbes Jahr vorgezogen wurde, aufgelöst. Deshalb gab es zur Zeit der Moro-Entführung faktisch keine Geheimdienste in Italien, denn die neuen arbeiteten noch nicht. Hinsichtlich der Gründe glaube ich, daß Dalla Chiesa damals den Carabinieri-Generälen und Santillo den Polizeichefs Unannehmlichkeiten bereitete, denen damals eher an einer traditionalistischen Arbeitsweise lag. Dalla Chiesa hat jedenfalls vor der Moro-Kommission erklärt, daß er während der Entführung total von den Ermittlungen ausgeschlossen war.

Frage: Muß man sich im Licht dieser Erkenntnisse nicht fragen, ob Dalla Chiesa wirklich von der Mafia ermordet wurde?

Antwort: Kann sein, daß ihn die Mafia umgebracht hat. Aber es kann auch sein, daß sie es nicht war. Denn es waren viele, die an der Ermordung Dalla Chiesas Interesse haben mußten.

Interview mit
ANTONIO BELLOCCHIO, PCI.
Er ist derzeit PCI-Delegierter der Abgeordnetenfraktion in der P2-Kommission.

Frage: Was ist die P2?

Antwort: Es ist der größte Skandal unseres Landes in den letzten Jahren. Wir stehen vor einer Geheimloge mit dem Ziel, unser Land zu destabilisieren. Destabilisieren nicht in blutiger Weise, sondern auf sanfte Art, mit Hilfe eines »Weißen Staatsstreiches«, vor allem, um der Kommunistischen Partei den Weg zu versperren. Es ist kein Zufall, daß das Anwachsen der Loge P2 in einem besonderen politischen Augenblick geschah, nämlich als die ›Politik der demokratischen Solidarität‹ besiegelt wurde, aufgrund dessen der PCI zwar nicht an der Regierung, wohl aber an der Mehrheit beteiligt wurde. Es waren jene entscheidenden Jahre von 1976 bis 1979, in denen die Verbindungen zwischen P2 und hohen Beamten, hohen Richtern, leitenden Verwaltungsleuten, Journalisten und anderen Personen, die im Staat und der Gesellschaft etwas bedeuten, anwuchs. ... Nicht zufällig gab es damals auch eine Art Ankündigung des Staatspräsidenten Leone, die dieselben programmatischen Punkte enthielt, die man in einem Dokument bei der Tochter Gellis, Mariagrazia, gefunden hat und die »Plan zur demokratischen Erneuerung« betitelt war. Und wenn ich mir das Programm Gellis und das Programm der derzeitigen Regierung (Craxi) ansehe, dann würde ich zwar nicht gerade sagen, daß sie völlig deckungsgleich sind, aber da sind doch viele Punkte, die auch bei Gelli erscheinen. Zum Beispiel die Aufhebung der geheimen Wahl, die Reduzierung der Gewerkschaftsmacht, die Einkommenspolitik und so weiter. ... Und einige Politiker, auf die Gelli in seinem »Plan zur demokratischen Erneuerung« Bezug nimmt, finde ich in der derzeitigen Regierung als Minister wieder.

Frage: Was haben die Leute Gellis in den siebziger Jahren denn infolge der Annäherung von Kommunistischer Partei und Moro befürchtet?

Antwort: Sie haben naturgemäß die Anerkennung des PCI als demokratische Partei befürchtet und daher auch die Möglichkeit, daß die Kommunistische Partei unter der Flagge der Alternative in die Regierung eintritt.... Und Aldo Moro war bei der Democrazia cristiana derjenige, der nun die Notwendigkeit erkannt hatte, in unserem Land die sogenannte »Dritte Phase« einzuleiten, eine notwendige Alternative also. Da gibt es aber auch noch weitere bezeichnende Ereignisse. Zum Beispiel: Als Aldo Moro gefangen war, suchte ein Geschäftsmann die Mafia zum Eingreifen zugunsten einer Befreiung Moros zu bewegen. Der Kontakt kam zustande - zwischen diesem Mann und einem bestimmten Politiker der DC; und die Mafia antwortete: Wir können uns da nicht einschalten, weil Moro die Öffnung zum PCI will.

Frage: Nun waren die drei Geheimdienste mit P2-Leuten besetzt, und dies mit Zustimmung der Kommunisten. Gab es denn da keinen Argwohn gegen diese Leute?

Antwort: Ich glaube nicht, daß »mit Zustimmung der Kommunisten« der rechte Ausdruck ist. Man muß sich klarmachen, daß die Kommunisten ein *Teil* der Mehrheit waren, daß sie also lediglich ihre Meinung ausdrücken sollten und zwar auf der Grundlage der Versicherungen, die von der Mehrheitspartei und den anderen Parteien kamen; die Kommunistische Partei hat sich daher auf das verlassen müssen, was über die Persönlichkeiten, die zu Geheimdienstchefs befördert wurden, mitgeteilt wurde, und zwar von denen, die damals die Regierung ausübten, insbesondere von der Democrazia cristiana.

Interview mit
MASSIMO TEODORI.
Er ist Abgeordneter der Radikalen Partei und derzeit Mitglied des Parlamentarischen Untersuchungsausschusses zur Loge P2.

Frage: Was ist die P2?

Antwort: Die Antwort darauf ist sehr schwierig. Formal ist die P2 eine Freimaurerloge, im Rahmen der italienischen Freimaurer, eine Loge, in der sich die bedeutendsten Personen zusammengefunden haben. So ist sie entstanden, aber tatsächlich wurde im Laufe der Jahre, besonders seit der Mitte der siebziger Jahre, die P2 zu einem großen Zentrum okkulter Macht, worin sich viele hochgestellte Persönlichkeiten des Staates, ganz besonders viele Mitglieder der Militärführung, sämtliche Geheimdienstspitzen, viele wichtige Leute der Staatsverwaltung sowie der öffentlichen und privaten Hochfinanz getroffen haben. Alles in allem ein Ort also, wo sich für das öffentliche Leben Italiens wichtige Leute miteinander verbunden und aus diesem Ort das größte Zentrum okkulter Macht mit Einfluß im gesamten nationalen Leben gemacht haben.

Frage: Welches Ziel hatten die denn?

Antwort: Auch das ist schwierig zu definieren. Ich würde sagen, das Ziel der P2 war jedenfalls nicht, wie manche gesagt haben, eine Unterwanderung des Staates, also ein Komplott mit dem Ziel eines Staatsstreiches, sondern im Gegenteil eine Stabilisierung der Macht in Italien, indem man den institutionellen, d. h. demokratischen Stellen, Kompetenz wegnimmt und die Entscheidungsmacht, also die politische Macht, die Macht im Finanzwesen, in den Streitkräften, den Geheimdiensten und vielen anderen Bereichen, auf diese darum »okkult« genannten Machtzentren, oder Parallelmächte, überträgt.

Frage: Die Kommunisten behaupten nun, daß es noch eine Person gebe, die höherstehe als Lucio Gelli in der Loge, wobei immer der Name Andreotti fällt. Sind Sie auch der Meinung?

Antwort: Das halte ich für eine ziemlich kindliche Interpretation, wenn man nach einem »wahren Chef« der P2 sucht. Die P2 ist, meiner Ansicht nach, ein System und eine Methode, und man muß sie sich nicht wie eine Organisation mit einem Führer und einem Zentralkomitee vorstellen, wie das die Kommunisten tun.

Frage: Welche Verbindungen gibt es zwischen P2 und ausländischen Geheimdiensten, z. B. amerikanischen, deutschen, israelischen?

Antwort: Wir wissen zunächst, daß zwischen 1975 und 1981 alle Chefs der italienischen Geheimdienste in der P2 waren, und wir wissen, daß auch schon vorher die P2 in den verschiedenen Perioden in die Geheimdienste infiltriert war. Wir wissen auch, daß die italienischen Geheimdienste eng verbunden mit ausländischen Geheimdiensten, manchmal sogar direkt von ihnen abhängig waren, insbesondere von den amerikanischen Geheimdiensten, von bestimmten Teilen davon. Wir wissen auch, daß für lange Zeit die Geheimdienste in Italien hinsichtlich der Kooperation mit den Israelis in zwei Richtungen gespalten waren - eine proisraelische und damit antipalästinensische, und in eine proarabische und damit antiisraelische, was sich sogar in zwei Führungspersonen direkt ausdrückte, in Miceli und Maletti. Wir wissen schließlich, daß die italienische Freimaurerei auch schon vor der P2 und unabhängig davon Verbindungen zu internationalen Operationen mit ausländischen Geheimdiensten, im besonderen mit denen des Westens, hatte. Ob deutsche Geheimdienste im Fall P2 mitwirken, ist nicht bewiesen; wahrscheinlich ist es aber.

Frage: Welche Rolle spielt der Fall »7. April«?

Antwort: Ob die P2 im besonderen hier mitgewirkt hat, ist nicht belegt. Man kann aber sagen, daß es exakt das Klima war, das den »7. April« hat entstehen lassen, von dem wir hier ständig sprechen; soll heißen, daß der Staat und die Machthaber, die eine autoritäre Wende wollen und eine fortschreitende autoritäre Transformation des Staates, es nötig hatten, solche Fälle wie den »7. April« zu schaffen.

Interview mit
ANTONIO NEGRI.
Er ist Hauptangeklagter im Fall »7. April«. 1983 wurde er ins Parlament gewählt, das aber seine Wiedereinlieferung ins Zuchthaus zur weiteren Untersuchungshaft beschloß. Negri floh und lebt derzeit in Frankreich.

Frage: Haben Sie vor dem 7. April 1979 irgendwelche Aktivitäten der Justiz gegen die »Autonomia operaia« bemerkt?

Antwort: Das ist schwierig zu sagen. Daß es da vorher schon Ermittlungen über das gegeben hat, was im Umfeld dieses ja sehr verbreiteten gesellschaftlichen Kampfes geschah, steht außer Zweifel, und das haben wir alle gewußt. Daß man aber versuchte, einen Riesenfall wie den »7. April« zu konstruieren, der eher auf eine symbolische Repression als auf objektive und subjektive Verantwortlichkeiten von Personen ausgeht, das hatte wirklich niemand von uns erwartet. Keiner erwartete diesen qualitativen Sprung in eine Repression, die nicht mehr die übliche war und die bestimmte Mechanismen der Bestrafung, der Inquisition gegen gewisse Personen in Gang setzte. Man muß ja auch sehen, daß unmittelbar nach dem 7. April 61 FIAT-Arbeiter entlassen wurden, weil man sie verantwortlich dafür gemacht hat, daß sie in der Fabrik agitiert haben nach Art und Weise der Autonomen, und daß gleich danach die großen Säuberungsaktionen in den Städten begonnen haben; es wurden so zwischen 3000 und 5000 Menschen damals verhaftet. Außerdem sind Tausende ins Ausland geflohen oder emigriert, und danach haben sich auch noch Zehntausende aus der Politik zurückgezogen.

Frage: Berichten Sie uns kurz, wie Sie diese entscheidenden Tage erlebt haben.

Antwort: Ich kam am 7. April von Paris nach Hause, so gegen neun Uhr am Vormittag. Um halb elf kamen sie zur Durchsuchung, das ging bis halb zwölf Uhr. Sie haben nichts gefunden, aber immer weitergesucht. Währenddessen hat der Durchsuchungsleiter ständig telefoniert. Dasselbe passierte auch anderswo in Italien, in vielen Städten. Sie haben untereinander telefoniert, um sich abzusprechen: Sie brauchten viele Verhaftungen. Gegen eins, halb zwei Uhr wurde mir der Haftbefehl eröffnet - ein völlig absurder, verrückter Haftbefehl, ich sei der Chef der Roten Brigaden und daß ich Moro erschossen, am Blutbad in der Via Fani teilgenommen habe. Sie haben mich dann nach Rovigo gebracht, in die Region Veneto. Da kam ich in Isolationshaft, drei Tage lang, danach kam ich vor den Richter. Der hat mir wieder den Haftbefehl vorgelesen ohne irgendwelche konkreten Anhaltspunkte. Dann ging es wieder zurück in die Isolation; nach weiteren drei Tagen wurde ich nach Rom gebracht. In der Zwischenzeit nämlich hatte die römische Justiz gegen mich und meine Genossen die Anklage wegen bewaffneten Aufruhrs gegen die Staatsgewalt aufgebaut. Der zuständige Richter war Gallucci. Ich wurde dann in Rom wieder zwei Wochen in Isolation gehalten und dann erst begannen die Verhöre. Die waren wieder absolut lächerlich, weil sie ständig aus Anklagen bestanden, die sofort widerlegt wurden, insbesondere die Anschuldigungen, die auf einer

Analyse meiner Stimme beruhten. . . . Diese Verhöre dauerten praktisch den Mai hindurch. In dieser Zeit begannen wir naturgemäß nach den Personen zu fragen, die uns anschuldigten, aber es gab niemals auch nur eine Gegenüberstellung. Im Sommer dann großes Schweigen, und im September wurden wir in verschiedene Sicherheitsgefängnisse verlegt - und damit waren wir faktisch begraben, weg aus aller Welt.

Frage: Nun steht also noch die schwerste aller Anklagen, die wegen des bewaffneten Aufruhrs. Warum wurde die nach Ihrer Meinung konstruiert?

Antwort: Die wurde konstruiert, um der Repression auch Symbolkraft zu verleihen. Es konnte ja keine legale Repression sein, die sich auf Personen bezog, die bestimmte Taten unternommen hatten. Die Machthaber wußten ganz genau, daß die Roten Brigaden innerhalb der äußersten Linken völlig isoliert waren. Die Entscheidung, so vorzugehen, sich also eine Gruppe Intellektueller als Symbol zu greifen, war der Versuch, sämtliche Aspekte zu kriminalisieren, die die soziale Bewegung auszeichneten. Man hat einen abstrakten Pappkameraden aufgebaut, um alles andere zu verdecken.

Anmerkungen

Von den Briefen Moros liegt keine vollständige Sammlung vor. Ein Großteil der Briefe, die ihren Adressaten erreichten, sind in Aldo Moro, *L'intelligenza e gli avvenimenti*, Milano 1979, abgedruckt. Weitere, offenbar nicht abgesandte Schreiben sind in den Akten der Commissione parlamentare di inchiesta sulla strage di via Fani ecc. im Band der Minderheitsberichte abgedruckt. Ich verweise im Text daher in eindeutiger Weise auf die Adressaten und das mutmaßliche Abfassungsdatum.

Die Zitate aus dem »Verhör«, auch »Memoriale« genannt, habe ich der Faksimile-Wiedergabe in den Kommissionsakten entnommen. Eine allerdings gegenüber dem Fund anders angeordnete Ausgabe des »Memoriale« ist dem Buch von Selva/Marcucci beigelegt. Ansonsten werden in den Anmerkungen nur die Verfassernamen zitiert und gegebenenfalls, um Verwechslungen zu vermeiden, Kurztitel. Die vollständigen Titel finden sich in der Bibliographie.

1. Nach den statistischen Jahrbüchern der betreffenden Länder für das Jahr 1975.
2. CM magg., S. 37.
3. ebd., S. 36.
4. Interview mit Claudio Vitalone am 30. 9. 1983, vgl. S. 187.
5. CM Considerazione di Stefano Rodotà, in: CM magg., S. 175; Katz, S. 28.
6. CM min., S. 20.
7. Interview mit Luigi Covatta am 18. 1. 1984, vgl. S. 192.
8. Katz, S. 65, berichtet dies vom 21.; Bocca, Moro, S. 36 vom 20. 3.
9. Katz, S. 40; vgl. auch Tessandori, S. 147 f.
10. Bocca, S. 36; Katz, S. 65, Vor allem Guiso, S. 117 ff.
11. Interview Pecchiolis mit Katz; Katz, S. 21.
12. »Il Messaggero«, 17. 3. 1978.
13. Interview Pecchiolis mit Katz; Katz, S. 21.
14. »Il Messaggero«, 17. 3. 1978.
15. Guiso, S. 136.
16. »New York Times«, 29. 4. 1978; Katz, S. 50.
17. S. unten, S. 121 ff.
18. Vgl. dazu die Presse-Sammlungen in Polloni und in Silj, *Brigate*.
19. So z. B. Gallinari im Prozeß Moro am 18. 1. 1983.
20. CM magg., S. 89.
21. Berlinguer, *La nostra lotta . . .*, S. 36.
22. CM min., S. 5.

23. Z. B. am 18. 1. 1960; vgl. Pietra, S. 105, 115.
24. ebd., S. 116.
25. ebd., S. 118.
26. ebd., S. 127.
27. Moro, S. 85 f.
28. »Rinascità«, XXX (8-40) v. 28. 9.-12. 10. 1973.
29. ebd.
30. ebd.
31. Moro, S. 274.
32. Berlinguer, *La proposta comunista,* S. 147 ff.
33. Moro, S. 276.
34. ebd.
35. Cossuta/Berlinguer S. 77 ff.
36. Vgl. dazu Galli, S. 104 ff.
37. »OP« 1977 passim; vgl. auch Galli, S. 171 ff.
38. »L'Espresso«, 13. 6. 1982.
39. Interview mit Antonio Bellocchio am 23. 9. 1983, vgl. auch S. 194.
40. Vgl. »La Repubblica«, 31. 5. 1983 (Statement Anselmi).
41. Moro, S. 389.
42. Interview mit Vittorio Cervone am 30. 12. 1983, vgl. S. 189 ff.
43. Pietra, S. 203.
44. »L'Espresso«, 6. 9. 1978; ebd., 7. 2. 1979. Vgl. auch Martinelli, S. 17.
45. CM magg., S. 21.
46. Zit. nach Pietra, S. 205.
47. D'Alema, S. 57.
48. Galli, S. 187.
49. Cervone, in: *Prospettivi libri,* S. 27.
50. ebd., S. 23, 24.
51. »L'Espresso«, 8. 5. 1983.
52. Pietra, S. 9.
53. ebd., S. 12.
54. Pietra, S. 87.
55. Es ist dies der erste politische Brief Moros aus dem Gefängnis.
56. Guiso, S. 126.
57. Später unterblieb solch dümmliche Interpretation allerdings.
58. »L'Alto Adige«, 6. 8. 1978.
59. CM magg., S. 21 ff.; Katz, S. 244; Martinelli, S. 83 ff.
60. CM magg., S. 20 f.
61. CM magg., S. 20 ff.; Pietra, S. 163 f.
62. Pietra, S. 163 f.
63. Martinelli, S. 23 ff.
64. CM magg., S. 27 ff.
65. CM magg., S. 28.
66. »Europeo«, 29. 9. 1978; »Panorama«, 23. 12. 1978.
67. »Panorama«, 26. 9. 1978.
68. Katz, S. 173.
69. »Memoriale« M/55, Sigle (5), N 5/G (bei Selva S. 6).
70. Vgl. die Bemerkungen S. 164 ff zum »Memoriale«.
71. Andreotti, S. 86.
72. D'Alema, S. 58.
73. Siehe unten, S. 138 ff.
74. Pietra, S. 193.
75. Galli, S. 44 ff.

76. Galli passim.
77. Vgl. die oben, S. 62 berichtete Episode mit Erhard.
78. »Memoriale« M/55.
79. Katz, S. 97.
80. Vgl. das Nachhauseschicken des Krisenstabs, oben S. 63.
81. Pietra, S. 196.
82. Zeugenvernehmung Cossigas am 11. 10. 1982 im Prozeß »Moro-bis«.
83. Guiso, S. 139.
84. ebd.
85. Pollonis Arbeit über die Pressereaktionen dokumentiert dies klar.
86. Bocca, *7 aprile,* S. 111 ff.
87. Zit. nach Martinelli, S. 74.
88. Interview mit Claudio Vitalone, vgl. S. 188.
89. Interview mit Luciano Violante am 4. 10. 1983, vgl. S. 186 ff.
90. CM magg., S. 171.
91. »Memoriale« M/55, vgl. Faksimile S. 84.
92. »Messaggero«, 4. 4. 1978; Katz, S. 85 f.
93. »Messaggero«, 19. 4. 1978.
94. CM min., S. 41.
95. Pietra, S. 193 unter Berufung auf Aniello Coppola.
96. De Martino stellt diese »Hilfe« Calvis heute in Abrede.
97. Guiso, S. 129.
98. Katz, S. 84.
99. Was Mitterrand in seinen Memoiren bestätigt.
100. Katz, S. 241.
101. Nenni, S. 599.
102. Kardinal Poletti am 7. 8. 1978 in »Giornaleradio« der RAI.
103. Interview mit Katz; Katz, S. 151.
104. Corte d'assise di Roma, Sentenza contro Gallinari ecc., 24. 1. 1983.
105. Im Fall Prospero Gallinari umfaßt die Zumessung des Tatbeitrags und die Berechnung des Strafrahmens z. B. die Seiten 1181-91 der »sentenza« (ebd.). Ein Vergleich zu Urteilen in ähnlichem Rahmen in der Bundesrepublik: Im »Stammheimer Prozeß« (OLG Stuttgart v. 28. 4. 1977) gegen nur drei Angeklagte (Baader, Ensslin, Raspe) ist das Urteil 324 Seiten stark, wovon die Seiten 148-266 die Frage der Urheberschaft und strafrechtlichen Verantwortlichkeit klären. Im Urteil (LG Frankfurt v. 22. 7. 1980) gegen Astrid Proll, in dem am Ende 5 Jahre verhängt wurden, umfaßt das Urteil 72 Seiten, wovon 61 Seiten der Tat und 4 Seiten der Strafzumessung gewidmet sind. Im Urteil (OLG Stuttgart v. 11. 7. 1979) gegen Haag, Meier, Schütz, in dem Strafen zwischen 14 Jahren und 2 Jahren 9 Monaten verhängt wurden, ist die Urteilsbegründung 255 Seiten stark, wobei die Tatzurechnungen im ersten Teil (bis S. 190) mit eingearbeitet sind, die Beweiswürdigung 11 Seiten und die Strafzumessung 8 Seiten umfaßt. Schließlich das Urteil gegen Kröcher und Adomeit (LG Düsseldorf v. 10. 2. 1980), das 508 Seiten Umfang hat, wovon die Seiten 39-140 den Tathergang, die S. 141-156 die Einlassung der Angeklagten, die Seiten 157-453 die Beweiswürdigung und die Seiten 492-507 die Strafzumessung enthalten (11 Jahre 6 Monate bzw. 6 Jahre). Trotz gewisser Unterschiede wird deutlich, daß hier doch wesentlich mehr auf den einzelnen Fall und den einzelnen Angeklagten eingegangen wird.
106. Sciascia schloß seinen Bericht bereits 1982 ab.
107. Interview mit Luigi Covatta am 18. 1. 1984. Vgl. auch S. 192.
108. Vgl. etwa die Arbeiten von Tessandori und Montanelli.
109. Negri, *Sabotage,* S. 115.
110. Galleni, S. 211 ff.

111. ebd., S. 232 ff.
112. ebd., S. 247 ff.
113. ebd., S. 235 ff.
114. Vgl. dazu Tessandori passim; dazu weiter unten, S. 175 ff.
115. Tessandori, S. 363.
116. Aussage Alfredo Buonavitas im Prozeß »Moro-bis« am 14. 10. 1982.
117. Tessandori, S. 364.
118. ebd., S. 350.
119. ebd., S. 351.
120. Tessandori, S. 348.
121. Pecchioli, im Vorwort zu Galleni, S. 29.
122. ebd., S. 37.
123. CM magg., S. 151.
124. CM min., S. 54.
125. CM min., S. 54.
126. Corte d'assise di Roma, Sentenza contro Gallinari ecc., S. 678.
127. ebd.
128. ebd.
129. ebd., S. 54.
130. CM magg., S. 8 f.
131. CM magg., S. 48.
132. Interview mit Claudio Vitalone; vgl. dazu S. 189.
133. Interview mit Vittorio Cervone; vgl. auch S. 189.
134. Hierzu vor allem Rognoni; Piazzesi; Sisti; auch Galli.
135. CS. Insgesamt mehr als 3000 Seiten Akten und vier Schlußberichte.
136. Vgl. dazu Rognoni; Galli; Piazzesi; Sisti.
137. Vgl. dazu Rognoni; Sisti.
138. CS Relazioni finali, min., S. 268 und passim.
139. Vgl. dazu Hammer; Di Fonzo; D'Alema; Rognoni; Sisti.
140. »La Repubblica«, 25. 1. 1983.
141. »Europeo«, 15. 10. 1983.
142. Vgl. Neuberger; Agee; CM min. (Linksunabhängige), S. 431 ff.
143. Rossi, S. 172/173.
144. Vgl. Rognoni, S. 39.
145. Rossi, S. 171.
146. Rognoni; Artikel von Giampaolo Pansa, S. 155 ff.; Piazzesi.
147. Giampaolo Pansa ebd.
148. Rognoni, Artikel von Andrea Barberi, S. 95; Galli, S. 230 f.
149. Rognoni, Artikel von Pino Buongiorno, S. 116.
150. Interview mit Antonio Bellocchio; vgl. auch S. 193.
151. Interview mit Tina Anselmi am 14. 9. 1983, vgl. auch S. 190 f.
152. »Avvertimento di Gelli« nennt es Pietra, S. 157 ff.
153. Vgl. »La Repubblica«, 29. 5. 1983; auch Interview S. 190 f.
154. Interview mit Antonio Bellocchio; vgl. auch S. 193.
155. Interview mit Massimo Teodori am 14. 9. 1983; vgl. auch S. 190.
156. Interview mit Tina Anselmi; vgl. auch S. 190 f.
157. »La Repubblica«, 29. 5. 1983.
158. Vgl. dazu Raith *Die ehrenwerte Firma*; D'Alema; CS passim.
159. CS min (PCI); D'Alema, S. 52 ff.
160. ebd.
161. »L'Espresso«, 6. 11. 1983.
162. Pietra, S. 117.
163. ebd., S. 143.

164. Martinelli, S. 82.
165. Vgl. Hammer passim; Di Fonzo passim; CM min (PCI) passim.
166. Vgl. weiter unten, S. 195 (Teodori).
167. Protokoll der P2-Kommission vom 9. 10. 1982.
168. CM magg., S. 146.
169. CM magg., S. 145.
170. ebd.
171. ebd.
172. ebd., S. 146.
173. ebd., S. 145.
174. Vgl. »Krieg dem Rauschgift«, Mai 1982.
175. Katz, S. 244 f.
176. ebd., S. 245.
177. CM min. (Linksunabhängige), S. 433.
178. CMmagg., S. 142.
179. CM magg., S. 143.
180. CM magg., S. 141; Aussage Patrizio Peci vor dem Schwurgericht Rom.
181. CM magg., S. 147.
182. Vgl. das dem MSI-DN-Bericht angehängte Dossier der CM min., S. 381.
183. Aussage Annamaria Granata am 20. 10. 1982 im Moro-Prozeß.
184. CM magg., S. 134.
185. ebd.
186. ebd.
187. Eleonora Moro im Gespräch mit mir am 22. 12. 1983.
188. Aussage Moruccis vor der CM am 3. 2. 1983 und im Moro-Prozeß.
189. Die freilich ihre Arbeiten meist schon 1979 abschlossen.
190. »L'Espresso«, 15. 1. 1984.
191. Reproduziert im Anhang zu Tessandori.
192. Vgl. Tessandori; Silj, *Mai più senza fucile*.
193. Peci, S. 167.
194. CM magg., S. 13.
195. Protokoll der Aussage Moruccis vor der CM am 3. 2. 1983.
196. CM magg., S. 13 f.
197. ebd., S. 137.
198. ebd., S. 133.
199. CM magg., S. 132; vgl. auch Aussage v. Michele Galati im Prozeß.
200. »La Repubblica«, 1. 2. 1983.
201. CM magg., S. 136.
202. Aussage Enrico Fenzi v. 3. 11. 1982; Alfredo Buonavita v. 13. 10. 1982.
203. Martinelli, S. 143.
204. Katz, S. 50; Guiso, S. 136.
205. Guiso, S. 136.
206. ebd., S. 152 f.
207. Aussage vor dem Schwurgericht am 13. 10. 1982.
208. Katz, S. 39.
209. Katz, S. 123; Martinelli, S. 118; CM magg., S. 38 ff.
210. Protokoll der Schwurgerichtssitzung v. 19. 10. 1982.
211. Aussage Marco Donat-Cattin am 2. 11. 1982 vor dem Schwurgericht Mailand.
212. Aussage Enrico Fenzi am 3. 11. 1982 im Moro-Prozeß.
213. Corte d'assise Rom, Sentenza, S. 193.
214. CM, Osservazioni di S. Rodotà, in CM magg., S. 177.
215. »Il manifesto«, 5. 10. 1983.
216. Interview mit Luigi Covatta; vgl. auch S. 192.

217. Gespräch mit Eleonora Moro.
218. Raith, *Die ehrenwerte Firma,* S. 149 ff.
219. Katz, S. 220. Danach war der Wagen höchstens 15 km gefahren worden.
220. Guiso, S. 151.
221. CM magg., S. 139 ff.
222. Corte d'assise d'appello Milano, Sentenza contra Mantovani.
223. ebd.
224. ebd.
225. Vgl. »Panorama«, 9. 1. 1984.
226. Giancarlo Scarpari, in: Palombarini, S. 16.
227. Corte d'assise Roma, Sentenza contra Gallinari, S. 251 f.
228. Giancarlo Scarpari, in: Palombarini, S. 14.
229. ebd., S. 14.
230. Interview mit Luciano Violante; vgl. S. 186.
231. Interview mit Claudio Vitalone; vgl. S. 187.
232. Verhandlung vor der Corte d'assise Rom am 1. 6. 1983.
233. Calogero, Recquisitorio contro »Autonomia«, 18. 5. 1981, S. 733 f.
234. Palombarini, S. 50 f.
235. Aussage Antonio Romita vor der Corte d'assise Rom am 21. 11. 1983.
236. ebd.
237. CM min., S. 40.
238. Im supplemento zur »Metropoli«-Null-Nummer am 25. 3. 1978: »Wir müssen die schreckliche Schönheit des 12. März (Straßenschlacht W.R.) in Rom mit der mathematischen Kraft der Via Fani verbinden.«
239. CM magg., S. 121 f.
240. Bocca (*7 aprile,* S. 51 ff.) berichtet, daß »Potere operaio« allenfalls 3000 Aktive hatte, ihre »leader« das aber niemals begriffen hätten.
241. Vgl. die Interviews mit Vitalone und Violante, S. 186 und 187 ff.

Bibliographie

AGEE, PHILIP: *CIA intern. Tagebuch 1956-74.* Hamburg, 1978.
ANDREOTTI, GIULIO: *Visti da vicino.* Milano, 1982.
ANDREUCCI, FRANCO: *I leaders del P.C.I..* Bergamo und Bari, 1980.
BERLINGUER, ENRICO: *La proposta comunista.* Torino, 1975.
BERLINGUER, ENRICO: *La nostra lotta dall'opposizione verso il governo.* Roma, 1979.
BOCCA, GIORGIO: *Moro. Una tragedia italiana.* Milano, 1978.
BOCCA, GIORGIO: *Il caso 7 aprile.* Milano, 1980.
CERVONE, VITTORIO: *Ho fatto tutto per salvare Moro.* Torino, 1979.
Commissione parlamentare d'inchiesta sul fenomeno della mafia in Sicilia, 1974-1976 (zit. als Comm. antimafia).
Comissione parlamentare d'inchiesta sul caso Sindona e sulle responsabilità politiche ed amministrative ad esse eventualmente connesse, 1982, relazione conclusiva di maggioranza (zit. als CS magg.), relazioni di minoranza (zit. als CS min.).
Commissione parlamentare d'inchiesta sulla strage di via Fani sul sequestro e l'assassinio di Aldo Moro e sul terrorismo in Italia, 1983, relazione di maggioranza (zit. als CM magg.) relazione di minoranza (zit. als CM min.).
Corte d'assise d'appello di Milano, sentenza nel procedimento d'appello contro Mantovani Nadia e. a., Dezember 1983.
Corte d'assise di Roma, sentenza nel procedimento contro Gallinari Prospero + 62, 24. Januar 1983.
COSSUTA, ARMANDO/BERLINGUER, ENRICO: *I comunisti nel governo locale.* Roma, 1978.
CURCIO, RENATO/ROSTAGNO, MAURO: *Fuori dai denti.* Milano, 1980.
D'ALEMA, GIUSEPPE e. a.: *La resistibile ascesa della P 2.* Bari, 1983.
DALLA CHIESA, NANDO: *Del sessantotto e del Terrorismo.* Milano, 1981.
DI FONZO, LUIGI: *St. Peter's Banker.* New York, 1983.
GALLENI, MAURO: *Rapporto sul Terrorismo* (Vorw. v. Ugo Pecchioli). Milano, 1981.
GALLI, GIORGIO: *L'Italia sotteranea.* Bari und Roma, 1983.
HAMMER, RICHARD: *Eine Messe für den Paten.* Zürich, 1983 (Übers.).
KATZ, ROBERT: *I giorni dell'ira.* Roma, 1982.
MAGISTRATURA DEMOCRATICA (Ed.): *La magistratura di fronte al terrorismo e all'eversione di sinistra.* Milano, 1982.
MANCINI, GIACOMO: *7 aprile. Eclisse del diritto.* Cosenza, 1983.
MARTINELLI, ROBERTO/PADELLARO, ANTONIO: *Il delitto Moro.* Milano, 1979.
MORO, ALDO: *L'intelligenza e gli avvenimenti.* Milano, 1979.
NEGRI, ANTONIO: *Sabotage.* München, 1979 (Übers.).
NEGRI, ANTONIO: *Die wilde Anomalie.* Berlin, 1982.
NENNI, PIETRO: *Gli anni del centrosinistra.* Milano, 1982.
NEUBERGER, GÜNTER/OPPERSKALSKI, MICHAEL: *CIA in Westeuropa.* Bornheim, 1983.
PALOMBARINI, GIOVANNI: *7 aprile: Il processo e la storia* (Einl. v. G. Scarpari). Venezia, 1982.
PECI, PATRIZIO: *Io, l'infame.* Milano, 1983.

PIAZZESI, GIANFRANCO: *Gelli*. Milano, 1983.
PIETRA, ITALO: *Moro - fu vera gloria?*. Milano, 1983.
POLLONI, GILBERTO/ROMANO, DANIELE: *Le cicale e il caso Moro*. Roma, 1978.
»PROSPETTIVI LIBRI«, *Rezensionen zu Italo Pietra, Moro*, Okt. 1983.
RAITH, WERNER: *Die ehrenwerte Firma*. Berlin, 1983.
RAITH, WERNER: *Von Intellektuellen, Mafiosi, Politikern und der ›gemeinen‹ Gewalt*, in: »Freibeuter«, 17/1983.
ROGNONI, CARLO (Ed.): *L'Italia della P 2*. Milano, 1983.
ROSSI, GIANNI/LOMBRASSA, FRANCESCO: *In nome della ›Loggia‹*. (Einl. v. F. Siniscalchi), Roma 1981.
SCIASCIA, LEONARDO: Die Affäre Moro, München 1979 (Übers.).
SELVA, GUSTAVO/MARCUCCI, EUGENIO: *Aldo Moro. Il martirio di un uomo. Una tragedia che continua*. Bologna, 1978.
SILJ, ALESSANDRO: *Mai più senza fucile!*. Firenze, 1977.
SILJ, ALESSANDRO: *Brigate rosse - Stato*. Firenze, 1978.
SISTI, LEO/MODOLO, GIANFRANCO: *Il Banco paga*. Milano, 1982.
SPAZZALI, SERGIO (Ed.): *Italia 1983. Prigonieri, processi, proggetti*. Roma, 1983.
TEODORI, MASSIMO: *La Banda Sindona*. Milano, 1982.
TESSANDORI, VINCENZO: *BR. Imputazione: banda armata*. Milano 1977.

Über den Autor

WERNER RAITH
wurde 1940 in Regensburg geboren. Studium der Naturwissenschaften, danach Philosophie, Geschichte und Latein, Habilitation in Pädagogik an der TH Darmstadt. Lebt als Wissenschaftspublizist und Rundfunkjournalist in Reinheim bei Darmstadt.

Spartacus

Sein Name steht für den Kampf gegen Unterdrückung, nach ihm benannten sich bürgerliche Demokraten wie Kommunisten bis heute. Werner Raith beschreibt nicht nur den Verlauf des Sklavenaufstandes unter der Führung von Spartacus (73-71 v. u. Z.), sondern auch den Hintergrund vor dem er stattfand.

WAT 84. 176 Seiten mit vielen Abbildungen.

DM 11,–

Das verlassene Imperium

Eine andere Leseart vom ›Untergang des Römischen Reichs‹. Seine Macht und Größe waren das Ergebnis expansiver und imperialer Politik - und sie verfielen, weil sich die Menschen von diesem Imperium abwandten. Sie suchten nach anderen Lebensformen abseits des Staates: abseits der ständigen Kriege, der Verstädterung und dem Raubbau an Natur und Lebenswelt.

»Warum ging das Römische Reich zugrunde? Das Buch gibt auf die alte Frage eine neue Antwort - mit deutlichen Parallelen zur Gegenwart.« Der Spiegel

WAT 92. 208 Seiten mit vielen Abbildungen.

DM 12,50

Die Ehrenwerte Firma

Das erste Buch, das zureichend über die moderne, industrialisierte Mafia informiert: über die *ehrenwerte Gesellschaft,* die sich den internationalen Markt erschließt und ihre traditionellen Bindungen aufkündigt.

»Ein Buch, das mehr erklärt über das geheimnisvolle Phänomen Mafia als die zehn Kilo schweren Berichte der Anti-Mafia-Kommission.« Frankfurter Rundschau

WAT 99. 192 Seiten mit vielen Abbildungen.

DM 13,–